Uwe Birnstein

Who is Who
der Reformation

Uwe Birnstein

Who is Who der Reformation

KREUZ

FSC
www.fsc.org
MIX
Papier aus verantwortungsvollen Quellen
FSC® C083411

www.kreuz-verlag.de

Satz: post scriptum, Emmendingen / Hinterzarten
Herstellung: CPI books GmbH, Leck

Printed in Germany

ISBN 978-3-451-61252-7

Vorwort

»Olympia Fulvia Morata« – »Argula« – »Melanchthon«: Namen aus dem Reich der Fantasie? Nein. Namen irdischer Menschen, die zu den Ahnen unserer heutigen Gesellschaft gehören. Vor rund 500 Jahren lebten sie, und zwar im Herzen Europas. In einer bewegten Zeit, in der die Weichen der künftigen Welt gestellt wurden; in einer Zeit, so fremd und doch so nah, dass es nur ein wenig Neugier und Muße bedarf, um sich in sie hineinzuversetzen.

Ein anderer Name ist untrennbar verbunden mit dieser Zeit, und der wirkt bodenständig deutsch: Martin Luther. In den Ohren vieler klingt dieser Name nahezu himmlisch. Mutig habe dieser Augustinermönch den damaligen Gewalten – dem Papst und sogar dem Kaiser – Paroli geboten, meint man. Nicht aus Eitelkeit oder bloßem Protestlertum, nein: mit der Bibel in der Hand! Um das Seelenheil ging es ihm, um eine Frage, die bis heute existenziell ist: Wie kann ich mit meinen Fehlern und Schwächen bestehen – vor Gott und vor mir selbst? Die Antwort der damaligen Kirche lautete: Du kannst beruhigt sein, wenn du deinen Glauben so lebst, wie ihn dir die Kirche vorgibt! Luther genügte das nicht. Zum einen, weil er die eigenen Glaubenszweifel leidlich durchlebt hatte. Zum anderen, weil weite Teile der Kirche korrupt und selbstherrlich waren und sich offensichtlich von der Botschaft der Bibel weit entfernt hatten. Ihnen ging es um den Erhalt der eigenen Selbstherrlichkeit statt um das Wohl der Gläubigen. Sie hielten die Menschen klein und unmündig. Sie gaukelten ihnen vor, sich mit Geld von göttlichen Sündenstrafen freikaufen zu können. Was für eine Anmaßung! Und wie nötig schien eine Grunderneuerung der Kirche, ausgerichtet an deren Grundlage, der Bibel! Die Kirche sollte wieder in ihre ursprüngliche, biblische Form zurückgebracht (»reformiert«) werden.

Ja, Martin Luther hat diese Reformation mit großer Energie und Leidenschaft maßgeblich in Gang gesetzt. Sein kluges und couragiertes Wirken entfachte die Glut, die an vielen Orten Europas bereits glomm. Entstanden war sie durch eine andere, nicht minder prägende Bewegung: »*Ad fontes*« – »Zurück zu den Quellen« lautete das Motto des Humanismus, der von Norditalien ausgehend auch in Deutschland die Kulturwelt begeistert hatte. Nicht in den wissenschaftlichen Spitzfindigkeiten seien Lösungen für die drängenden Fragen der Gegenwart zu finden, nein: in den Schriften der antiken Philosophen, meinte man. Und eben auch an der Quelle des Christentums, der Bibel. Um sie im Original zu lesen, lernten immer mehr Menschen die alten Sprachen, Griechisch und Hebräisch. Auch im einfachen Volk wuchs die Unzufriedenheit über die Gängelung durch Kirche und Politik. Immer mehr Menschen ahnten, dass es beim Glauben nicht um die Erfüllung von Pflichten geht, sondern um die Erkenntnis: Du bist von Gott geliebt, egal, was du tust und leistest. Gottes Zuneigung – fromm gesprochen: seine Gnade – lässt sich weder erarbeiten noch erkaufen. Um das zu verstehen, wollten sie die Bibel selbst lesen, denn das machte sie unabhängig von den Verzerrungen und Verdrehungen mancher Schriftgelehrter. Und sie traten dafür ein, dass die Bibel auch von jenen verstanden wird, die nur die deutsche Sprache beherrschten. Schon am Ende des 15. Jahrhunderts waren mehrere deutsche Bibelübersetzungen im Umlauf – eine Tatsache, die bis heute viele Menschen verwundert, herrscht doch die Überzeugung, Luther habe als Erster die Bibel ins Deutsche übertragen.

Das ist eine von vielen Legenden über die Reformationszeit. So schön und rührend sie sein mögen: Luther war nur einer von vielen. Die Fixierung auf seinen Namen erschwert den Blick auf das Gesamtgeschehen der Reformationsbewegung. Luther war weder Held noch Führer der Reformation. Sie wurde getragen von unzähligen Männern und Frauen, deren Namen unbekannt(er) sind. »Wer baute das siebentorige Theben?«, fragte Bert Brecht und machte poetisch darauf aufmerksam, dass die großen Werke nicht von den Großen ihrer Zeit, sondern von den einfachen Menschen, denen an der Basis, errichtet wurden. Auch die Bewegung der Reformation gründete auf Tausenden Menschen, die an ihrem je eigenen Ort mutig für ihre Überzeugungen eintraten, die öffentlich gegen den Missbrauch des Glaubens für Machtinteressen protestierten, die nicht vor dem Kaiser (wie Luther), wohl aber vor den örtlichen Autoritäten bekannten: »Hier stehe ich und kann nicht anders.« Die ihren Glauben nicht widerriefen, koste es, was es wolle, womöglich sogar das Leben. Ja, manche gingen für ihren Glauben mit einem Gotteslob auf den Lippen in den Märtyrertod. All diese, so scheint es, sind vom Schatten der vielen Lutherdenkmäler jahrhundertelang gebannt und nur schemenhaft erkennbar. Dabei waren sie es doch, die die Sache des Evangelischen vorangetrieben haben! Je mehr Martin Luther vom Sockel des Alleinreformators geholt wird, umso heller erscheinen all die anderen und umso vielfältiger wird plötzlich die Reformation. Eine bunte Schar von Männern und Frauen, Fürsten und Bauern, Erfahrenen und Euphorischen, Konservativen und Fortschrittaposteln, Apokalyptikern und Integrierten, Verbiesterten und Kreativen, Sündern und Heiligen betritt die Bildfläche.

Unter sie mischen sich Menschen aus anderen Lagern – auch die sogenannten Altgläubigen, die der Papstkirche die Treue hielten. Nur im Rückblick betrachtet lassen sich die Ereignisse der Reformationszeit in das Raster ordnen, dessen Spalten mit »evangelisch« und »katholisch« überschrieben sind und das

Verstehen durch Kategorisierungen verständlich zu machen versucht. Diese einfache Sicht übersieht jedoch: Reformation war ein wechselseitiges Geschehen, in dem alle Beteiligten aufeinander reagierten. Niemand blieb unverändert, jeder musste Stellung beziehen: Was ist mir unaufgebbar wichtig am Glauben und an der Kirche? Wo ist für mich der Punkt erreicht, an dem ich nicht mehr nachgeben kann? Wofür würde ich mein Leben geben? Der protestantische Bekennermut, den Luther zeigte, war ja nur ein Kehrbild jener Glaubensfestigkeit, die der Papst und seine Gefolgsleute an den Tag legten. Auch sie konnten nicht anders, auch sie vermittelten den Glauben nach ihrem besten Wissen und wohl auch Gewissen. Wer weiß – vielleicht verlief die für die Reformation wirklich wichtige Grenze nicht zwischen Evangelischen und Katholischen, sondern zwischen Hardlinern und Offenen, zwischen jenen, die für ihren Glauben töteten, und jenen, die Toleranz übten, egal in welcher der entstehenden Konfessionen? Es gab Schulterschlüsse über die Grenzen hinweg. Der tolerante Katholik Erasmus dachte ähnlich wie der evangelische Gelehrte Sebastian Castellio. Päpstliche Inquisitoren und protestantische Ketzerverfolger jagten bisweilen dieselben vermeintlichen Häretiker. Sympathien verbanden die mutige Reformatorin Argula von Grumbach und die gebildete Nonne Caritas Pirckheimer. Sobald nicht mehr Kategorien zählen, sondern das Denken und Wirken der Menschen, entstehen neue Perspektiven. Vielleicht ist die wichtigste Trennlinie jene, die in der *Confessio Augustana*, dem ersten evangelischen Bekenntnis, bewegend formuliert ist: »Diese Lehre gehört in den Kampf des erschreckten Gewissens, ohne diesen Kampf kann man sie nicht verstehen. Darum sind schlechte Richter in dieser Sache die Unangefochtenen und Glaubenslosen …« Was für ein Perspektivwechsel: In jeder Konfession gibt es Angefochtene und Unangefochtene, Glaubensvolle und Glaubenslose – zwischen ihnen toben die eigentlichen Auseinandersetzungen, unabhängig von der Kirchenzugehörigkeit.

Diese bunte Schar der in der Reformationszeit Wirkenden in einem Buch zu versammeln, das ist schon lange mein Wunsch. Damalige Erzfeinde nebeneinander zu sehen und zu erkennen: Sie haben dieselbe Glaubensglut – nur eben mit unterschiedlichen Vorzeichen! Lutherische und Altgläubige, Täufer und Juden, Künstler und Theologen, Kaufleute und Scharlatane, Dichter und Denker: Sie alle gemeinsam haben die Weichen in der Reformationszeit gestellt.

Wer dazu gehört oder nicht – welch schwierige Entscheidung! Während meiner langjährigen schriftstellerischen Beschäftigung mit Themen und Menschen der Reformationszeit sind mir viele im Gedächtnis geblieben, einige sogar ans Herz gewachsen. Bei einem ersten Durchlauf hatte ich mehr als vierhundert versammelt. Einem Buch sind Grenzen gesetzt, ich habe also die Schar auf die Hälfte verkürzt. Die bekannten Namen werden Sie finden, aber auch unbekannte, Menschen unterschiedlichen Glaubens und unterschiedlicher Herkunft. Die Kriterien, sie in diese Sammlung aufzunehmen, sind Neugier und die Lust an Wahlbekanntschaften. Blaurock und Pfefferkorn, Süleyman und Sibylle von Cleve, Kaiser Karl V. und Jan van Leyden: Was für ein Genuss, sie alle aus ihren Schubladen herauszuholen und neu zusammenzuwürfeln. Unwillkürlich entsteht die Vorstellung, sie kämen tatsächlich miteinander ins Gespräch, sagten sich endlich mal vis-a-vis, was sie sich zu Lebzeiten nicht sagen konnten.

Ich wünsche Ihnen beim Blättern und Lesen diese Fantasie – obwohl, wie gesagt, Olympia Fulvia Morata, Argula und Melanchthon nicht aus Fantasiewelten stammen. Sie sind Menschen aus Fleisch und Blut, die uns über die fünf Jahrhunderte hinweg etwas zu sagen haben und den »garstigen Graben« der Weltgeschichte auf wunderbare Weise überbrücken. Wenn die Lektüre der Kurzporträts bei Ihnen Lust auf mehr auslöst, finden Sie zudem Hinweise, wo Sie weiterlesen können.

Dank für Anregungen, Recherche und Mitarbeit gebührt: Amet Bick, Meike Dobschall, Kai Lückemeier, Ralph Ludwig, Ralf Meier, Sonja Poppe, Andreas Schmid, Ulrike Strerath-Bolz und Marie Wildermann.

Übrigens: Die für dieses Buch ausgesiebten weiteren 200 Menschen der Reformationszeit warten darauf, ebenfalls zu Wort kommen zu dürfen. Mailen Sie mir, wer Ihrer Meinung nach in einen Folgeband gehört (uwe@birnstein.de)!

Berlin, im Sommer 2014 Uwe Birnstein

Johannes Aepinus

Johann Hoeck

* 1499 in Ziesar

† 13. Mai 1553 in Hamburg

Erster lutherischer Superintendent Hamburgs

Johannes Hoeck stammt aus Ziesar in Brandenburg. Sein Vater Hans Hoeck war dort Ratsherr. Im Kloster Belbuck bei Treptow wurde Johannes unter anderem von → Johannes Bugenhagen unterrichtet. Anfang Oktober 1518 schrieb er sich an der Universität Wittenberg ein. Nun gehörten → Martin Luther und → Philipp Melanchthon zu seinen Lehrern, und er freundete sich mit den reformatorischen Ideen an. Nach Abschluss seines Studiums ging er zurück nach Brandenburg und wurde Vorsteher einer Schule. Weil er auch dort seine reformatorischen Überzeugungen vertrat, wurde er durch den Kurfürsten Joachim I. von Brandenburg verfolgt und gefangen genommen. Freunde verhalfen ihm zur Flucht – nach Brandenburg konnte er jedoch nicht mehr zurück. Von nun an nannte er sich Aepinus (griech. *hoch*) und wirkte bis 1528 als Lehrer in Stralsund. Der Rat der Stadt beauftragte ihn mit der Ausarbeitung einer Kirchenordnung, die 1525 als erste evangelische Kirchenordnung eingeführt wurde.

1529 ließ Johannes Bugenhagen Aepinus in Flensburg an seiner Disputation über die Abendmahlslehre mit dem Wiedertäufer → Melchior Hofmann teilnehmen. Im selben Jahr wurde Aepinus Bugenhagens Nachfolger als lutherischer Pastor an der St.-Petri-Kirche in Hamburg. Da das Domkapitel sich gegen die Reformation sträubte, verfasste Aepinus zwei Schriften an den Rat der Stadt, in denen er päpstliche Irrlehren aufführte, die lutherische Position verteidigte und sein Verständnis der Abendmahlslehre ausführte. 1532 wurde er Superintendent, Pastor und *Lektor primarius* am Dom und hatte in den nächsten Jahren wesentlichen Einfluss auf Glaubens- und Lehrangelegenheiten innerhalb der lutherischen Kirche.

Mit einer Abordnung des Hamburger Rates reiste Aepinus 1534 nach England, wo er am Hof → Heinrichs VIII. an den Verhandlungen über dessen Ehescheidung teilnahm und bei der Einführung der Reformation mitwirkte. Aepinus' Ansichten – insbesondere seine kritische Haltung zur Scheidungsfrage – fanden aber kaum Gehör, und so verließ er England Anfang 1535 wieder.

Zurück in Hamburg, sah er sich mit der Verunsicherung angesichts des in Münster errichteten Täuferreichs konfrontiert und bemühte sich um eine Positionierung der Kirche gegen die radikalen Täufer. 1537 nahm Aepinus an den Verhandlungen in Schmalkalden teil und unterschrieb für Hamburg die »Schmalkaldischen Artikel«. In den folgenden Jahren arbeitete er eine ergänzende Kirchenordnung für Hamburg und Kirchenordnungen für Bergedorf und Buxtehude aus und wurde in kirchlichen und theologischen Fragen unter anderem nach Kopenhagen, Rostock und Lübeck berufen.

In Schriften und Predigten ging er auf praktisch-theologische Fragen ein. Da ging es zum Beispiel darum, wie »gottlose Leute mit christlichen Psalmen und Gesängen zu begraben [sind], die sie im Leben verachtet haben«.

Bekannt wurde Aepinus auch durch den Jahre dauernden Streit um seine Lehre von der Höllenfahrt Christi. Eine Auseinandersetzung darüber, ob die Höllenfahrt als Erniedrigung Christi – wie Aepinus meinte – oder als Erhöhung und Sieg über die Hölle – wovon seine Gegner und auch spätere Dogmatiker überzeugt waren – verstanden werden solle. Der Streit endete mit der Ausweisung der Gegner aus Hamburg.

1548 verfasste Aepinus eine Gegenschrift zum Augsburger Interim, die Melanchthon ausdrücklich lobte.

Familiäres: Aepinus' erste Frau starb 1549 im Kindbett. Danach heiratete er ein zweites Mal. Die Namen der beiden Frauen sind nicht überliefert. Aepinus hatte mehrere Kinder.

Orte: Wittenberg, Stralsund, englischer Königshof, Hamburg.

Zitat: »Darum ist nötig, dass wir alles, was unser ist, lieber verlieren und im richtigen Bekenntnis der Wahrheit bleiben, als dass wir um dieses zeitlichen Gewinns willen etwas beginnen, was gegen unser Gewissen und unserer Seelen Seligkeit sein könnte.«

Wichtiges Werk: *Bekentniss und Erklerung auffs Interim durch der Erbarn Stedte Lübeck, Hamburg, Lüneburg etc. Superintendenten, Pastorn unnd Prediger zu Christlicher und notwendiger untterrichtung gestellet*, Magdeburg, 1548.

Zitat über ihn: »Ein großer Mann zu seiner Zeit, und einer von den besten und treuesten Werkzeugen der Reformation.« (Valentin Ernst Löscher, Superintendent aus Dresden, 1719)

Johannes Agricola

Johann Schnitter, Johannes Eisleben, Hans Bauer

* 20. April 1494 (?) in Eisleben
† 22. September 1566 in Berlin

Theologe und Pädagoge

Johannes Agricola wurde in Eisleben als Sohn des Schneidermeisters Albrecht Schnitter geboren. Er lernte am Martineum in Braunschweig und ab 1506 in einer Schule in Leipzig. Dort immatrikulierte er sich 1509 auch an der Universität und beendete sein Studium mit dem Grad des Bakkalaureus, um als Lehrer nach Braunschweig zurückzukehren. Ab 1515 setzte er sein Studium in Wittenberg fort. Dort lernte er →Martin Luther und →Philipp Melanchthon kennen und befreundete sich mit ihnen. Als Luthers Sekretär erlebte er die Veröffentlichung der 95 Thesen und gab 1518 Luthers Predigten über das Vaterunser heraus. Im folgenden Jahr reiste er mit Luther zur Auseinandersetzung mit →Johannes Eck nach Leipzig. Zusammen mit Melanchthon bekam er am 13. Oktober 1519 den Titel des *baccalaureus in biliis* verliehen. Er hielt Vorlesungen an der theologischen Fakultät. Außerdem wurde er Vorsteher am Pädagogium in Wittenberg und war als Prediger tätig.

Während Luthers Aufenthalt auf der Wartburg begann Agricola ein Medizinstudium, wechselte aber bald wieder zur Theologie und veröffentlichte 1525 einen Kommentar zum Lukasevangelium. Da er in Wittenberg kein Lehramt fand, kehrte er 1525 nach Eisleben zurück und wurde Pfarrer an der Nikolaikirche und Rektor der gerade gegründeten Lateinschule St. Andreas. Hier entwarf er die erste Schulordnung und schrieb einen Katechismus.

Als Prediger begleitete er Kurfürst → Johann den Beständigen zu den Reichstagen nach Speyer und Augsburg. 1536 kehrte er aufgrund eines Streits mit seinem Landesherrn nach Wittenberg zurück, wo Luther ihn und seine Familie bei sich aufnahm. Dort vertrat er Luther in Vorlesungen und als Prediger, entwickelte aber zunehmend eigene Positionen, was zu einer Distanzierung von Luther führte. Im sogenannten Antinomistischen Streit ging es um das Verhältnis zwischen Gesetz und Evangelium. Während Melanchthon die Gebote des Alten Testaments als Orientierung für das Leben für nötig hielt, hielt Agricola Gesetz und Evangelium für nicht vereinbar: Buße erfolge nicht aufgrund der Kenntnis der Gebote, sondern ergebe sich allein durch Annahme des Evangeliums. Die Gebote hielt er für einen »überholten Ansatz des Heilsweges«. Öffentlich wurde der Streit zwar beigelegt, die Parteien blieben sich aber uneinig. Agricola verließ Wittenberg und wechselte in den Dienst → Joachims II. von Brandenburg. An dessen Dom- und Schlosskirche wurde er Hofprediger, Superintendent und Visitator und bemühte sich um den Aufbau der evangelischen Kirche in Brandenburg.

In Augsburg erarbeitete er in einer durch Kaiser → Karl den V. aufgestellten Kommission einen Kompromiss zur Ordnung der Religionsverhältnisse. Dass in dem sogenannten Augsburger Interim, das 1548 zum Reichsgesetz wurde, auf wichtige protestantische Standpunkte verzichtet wurde, führte zur Feindschaft mit anderen Reformatoren.

Bekannt ist Agricola auch als Kirchenlieddichter (»Ich ruf zu dir, Herr Jesu Christ«, EG 343) und als Sammler deutscher Sprichwörter.

1566 starb Agricola während einer Pestepidemie in Berlin.

Familiäres: Agricola heiratete Else Moshauer 1520 in Wittenberg. Das Paar bekam neun Kinder. Nur die Namen der Söhne Hans Albrecht, Philipp und Johann sind überliefert.

Orte: Eisleben, Braunschweig, Wittenberg.

Zitat: »Nicht die Drohung des Gerichtes, sondern der erschütternde Eindruck der Liebe Gottes in Christus führt zur Buße und zum Glauben.«

Wichtiges Werk: *Drehundert gemener Sprickwörde, der wy Düdschen uns gebruken, unde doch nicht weten worher se kamen*, Magdeburg 1528.

Zum Weiterlesen: Joachim Rogge: Johann Agricolas Lutherverständnis unter besonderer Berücksichtigung des Antinomismus, Berlin 1960.

Stephan Agricola der Ältere

Stephan Kastenbauer

* um 1491 in Abensberg
† 10./11. April 1547 in Eisleben

Theologe und Reformator

Stephan Agricola wurde um 1491 in Abensberg geboren. Früh trat er in den Orden der Augustiner ein und studierte als Mönch in Wien, Venedig und Bologna. 1519 promovierte er zum Doktor der Theologie. In Wien und Regensburg wirkte er als Prediger und wurde Lektor im Augustinerkloster in Regensburg. In Rattenburg, Schwaz, Innsbruck und Hall predigte er im Sinne Luthers. Daraufhin geriet er unter Ketzereiverdacht und wurde am 17. November 1522 auf Geheiß des Erzbischofs von Salzburg, Matthäus Lang, gefangen genommen. Weder eigene Verteidigungsversuche noch das Eingreifen Johann von Staupitz' konnte die Gegner überzeugen, und so bereitete sich Agricola im Gefängnis in Mühldorf am Inn schon auf den Tod durch den Scheiterhaufen vor. Aufgrund von Streitigkeiten über die Zuständigkeiten für seinen Fall konnte er diesem Schicksal 1524 jedoch entkommen und fand in Augsburg bei seinem Freund Johannes Frosch Unterschlupf. Im dortigen Kloster St. Anna begann er neben Frosch und → Urbanus Rhegius wieder reformatorisch zu predigen.

In dieser Zeit erschien auch seine reformatorische Schrift unter dem Titel *Ein Bedenken, wie der warhaftig Gottesdinst von Gott selbs geboten und außgesetzt, möcht mit Besserung gemeyner Christenheyt widerumb auffgericht werden.* Vermutlich übersetzte er 1525 → Johannes Bugenhagens Schrift gegen → Ulrich Zwingli, in der es unter anderem um das Abendmahlsverständnis ging. Er folgte in dieser Streitfrage den Ansichten → Martin Luthers und positionierte sich strikt gegen Zwingli. 1529 nahm Agricola an den Marburger Religionsgesprächen zwischen Luther und Zwingli teil und unterzeichnete die *Marburger Artikel.*

Nach dem Augsburger Reichstag 1531 verließ er die Stadt, weil unter → Martin Bucer nun die Zwinglianer die Oberhand in der Stadt gewonnen hatten. Nun wirkte er in Nürnberg und übernahm kurze Zeit später von → Kaspar Löner das Pfarramt an der Michaeliskirche in Hof. 1537 unterschrieb er in dieser Funktion die *Schmalkaldischen Artikel.* 1542 wurde er Pfarrer in Sulzbach. Zwei Jahre später wechselte er nach Eisleben, wo er 1547 verstarb.

Familiäres: Agricolas Sohn Stephan Agricola der Jüngere war zunächst Prediger in Mansfeld und Pastor in Merseburg, trat aber später wieder zum Katholizismus über und ging nach Rom.

Orte: Wien, Regensburg, Augsburg, Hof, Eisleben.

Wichtiges Werk: *Ein Bedencken, wie der wahrhafftig Gottesdienst von Gott selbs geboten und außgesetzt, möcht mit Besserung gemeyner Christenheyt widerumb auffgericht werden*, um 1524.

Erasmus Alber

* um 1500 in Bruchenbrücken
† 05. Mai 1553 in Neubrandenburg

Theologe, Fabel- und Kirchenlieddichter

Erasmus Alber wurde als Sohn des katholischen Priesters Tilmann Alber in Bruchenbrücken bei Friedberg geboren. Sein Vater trat später zum Protestantismus über und wirkte als erster evangelischer Pfarrer in Engelrod. Erasmus Alber lernte in den Lateinschulen in Nidda und Weilburg, es folgte ein humanistisches Studium in Mainz. 1520 schrieb er sich an der Universität Wittenberg ein, studierte unter → Martin Luther und → Andreas Bodenstein Theologie und wurde zum überzeugten Anhänger Luthers.

Anschließend arbeitete er als Lehrer in Büdingen. Dort gründete er eine Lateinschule. Es folgten Stellen in Oberursel und Eisenach. 1528 wurde er Pfarrer in Sprendlingen und half auf Geheiß des Landgrafen Philipp von Hessen bei der Einführung der Reformation dort und im Herzogtum Küstrin.

Nach dem Tod seiner Frau 1536 wechselte er häufig die Stellung. Er arbeitete in Berlin als Hofprediger des Kurfürsten → Joachim II. von Brandenburg, mit dem er 1541 über die Frage der Besteuerung von Geistlichen in Streit geriet, in Marburg, Basel, Rothenburg ob der Tauber und in Staden in der Wetterau.

Erasmus Alber promovierte 1543 in Wittenberg zum Doktor der Theologie und war daraufhin als Reformator in Babenhausen tätig. Da er sich wieder mit seinem Dienstherren, dem Grafen Philipp IV. von Hanau-Lichtenberg, anlegte – der Streitgrund ist nicht genau bekannt –, musste er auch diese

Stelle bald wieder aufgeben und ging für eine Weile zurück zu Luther und → Philipp Melanchthon nach Wittenberg. 1548 wechselte er als Prediger nach Magdeburg und wurde zu einem der vehementesten Gegner des Augsburger Interims und der Leipziger Artikel. In seinen Schriften war er auch den Herzog und Kurfürsten → Moritz von Sachsen angegangen, deshalb musste er 1551 erneut seine Stelle verlassen.

Er floh nach Hamburg und Lübeck und wurde 1552 zum Superintendent in Neubrandenburg berufen. Im März 1553 trat er diese Stelle an. Schon sieben Wochen später, im Mai 1553, starb er an einer Halserkrankung.

Bekannt wurde Alber vor allem durch seine Fabeln, die zu den wichtigsten schriftstellerischen Leistungen des 16. Jahrhunderts gezählt werden. Hier wie in seinen Gedichten, Satiren und in seinen theologischen Abhandlungen bezog er strikt reformatorische Positionen. Auch als Kirchenlieddichter machte er sich einen Namen. Darunter finden sich Lieder wie »Ihr lieben Christen, freut euch nun« (EG 6), das Morgenlied »Steht auf, ihr lieben Kinderlein!« (EG 442) oder das Abendlied »Christe, du bist der helle Tag« (EG 469).

Familiäres: Erasmus Albers Frau Katharina verstarb schon 1536.

Orte: Wittenberg, Büdingen, Babenhausen, Magdeburg, Neubrandenburg.

Zitat:
»Christe, du bist der helle Tag,
vor dir die Nacht nicht bleiben mag.
Du leuchtest uns vom Vater her
und bist des Lichtes Prediger.

Ach, lieber Herr, behüt uns heut
in dieser Nacht vorm bösen Feind
und lass uns in dir ruhen fein
und vor dem Satan sicher sein.«

Wichtiges Werk: *Das Buch von der Tugend und der Weisheit, nämlich 49 Fabeln*, Frankfurt a. M., 1550.

Zum Weiterlesen: Burkhard Steinhauer: Erasmus Alberus: ein treuer Weggefährte Martin Luthers. Biographie des Wetterauer Reformators Erasmus Alberus (um 1500–1553), Nidda 1995.

Auch das noch: Erasmus Alber ist eine der Hauptpersonen in Wilhem Raabes Roman *Unseres Herrgotts Kanzlei*. Sein Gedicht »Gott hat das Evangelium« wurde von Johann Sebastian Bach vertont.

Matthäus Alber

Matthäus Aulber

* 04. Dezember 1495 in Reutlingen
† 02. Dezember 1570 in Blaubeuren

Reformator

Matthäus Alber wurde in Reutlingen als Sohn des Goldschmieds Jodokus Aulber und seiner Frau Anna geboren. Da die Familie aufgrund einer Brandkatastrophe verarmt war, musste sich Alber Schulausbildung und Studium selbst finanzieren. In Freiburg verdiente er sich seinen Lebensunterhalt durch Singen an Haustüren, später durch die Arbeit an verschiedenen Lateinschulen. In Tübingen hatte er sich mit →Philipp Melanchthon angefreundet. Nach Beendigung des Studiums wurde er zum Priester geweiht und kehrte 1521 nach Reutlingen zurück, wo er an der Marienkirche im Sinn der Reformation predigte. Zu einem daraufhin anberaumten Verhör beim Bischof von Konstanz erschien er nicht, woraufhin über ihn und die Stadt der Bann verhängt und die Reichsacht ausgesprochen wurde. Er wusste seine Überzeugungen jedoch so gewandt zu vertreten, dass man ihm keine schwerwiegenden Fehler nachweisen konnte.

Erst nachdem Reutlingen zur Übernahme des Augsburger Interims gezwungen worden war, verließ er die Stadt. Er ging zunächst nach Pfullingen und 1550 als Stiftsprediger nach Stuttgart. Obwohl mit den Anhängern →Zwinglis befreundet, vertrat er in der Abendmahlslehre eher →Luthers Position. Ähnlich wie andere Tübinger Theologen stand Alber dem Hexenglauben und der Hexenverfolgung kritisch gegenüber und war überzeugt, Gott wirke auch durch diese Menschen, um andere zu prüfen. Daher könne man sie höchstens wegen Abfalls vom Glauben bestrafen, nicht aber wegen Zauberei.

1563 wurde Alber der erste evangelische Abt des reformierten Klosters Blaubeuren. Nach langer Krankheit starb Matthäus Alber 1570 in Blaubeuren und wurde in der Stadtkirche beerdigt.

Familiäres: 1524 heiratete Matthäus Alber seine Frau Klara. Das Paar bekam vier Töchter und sechs Söhne. Matthäus Alber ist ein Vorfahre vieler bekannter Persönlichkeiten. Dazu zählen unter anderem Friedrich von Schiller, Richard von Weizsäcker und Grace Kelly.

Orte: Reutlingen, Pfullingen, Stuttgart, Blaubeuren.

Wichtiges Werk: *Vom rechten Glauben der ewigen Fürsehung Gottes*, Augsburg 1525.

Hieronymus Aleander

Girolamo Aleandro

* 13. Februar 1480 in Motta in Italien
† 31. Januar 1542 in Rom

Italienischer Humanist und Kardinal, Gegner Luthers

Der humanistisch gebildete Theologe wirkte zunächst in Venedig und Paris als Lehrer für alte Sprachen. 1516 wurde er Geheimschreiber des Kardinals Giulio de Medici in Rom. 1520 wurde er von Papst → Leo X. als Nuntius an den Hof → Karls V.

gesandt. Hier sollte er die Ausbreitung der Reformation verhindern helfen. In einer Rede, die er auf dem Reichstag in Worms hielt, forderte er, über → Martin Luther ohne weitere Untersuchung den Kirchenbann zu verhängen, konnte sich damit jedoch nicht durchsetzen, und so wurde Luther vorgeladen.

Vehement wirkte er auf die Dursetzung des Wormser Edikts – und damit auf die Verhängung der Reichsacht über Luther – hin, dessen Entwurf er verfasst hatte. 1538 wurde Aleander von Papst → Paul III. zum Kardinal ernannt. 1542 starb Hieronymus Aleander in Rom.

Orte: Venedig, Paris, Rom, Worms, Vicenza.

Zitat: »Des Herrn Wille geschehe: Seine Sache ist es, die wir verteidigen.«

Wichtiges Werk: *Lexicon graeco-latinum*, Paris 1512.

Zum Weiterlesen: Adolf Hausrath: Aleander und Luther auf dem Reichstage zu Worms, 1897.

Johannes Amandi

* um 1470
† 1530 in Goslar

Erst Ablassprediger, später evangelischer Bilderstürmer

Möglicherweise wirkte Johannes Amandi nicht nur als Priester in Holstein, sondern auch als Ablassprediger, bevor →Martin Luther den inzwischen von den reformatorischen Gedanken begeisterten Mann 1523 dem Herzog Albrecht von Preußen als Prediger für die Altstädter Kirche in Königsberg empfahl. Amandi war nicht so sehr wissenschaftlich an der Theologie interessiert, dafür fiel der das Volk schnell mitreißende Prediger bald als Aufwiegler und Bilderstürmer auf und wurde schon 1524 aus Königsberg ausgewiesen. Nach einigem Hin und Her kam er 1525 nach Wittenberg, wo er von Luther verhört wurde, der ihn als Pfarrer nach Goslar empfahl. Hier wurde er 1528 der erste Stadtsuperintendent und sorgte für die Neuordnung des Gottesdienstes und des Schulwesens. Johannes Amandi starb 1530 in Goslar.

Familiäres: Johannes Amandi heiratete vor seinem Amtsantritt in Königsberg.

Orte: Holstein, Königsberg, Stettin, Wittenberg, Goslar.

Zitat über ihn: Weil er immer wieder Streit zwischen dem Rat der Stadt und der Gemeinde anheizte, bezeichnen ihn Königsberger Chronisten als »Meutemacher«.

Zum Weiterlesen: Uvo Hölscher: Die Geschichte der Reformation in Goslar, 1902.

Nikolaus von Amsdorff

* 03. Dezember 1483 in Torgau

† 14. Mai 1565 in Eisenach

Erster lutherischer Bischof Deutschlands

Nikolaus von Amsdorff wurde 1483 als Sohn des Amtmanns Georg von Amsdorff und seiner Frau Katharina, der Schwester des Johann von Staupitz, geboren. Ab 1497 besuchte Nikolaus die Leipziger Thomasschule und begann drei Jahre später ein Studium an der Universität der Stadt. 1502 wechselte er als einer der ersten Studenten an die Universität Wittenberg, wo er schnell zum Dekan der philosophischen Fakultät ernannt wurde und Philosophie und Theologie lehrte. 1508 wurde er zudem Domherr am Allerheiligenstift in Wittenberg.

Obwohl er sich schon in den Jahren zuvor intensiv mit → Martin Luthers Römerbriefvorlesung beschäftigt hatte, lernte Amsdorff Luther erst um 1517 näher kennen und schloss sich der Gruppe seiner Anhänger an, unter denen sich → Philipp Melanchthon und Andreas Karlstadt befanden. Gemeinsam mit ihnen begann er, reformatorisch zu wirken. In diesen Jahren strebte er zudem Reformen der Universität an und setzte sich für die Abschaffung der Reliquiendienste ein. Luther widmete seinem Freund Amsdorff die Schrift »*An den christlichen Adel*«. Zusammen mit Luther reiste Amsdorff 1519 zur Leipziger Disputation mit → Johannes Eck. Auch begleitete er Luther 1521 zum Reichstag nach Worms und erlebte auf der Rückfahrt Luthers »Entführung« auf die Wartburg mit.

Gemeinsam mit Melanchthon wirkte er während Luthers Abwesenheit als Mittelsmann und hielt die von Luther erarbeitete Vorlesung über den Hebräerbrief. Als die sogenannten Zwickauer Propheten begannen, in Wittenberg Messfeier und Bilderverehrung abzuschaffen, ließ Amsdorff sie gewähren. Erst nachdem Luther 1521 nach Wittenberg zurückgekehrt war, konnte er seinen Freund davon überzeugen, sich von dieser radikalen Richtung der Reformation und auch von Karlstadt zu distanzieren.

Amsdorff unterstützte Luther bei der Übersetzung der Bibel, bevor er 1524 als Pfarrer und Superintendent nach Magdeburg ging. Dort schuf er eine an Wittenberg angelehnte, neue Gottesdienstordnung und gründete eine Lateinschule. Während dieser Zeit veröffentlichte er mehrere Streitschriften, unter anderem gegen den Täufer → Melchior Hofmann, dessen Offenbarungslehre Amsdorff angriff. Außerdem war er seit 1528 an der Einführung der Reformation in Goslar und 1534 in Einbeck beteiligt; 1539 unterstützte er Herzog Heinrich von Sachsen bei der Durchsetzung der Reformation vor allem in Meißen.

Kurfürst → Johann Friedrich I. von Sachsen ernannte Amsdorff zum Nachfolger des verstorbenen Bischofs von Naumburg-Zeitz. Von Luther wurde er am 20. Januar 1542 zum ersten evangelischen Bischof ordiniert. Als Naumburg im Verlauf des Schmalkaldischen Krieges eingenommen wurde, musste Amsdorff fliehen. Er ging für zwei Jahre nach Weimar, um die Söhne des Kurfürsten Johann Friedrichs I. zu unterrichten, musste aber als Gegner des Augsburger Interims bald nach

Magdeburg fliehen. 1552 wurde er Generalsuperintendent in Eisenach. Hier wohnte er im Haus des → Justus Menius, gab unter anderem Schriften Luthers heraus und führte Kirchenvisitationen durch.

Als entschiedener Gnesiolutheraner kämpfte er in seinen letzten Jahren für ein unverfälschtes Verständnis der lutherischen Lehre. Das brachte ihn nicht nur in Opposition zu Justus Menius, von dem er verlangte, sich vom Glauben an die Notwendigkeit guter Werke zu distanzieren, sondern entfernte ihn letztlich sogar von Melanchthon. Zusammen mit → Matthias Flacius kämpfte er zudem verbissen gegen das Augsburger Interim und dessen Anhänger.

Amsdorff setzte sich für die Gründung der Universität Jena ein, die, anders als das von den Philippisten geprägte Wittenberg, streng lutherisch ausgerichtet war. Außerdem wirkte er darauf hin, dass neben der Wittenberger Ausgabe der Schriften Luthers auch eine Jenaer Ausgabe erschien, deren Vorwort er schrieb.

Am 14. Mai 1565 starb Nikolaus von Amsdorff in Eisenach und wurde vor dem Altar in der Georgenkirche beigesetzt.

Orte: Wittenberg, Magdeburg, Goslar, Einbeck, Naumburg, Eisenach.

Zitat: »Darum ist das gewiss wahr, wer Gott und seinen Nächsten lieben soll, der muss vorher durch den Glauben aus Gottes Gnade fromm und gerecht sein.«

Wichtiges Werk: *Ausgewählte Schriften*, hrsg. v. Otto Lerche, 1938.

Zum Weiterlesen: Irene Dingel: Nikolaus von Amsdorff (1483–1565). Zwischen Reformation und Politik, Leipzig 2008.

Wolfgang von Anhalt

* 1492 in Köthen

† 1566 in Zerbst

Anhaltinischer Landesfürst und Unterstützer der Reformation

Wolfgang von Anhalt übernahm nach dem Tod seines Vaters bereits mit 16 Jahren die Regentschaft. Auf dem Reichstag von Worms 1521 traf er → Martin Luther, von dem er so angetan war, dass er beschloss, in Teilen des von ihm regierten Gebietes die Reformation einzuführen. 1525 bekannte er sich öffentlich dazu und bat Luther, ihm Prediger zu senden.

Auf dem Reichstag in Speyer 1529 war Wolfgang von Anhalt einer der deutschen Reichsfürsten, die es wagten, sich gegen Kaiser → Karl V. zu stellen, und ein Jahr später das Augsburger Bekenntnis unterschrieben. Er trat dem Torgauer Bund der evangelischen Stände bei und gehörte auch zum Schmalkaldischen Bund.

1547 musste er nach der Schlacht von Mühlberg sein Land verlassen und versteckte sich bei treuen Untertanen, bis er 1552 zurückkehren konnte. 10 Jahre später trat er seine Herrschaft an seine Vettern ab und zog sich zurück.

Familiäres: Wolfgang von Anhalt heiratete nie. Nach dem Tod seiner Schwester Barbara kümmerte er sich um deren Kinder.

Ort: Köthen.

Auch das noch: Wenige Stunden nach Luthers Tod am 18. Februar 1546 stand Wolfgang von Anhalt als einer der Ersten an dessen Sterbelager in Eisleben. Im Evangelischen Namenskalender ist der 23. März, der Tag seines Todes, der Gedenktag für ihn.

Caspar Aquila

* 07. August 1488 in Augsburg
† 12. November 1560 in Saalfeld

Verfolgter lutherischer Theologe

Caspar Aquila wurde als Sohn des Juristen Leonard Adler in Augsburg geboren. Nachdem er dort die Schule und in Ulm die Lateinschule besucht hatte, begann er sein Studium in Leipzig. 1513 wechselte er an die Universität Wittenberg und beendete sein Theologiestudium zunächst als Bakkalaureus. Anschließend wurde er Feldprediger bei Reichsritter Franz von Sickingen. 1516 wechselte er auf eine Pfarrstelle in Jengen. Von → Martin Luthers Schriften überzeugt, begann er dort im reformatorischen Sinn zu predigen und die Reformation einzuführen, woraufhin ihn Bischof Christoph von Stadion 1520 gefangen nehmen ließ. Wieder auf freiem Fuß, ging er ein halbes Jahr später zurück nach Wittenberg, um sein Studium fortzusetzen. 1521 erwarb er den Magistergrad, wurde von Franz von Sickingen auf die Ebernburg berufen, um dessen Söhne zu unterrichten, kehrte aber nach der Einnahme der Burg und dem Tod von Sickingens erneut nach Wittenberg zurück. Dort unterrichtete er Hebräisch, wirkte als Prediger an der Schlosskirche und unterstütze Luther bei der Übersetzung des Alten Testaments.

1527 ging Aquila durch Luthers Vermittlung als Pfarrer nach Saalfeld, wo er 1528 Superintendent wurde und sich zudem besonders für die Schulen und die Armenversorgung einsetzte. 1530 nahm er am Augsburger Reichstag teil. Im antinomistischen Streit um die Bedeutung der Zehn Gebote vertrat er ähnlich wie → Johannes Agricola die von → Philipp Me-

lanchthon abweichende Position, dass Buße nicht aufgrund der Kenntnis der Zehn Gebote erfolge. Außerdem sprach er sich vehement gegen das Augsburger Interim von 1548 aus. Das brachte Kaiser → Karl V. so in Rage, dass er 5000 Gulden auf Aquilas Kopf aussetzte.

Bei Gräfin Katharina von Schwarzburg-Rudolstadt und ihren Brüdern fand Aquila Unterschlupf. Er lebte einige Zeit in Untermaßfeld und wirkte als Dekan am Kollegiatstift in Schmalkalden. Nach Abschluss des Passauer Vertrages kehrte er 1552 nach Saalfeld zurück. Einen Ruf nach Preußen lehnte er als Gegner → Andreas Osianders und Georg Majors ab.

Caspar Aquila starb 1560 in Saalfeld.

ORTE: Jengen, Wittenberg, Saalfeld, Schmalkalden.

Wichtiges Werk: *Kurze, aber zu unserer Seligkeit höchst nötige Fragstücke der ganzen christlichen Lehre*, 1547.

Zitat über ihn: Unter den protestantischen Predigern »war ein gewisser Caspar Aquila, Pfarrer zu Saalfeld, der in jüngeren Jahren der Armee des Kaisers als Feldprediger nach den Niederlanden gefolgt war, und weil er sich dort geweigert hatte, eine Kanonenkugel zu taufen, die von den ausgelassenen Soldaten in einen Feuermörser geladen wurde, um in die Luft geschossen zu werden; ein Schicksal, dem er noch glücklich entkam, weil das Pulver nicht zünden wollte.« (Friedrich Schiller)

Zum Weiterlesen: Heinz Endermann (Hrsg.): Caspar Aquila: Schriften und Lebenszeugnisse des Saalfelder Reformators. Theologie und Frömmigkeit, Bildung und Armenfürsorge in der Reformation, Hildesheim 2009.

Jakob Arminius

* 10. Oktober 1559 in Oudewater

† 19. Oktober 1609 in Leiden

Niederländischer Theologe und Begründer der christlichen Kirche der Arminianer (Remonstranten)

Arminius kam als Sohn eines Messerschmieds in Oudewater bei Utrecht zur Welt. Nachdem der Vater früh verstorben war, sorgte sich der reformierte Priester Theodor Ämilius um die Erziehung des Jungen. Als auch er starb, nahm sich der aus

Oudewater stammende Rudolph Snellius des Knaben an und nahm ihn mit nach Marburg, wo er an der Universität Logik und Mathematik unterrichtete. 1575 kehrte Arminius in die Niederlande zurück, 1576 wurde er Student der Universität von Leiden, an der ab 1578 auch Snellius unterrichtete. Durch ihn lernte er die Philosophie des Petrus Ramus kennen, dessen nichtaristotelische Logik Aufsehen erregte, auch wenn sie später rasch an Bedeutung verlor. Durch ein Stipendium der Amsterdamer Kaufleute kam Arminius 1582 nach Genf, wo er seine Studien unter → Théodore de Bèze fortsetzte, einem Mitstreiter von → Johannes Calvin.

Nach einer längeren Italienreise ging Arminius 1587 nach Amsterdam, wo er im Jahr darauf zum Priester berufen wurde. Zu dieser Zeit herrschte unter niederländischen Theologen Streit über die Frage, ob die Prädestination nach Johannes Calvin als absolut oder als bedingt aufzufassen sei. Weil Arminius bei Bèze studiert hatte, einem Verfechter der streng orthodoxen Prädestinationslehre, die von der Vorherbestimmung des menschlichen Schicksals durch Gott ausgeht, beauftragte ihn der Kirchenrat, den Universalismus der Gnade, den einige Geistliche lehrten, zu widerlegen. Doch während dieser Arbeit geriet Arminius selbst in Zweifel und ließ sich nach und nach immer mehr von den Argumenten überzeugen, die er eigentlich hätte entkräften sollen. Seine Interpretation einiger Bibelstellen brachte ihm den Vorwurf der Abweichung vom Bekenntnis ein, man warf ihm sogar vor, ein verkappter Anhänger verurteilter Freiheitslehren zu sein. Es kam zu Streitigkeiten, die später eingestellt, aber nie geschlichtet wurden.

Kurz nachdem Arminius 1603 eine Theologieprofessur in Leiden angetreten hatte, entbrannte der dogmatische Streit um die Prädestinationslehre erneut. Im Unterschied zu Bèze bekannte sich Arminius nun zum Universalismus der Gnade: Weil Gott die Absicht habe, alle Seelen zu retten, sei allen das

Heil geboten. Sein erbittertster Gegner wurde Franciscus Gomarus, ein Professorenkollege aus Leiden und ein strenger Calvinist. Der Streit zwischen den beiden Theologen dehnte sich auf die Studenten aus und nahm dabei an Schärfe zu. Vermittlungsversuche und öffentliche Gespräche vermochten es nicht, die Fronten aufzuweichen. Vom letzten Disput kehrte Arminius im August 1609 krank nach Leiden zurück, wo er kurze Zeit später verstarb. Gomarus, zermürbt von den Kämpfen mit Anhängern des Arminius, trat 1611 von seiner Professur zurück.

Die Weggefährten von Arminius legten 1610 ein gegen die calvinistische Heilslehre gerichtetes Bekenntnis vor, die Remonstranz (lat. »Einspruch«, daher »Remonstranten«). Nachdem es 1618/19 auf der Synode der reformierten Kirchen verworfen worden war, gründeten die Arminianer (bzw. Remonstranten) Gemeinden im Untergrund, die erst 1798 anerkannt wurden und von denen noch heute etwa 30 existieren.

Familiäres: Als junger Mensch erlebte Jakob Arminius den Beginn des niederländischen Freiheitskampfes gegen die spanischen Habsburger. Als ihn 1575 in Marburg die Nachricht von der Einnahme seiner Heimatstadt durch spanische Truppen erreichte, eilte der damals 16-Jährige unversehens nach Oudewater zurück, doch er kam zu spät: Die Stadt lag in Trümmern, seine Mutter und seine Brüder waren ermordet worden.

Orte: Oudewater, Marburg, Genf, Amsterdam, Leiden.

Zitat: Als Gegner der strengen Prädestinationslehre vertrat Arminius die Ansicht, dass »niemand durch absoluten göttlichen Ratschluss zur Verdammnis prädestiniert« sei.

Wichtiges Werk: *Opera theologica*, 1629.

Johannes Aurifaber

Johannes Goldschmied

* um 1519 in Weimar
† 18. November 1575 in Erfurt

Theologe und Herausgeber von Schriften Martin Luthers

Über die Abstammung und die ersten Lebensjahre Johannes Aurifabers ist nichts bekannt. 1537 nahm er, vom Grafen Albrecht von Mansfeld unterstützt, ein Studium an der Universität Wittenberg auf, das er mit dem Magister abschloss. Von 1540 bis 1543 unterrichtete er zwei Mansfelder Grafensöhne. 1544 ging er als Feldprediger mit Graf Vollrad von Mansfeld nach Frankreich. Im darauffolgenden Jahr kehrte er nach Wittenberg zurück, wo er bei → Martin Luther unterkam, dessen Famulus wurde und ihn bei einigen Reisen begleitete. Während des Schmalkaldischen Krieges zog er als Feldprediger mit dem Heer → Johann Friedrichs von Sachsen, den er auch nach der Niederlage noch ein halbes Jahr lang während seiner Gefangenschaft begleitete. Danach ging Aurifaber als Prediger nach Weimar und wurde 1550 Hofprediger. Schon 1548 hatte er das Gutachten gegen das Augsburger Interim unterstützt. Aufseiten der Gnesiolutheraner stehend, musste Aurifaber 1561 sein Amt aufgeben, als der Weimarer Hof sich von dieser Lehrrichtung distanzierte.

Bei den Mansfelder Grafen in Eisleben fand er Gelegenheit, sich auf die Herausgabe bisher unveröffentlichter Schriften Luthers zu konzentrieren. Schon seit 1553 war er beteiligt an Ausgaben von dessen Werken. Auch Luthers Tischreden gab er auf der Grundlage unterschiedlichster Quellen und eigener Aufzeichnungen heraus. Um möglichst viel bisher unbekanntes Material zusammenzutragen, kopierte er Mitschriften und schrieb selbst einige Predigten und die Genesis-Vorlesung Luthers mit. Außerdem versuchte er nach Luthers Tod durch Reisen und ausgesandte Boten und Schreiber seine Textsammlung immer mehr zu erweitern. Diese Sammelwut stieß immer wieder auf Kritik – man warf ihm unkritisches Vorgehen und eine Verfälschung der Texte vor. Zweifellos aber hat Aurifaber wesentlich dazu beigetragen, dass so viele Äußerungen Luthers bis heute überliefert sind.

1565 verließ Aurifaber Eisleben wegen der Pest und wurde 1566 Pfarrer an der Predigerkirche in Erfurt. Hier geriet er 1569 mit Andreas Poach in einen Streit über die Wahl des Pfarrers Johannes Gallus zum Rektor der Universität, der erst 1572 durch Eingreifen des Rates der Stadt beendet werden konnte. Johannes Aurifaber starb 1575 in Erfurt.

Orte: Wittenberg, Weimar, Eisleben, Erfurt.

Zitat: Er berichtet über Mönche, die »den Laien das Abendmahl Christi nicht mehr in einerlei Gestalt reichen (wollten), sondern in beiderlei Gestalt, wie es Christus eingesetzt hätte«.

Wichtiges Werk: Herausgeber der *Tischreden u. Colloquia D. M. Lutherus*, 1566.

Zitat über ihn: »Zwar hat sich Aurifaber alle Mühe bei seiner Ausgabe gegeben. Aber er hat die ursprünglichen Texte doch so bearbeitet, dass zuweilen mehr er selbst als Luther spricht, und dass auch da, wo Luther zu Wort kommt, die Verwässerung durch den Nachgeborenen unverkennbar ist.« (Kurt Aland)

Zum Weiterlesen: Robert Stupperich: Reformatorenlexikon, Gütersloh 1984.

Franz Lambert von Avignon

* 1484 in Avignon
† 18. April 1530 in Frankenberg (Eder)

Hessischer Reformator

Über die frühen Jahre von Franz Lambert ist wenig bekannt. Im Alter von 15 Jahren trat er dem Minoritenorden bei, bevor er seine Berufung als Wanderprediger fand. Seine Fähigkeit, andere Menschen für seine Ideen zu begeistern, blieb nicht lange verborgen. 1517 bekam er den Titel *Praedicator apostolicu* verliehen. Als glühender Verehrer → Martin Luthers zog es ihn 1522 nach Wittenberg, wo man ihm eine Stelle als Hochschullehrer an der dortigen Universität anbot. Der gemäßigtere Luther hatte Lambert zwar eingeladen, hielt sich während dessen Aufenthaltes jedoch mit seiner Unterstützung zurück. Im Februar 1524 verließ Lambert Wittenberg und zog zunächst nach Straßburg. Als man ihm dort weitere Veröffentlichungen untersagte, folgte er der Einladung des Landgrafen Philipp nach Hessen, um 1526 bei der sogenannten Homberger Synode an einer neuen Kirchenordnung mitzuwirken. Dabei kamen kirchliche und weltliche Würdenträger zusammen. Zur Diskussion standen vor allem die von ihm zuvor erstellten Thesen, die *Paradoxa*. Der geplante Disput wurde weitgehend von Lambert dominiert. Der Vertreter der katholischen Kirche, Nikolaus Ferber, sprach der Synode jede Berechtigung ab, konnte Lamberts Thesen aber nicht entkräften. Auch die anderen Vertreter hatten Lambert nicht viel entgegenzusetzen. Zu den wichtigsten Ergebnissen gehörte schließlich die Gründung der evangelischen Universität in Marburg, an der

Lambert ab 1527 lehrte. Dennoch ersuchte er den Reformator → Martin Bucer um eine Anstellung in der Romandie. Mit seinen radikalen Ansätzen stieß Lambert auch bei anderen Reformatoren nicht immer auf Gegenliebe. Dabei forderte er unter anderem die Eigenständigkeit der Gemeinden und eine vom Staat vorgegebene Rechtsform. Bei einem Aufenthalt in Frankenberg sollen Lambert und seine Familie einer Seuche zum Opfer gefallen sein.

Familiäres: Im Juli 1523 heiratete Lambert eine Bäckerstochter.

Orte: Avignon, Eisenach, Wittenberg, Straßburg, Homberg, Marburg, Frankenberg.

Zitat: »Nur das ist richtig, was mit Gottes Wort übereinstimmt; nur dies allein ist stets der sicherste Maßstab dafür, ob etwas recht ist.«

Zum Weiterlesen: Gerhard Müller: Franz Lambert von Avignon und die Reformation in Hessen, Marburg 1958.

Johann Bernhard

Johannes Hochstein, Johannes Algesheim

* um 1500 in Hohenstein
† vor dem 12. Oktober 1551 in Herborn

Radikaler lutherischer Theologe

Johann Bernhard wirkte zunächst als Priester in Mainz und Algesheim. Wegen seiner reformatorischen Predigten wurde er vom Erzbischof → Albrecht von Brandenburg verhaftet. Bei einem Aufstand von Mainzer Bürgern 1525 konnte er befreit werden und nach Frankfurt am Main fliehen, wo für die Reformation gekämpft wurde. Die Stadt, die vom Wohlwollen katholischer Herrscher abhängig war, fand einen Kompromiss: Zwei evangelische Pfarrer wurden eingesetzt, darunter Bernhard. Der Dom wurde aufgeteilt – die Katholiken bekamen den Chor, die Protestanten den übrigen Kirchenraum.

Bernhard wandte sich den Lehren Zwinglis zu und war 1533 mitverantwortlich für den Bildersturm im Frankfurter Dom. Nachdem Frankfurt dem Schmalkaldischen Bund beigetreten war, wurden nur noch lutherische Pfarrer angestellt. Bernhard ging daraufhin 1537 zunächst nach Ulm und wechselte 1544 nach Herborn, wo er unter anderem eine Lateinschule gründete, nach dem Augsburger Interim aber seine Stelle verlor. Johann Bernhard starb 1551 in Herborn.

Familiäres: Er war seit 1526 verheiratet mit Katharina, der Tochter eines Frankfurter Barchentwebers namens Konrad Kraut. Ihr Sohn Bernhard wurde ebenfalls ein bekannter Theologe.

Orte: Mainz, Algesheim, Frankfurt am Main, Ulm, Herborn.

Christian Beyer

* um 1482 in Kleinlangheim (Franken)
† 21. Oktober 1535 in Weimar

Sächsischer Kanzler, Freund von → Martin Luther und → Philipp Melanchthon

Nach Studien in Erfurt und Wittenberg promovierte Christian Beyer 1510 als Jurist. Er übernahm eine Professur, kaufte im selben Jahr in Wittenberg ein Haus und gründete eine Familie. 1513 wurde er von → Friedrich dem Weisen zum Kurfürstlich Sächsischen Rat ernannt. Nahezu zeitgleich übernahm er erstmals das Amt des Wittenberger Bürgermeisters, das er in den folgenden Jahren noch mehrfach ausfüllen sollte. In den frühen 1520er-Jahren freundete er sich mit Martin Luther an. 1526 gehörte er bei der Taufe von Johannes Luther, dem ältesten Sohn des Reformators, gemeinsam mit → Lucas Cranach d. Ä. zum engen Kreis der Paten.

1528 wurde Beyer von → Johann dem Beständigen, der nach dem Tod seines Bruders Friedrich die Regierungsgeschäfte im Kurfürstentum übernommen hatte, als Kanzler an den Hof in Weimar berufen. In der neuen Funktion zählte Beyer zu den obersten Beamten im Land. Berühmt wurde er aber vor allem durch diesen historisch gewordenen Moment: Am 25. Juni 1530 trug er in der Residenz Karls V., der im bischöflichen Palais logierte, vor dem Kaiser und den Vertretern des Reichstages die berühmte *Confessio Augustana* vor, jenes Augsburger Bekenntnis, das Melanchthon als grundlegende Bekenntnisschrift der lutherischen Kirche ausgearbeitet hatte. Als Kanzler und juristischer Berater war Beyer in den folgenden Jahren an vielen Regierungsgeschäften beteiligt.

Familiäres: Am 3. Oktober 1510 heiratete Beyer Magdalena Gertitz, die Tochter des Wittenberger Bürgermeisters, mit der er nach einer – nicht gesicherten – Überlieferung 21 Kinder hatte; sieben sind namentlich bekannt.

Orte: Wittenberg, Weimar.

Zitat über ihn: Martin Luther und Bürgermeister Beyer »wären wert, dass man sie aus der Stadt jagen sollte«, meinte ein reformationsfeindlicher Wittenberger Bürger und wurde für diese Äußerung mit einer Strafe belegt.

Théodore de Bèze

* 24. Juni 1519 in Vézelay (Burgund)
† 13. Oktober 1605 in Genf

Reformierter Theologe, Nachfolger Calvins in Genf

Als Adelsspross kam de Bèze mit neun Jahren in die Obhut des schwäbischen Humanisten Melchior Volmar, der ihn unterrichtete und ihn in Bourges u.a. mit → Johannes Calvin in Kontakt brachte. Nach juristischen Studien in Orléans und der Promotion ging de Bèze 1539 nach Paris, wo er das Leben eines schöngeistigen Gelehrten führte und erstmals als Autor reüssierte.

Nach einer persönlichen Krise infolge einer Pesterkrankung trat de Bèze 1548 zum reformierten Glauben über, was ihm gesellschaftliche Nachteile und den Verlust eines Teils seiner Güter einbrachte. In Frankreich unerwünscht, ging er 1549 nach Lausanne und lehrte an der Akademie, deren Rektor er 1552 wurde. In diesen Jahren verfasste er einige seiner bedeutendsten Schriften, gleichzeitig wurde er ein Vertrauter Calvins und reiste mehrfach als Abgesandter der reformierten Schweizer nach Deutschland. 1558 wurde de Bèze von Calvin nach Genf berufen, wo er als Rektor der neuen Akademie und als Prediger wirkte.

Beim Religionsgespräch in Poissy im September 1561 trat de Bèze als Wortführer der französischen Hugenotten auf und verhandelte unter anderem mit Katharina von Medici. Nach dem Beginn der Religionskriege im März 1562 (»Blutbad von Vassy«) warb er für die Sache der Hugenotten und schloss sich dem Heer als Feldprediger an. 1563 kehrte er nach Genf zurück, 1564 wurde er als Calvins Nachfolger ein wichtiger Ratgeber der Stadt Genf und Kopf der Akademie. Er leitete mehrere Nationalsynoden, nach der »Pariser Bluthochzeit« 1572 proklamierte er das Recht des Volkes, einer gottlosen Regierung ein Ende zu setzen. Vergeblich bemühte sich de Bèze um eine Union der protestantischen Kirchen.

Familiäres: 1548 heiratete de Bèze die Bürgertochter Claudine Desnosse, obwohl die Ehe nicht standesgemäß war. Nach ihrem Tod ehelichte er mit 69 Jahren Caterina del Piano, eine Witwe aus Genua.

Orte: Orléans, Paris, Lausanne, Genf.

Wichtiges Werk: *De praedestinationis doctrina*, 1582.

Zum Weiterlesen: Volker Reinhardt: Die Tyrannei der Tugend. Calvin und die Reformation in Genf, München 2009.

Auch das noch: Im Evangelischen Namenskalender ist der 13. Oktober Théodore de Bèze gewidmet.

Theodor Bibliander

* 1509 (oder 1504) in Bischofszell
† 26. September 1564 in Zürich

Theologe, Orientalist und Sprachwissenschaftler; erarbeitete eine Übersetzung des Korans

Theodor Bibliander wurde als Sohn des Ratsherrn Hans Buchmann in Bischofszell im Kanton Thurgau geboren. Ab 1529 besuchte er in Zürich die Lateinschule des → Oswald Myconius. Neben Latein lernte er dort auch Hebräisch und Griechisch und wurde 1525 zu Myconius' Hilfskraft.

1526 ging er nach Basel, wo → Johannes Oekolampad und Konrad Pellikan seine Lehrer wurden. Hier studierte er Hebräisch und Theologie, bis er auf Anraten → Ulrich Zwinglis 1527 als Lehrer an die Hochschule in Liegnitz wechselte, wo er zwei Jahre lang Rhetorik und Hebräisch unterrichtete. Nachdem er sich eine Weile bei seinem Bruder Heinrich in Rohrdorf aufgehalten hatte, kehrte Bibliander 1531 nach Zürich zurück und übernahm nach Zwinglis Tod dessen Stelle als Professor für das Alte Testament.

Inzwischen war er bekannt für seine Sprachkenntnisse, vor allem im Hebräischen mit all seinen Dialekten, aber auch in den neueren Sprachen, und ein anerkannter Exeget. Die Vorlesungsmitschriften seiner Schüler fanden rasch Verbreitung. Er veröffentliche eine hebräische Grammatik und bereitete in Anlehnung an die lateinische Koranübersetzung des Robert von Ketton die erste wissenschaftliche Ausgabe des Koran vor, die 1543 erschien. Außerdem schloss er zusammen mit Konrad Pellikan die Bibelübersetzung des →Leo Jud ab, verfasste archäologische Schriften über Jerusalem und den Tempel und versuchte durch Sprachvergleich Gemeinsamkeiten zwischen den Religionen aufzuzeigen.

Theologisch vertrat er von →Johannes Calvin und Oswald Myconius abweichende Standpunkte. Dabei geriet er in Auseinandersetzung mit Peter Martyr Vermigli, der in Zürich als Professor für Philosophie und Theologie seit 1556 strikt calvinistisch die Prädestinationslehre vertrat. Ähnlich wie →Erasmus von Rotterdam setzte Bibliander eine offenere Vorstellung von göttlicher Gnade dagegen und betonte, Gott habe auch den Heiden die Möglichkeit gegeben, zum Heil zu kommen. Daraufhin wurde er Anfang 1560 in den Ruhestand versetzt. Vier Jahre später starb Theodor Bibliander in Zürich an der Pest.

Familiäres: Theodor Bibliander heiratete 1531 Rosine Rordorf, die aus einer bekannten Züricher Familie stammte. Das Paar bekam sieben Kinder, die aber fast alle in den 1560er-Jahren an der Pest starben.

Orte: Liegnitz, Zürich, Bischofszell.

Wichtiges Werk: *Institutionum grammaticarum de lingua Hebraea liber unus* (Hebräische Grammatik), Zürich 1535.

Zum Weiterlesen: Christine Christ-von Wedel (Hrsg.): Theodor Bibliander (1505–1564). Ein Thurgauer im gelehrten Zürich der Reformationszeit, Zürich 2005.

Auch das noch: Dass sich Martin Luther für die Druckfreigabe der von Bibliander vorbereiteten Koranübersetzung einsetzte, hatte seltsame Gründe: Durch das Lesen des Korans sollte »Christen und Türken« verdeutlicht werden, was für ein »schändliches« Buch der Koran sei.

Ambrosius Blarer

* 4. April 1492 in Konstanz
† 6. Dezember 1564 in Winterthur

Süddeutscher Reformator und Kirchenlieddichter

Nach Studien in Tübingen, wo er sich mit → Melanchthon befreundete, trat Blarer am 1. Januar 1515 als Mönch in das Benediktinerkloster Alpirsbach im Schwarzwald ein. Durch seinen Bruder Thomas und durch Melanchthon wurde er mit den Schriften → Luthers bekannt, was schließlich dazu führte,

dass er 1522 heimlich das Kloster verließ und zurück nach Konstanz ging, um dort – gemeinsam mit dem Bruder und seinem Cousin Johannes Zwick – die Reformation einzuführen. Ab 1523 mit → Ulrich Zwingli im Briefwechsel stehend, engagierte er sich ab 1528 als Reformator in Memmingen, dann in Thurgau und ab den frühen 1530er-Jahren auch in Ulm, Geislingen, Esslingen, Isny und Lindau. Ab 1534 wirkte er im Auftrag von Herzog Ulrich im Herzogtum Württemberg.

Seine Stellung zwischen Luther und Zwingli brachte ihn zunehmend in Konflikte. Nachdem er sich 1537 geweigert hatte, die von Luther verfassten Schmalkaldischen Artikel zu unterzeichnen, wurde er von dessen Anhängern immer schärfer angefeindet und 1538 von Herzog Ulrich entlassen. Er kehrte nach Konstanz zurück, wurde von dort aber im Zug der einsetzenden Gegenreformation vertrieben und floh 1549 nach Winterthur. In den 1550er-Jahren wirkte er als Prediger in mehreren Schweizer Gemeinden. Heute gilt Ambrosius Blarer neben Luther als bedeutendster Dichter der Reformationszeit.

Familiäres: Am 19. August 1533 heiratete der ehemalige Mönch Ambrosius die einstige Nonne Katharina Ryf, die im Alpirsbacher Nachbarkloster Münsterlingen gelebt hatte.

Orte: Tübingen, Konstanz, Memmingen, Herzogtum Württemberg, Winterthur.

Zitat:
»Jauchz, Erd, und Himmel, juble hell,
die Wunder Gotts mit Freud erzähl,
die er heut hat begangen
an seinem trostlosen Häuflein klein,
das saß in friedsamer Gemein
und betet mit Verlangen.«

Wichtige Werke (Lieder): *Wach auf, wach auf, 's ist hohe Zeit* (EG 244), *Freu dich mit Wonn, fromm Christenheit*, *Jauchz, Erd, und Himmel, juble hell* (EG 127).

Zum Weiterlesen: Bernd Moeller (Hrsg.): Der Konstanzer Reformator Ambrosius Blarer. 1492–1564. Gedenkschrift zu seinem 400. Todestag, Konstanz / Stuttgart 1964.

Margarete Blarer

* 1493 in Konstanz
† 1541 in Konstanz

Gebildete Diakonisse

Der Vater war ein humanistisch interessierter Kaufmann und Ratsherr in Konstanz. Seine sechs Kinder sollten Bildung genießen, auch Margarete. Mit ihren Brüdern lernte sie Latein. Als sie 10 Jahre alt war, starb ihr Vater – Margarethe kümmerte sich fortan um ihre Mutter und um das elterliche Geschäft. Sehr interessiert war sie am neuen reformierten Glauben, der in Konstanz auf offene Ohren stieß. Ihre Brüder → Ambrosius Blarer und Thomas waren Anhänger Luthers geworden, sie selbst stand in regem Kontakt mit dem Straßburger Reformator → Martin Bucer und mit → Katharina Zell, der Frau des dortigen Pfarrers → Matthäus Zell. Aus den Briefwechseln geht hervor, dass sie sich intensiv und streitbar mit theologischen Fragen beschäftigte. Ihrem Bruder Ambrosius wurde der Bildungseifer seiner Schwester schon fast zu viel: Sie möge sich doch bitte nicht ganz auf die Wissenschaften werfen, damit sie nicht ihre »noch würdigeren Aufgaben« vernachlässige. Er meinte damit Margaretes diakonischen Einsatz: Sie widmete sich alten und kranken Menschen, vornehmlich Frauen, gründete einen Armenverein und unterrichtete Waisenkinder. Dies war ihre Art, das christliche Leben in die Tat umzusetzen. »Im Wohltun mit dir zu wetteifern ist unmöglich«, bewunderte Bucer sie, »du hast dein Haus voll von Kindern, die allein durch dich erhalten werden.« Der Reformator wünschte sich, Margarete möge im Fall seines Todes auch seine Kinder bei sich aufnehmen: »Sieh zu, dass auch für eines der meinen, wenn sie Waisen werden, Platz ist!« Als 1541 die Pest Konstanz heimsuchte, versorgte sie Kranke im Spital – und wurde selbst Opfer der Seuche.

Familiäres: Margarete Blarer blieb ehelos.

Ort: Konstanz.

Zitat über sie: Sie sei »der unvergleichlichen Zier des wiedergeschenkten Evangeliums, den höchsten Zierden der Kirche in ihren glücklichsten Zeiten gleichzustellen«, schrieb Margaretes Bruder Ambrosius nach ihrem Tod über seine Schwester.

Zum Weiterlesen: Maria Heinsius: Das unüberwindliche Wort. Frauen der Reformationszeit, München 1953.

Jörg Blaurock

Georg Cajakob

* um 1492 in Bonaduz (Kanton Graubünden)
† 6. September 1529 in Clausen, Tirol (verbrannt)

Märtyrer der Täuferbewegung und Kirchenlieddichter

Jörg Blaurock, mit bürgerlichem Namen Georg Cajakob, kam als Sohn einer Graubündner Bauernfamilie zur Welt. Nach dem Besuch der Lateinschule in Chur trat er in das Kloster St. Lucius ein, wo er auch die Priesterweihe empfing. Ab 1513 studierte er an der Leipziger Universität, 1516 kehrte er in seine Heimat zurück und wirkte als Vikar in der Gemeinde Trin, gab diese Stellung jedoch nach drei Jahren auf. Gemeinsam mit anderen Glaubensgefährten wandte er sich den Täufern zu, denen er sich spätestens 1524 anschloss. Im selben Jahr heiratete Jörg Blaurock seine Frau Els.

Im Winter 1524/25 zogen die Eheleute nach Zürich, am 25. Januar empfing Blaurock dort die Taufe durch →Konrad Grebel, einen der wichtigsten Führer der Schweizer Täuferbewegung. Wiederholt führte Blaurock Gespräche mit →Ulrich Zwingli, um diesen von seinen Ansichten zu überzeugen, allerdings ohne Ergebnis. Zugleich wirkte er in Zürich, Basel, Bern und Biel, später in Graubünden und Tirol. Immer wieder wurde er verhaftet, eingekerkert und aus zahlreichen Städten ausgewiesen. Als die Täufergemeinde in Südtirol durch den Märtyrertod ihrer Anführer verwaist war, zog es ihn nach Clausen, wo er erneut ergriffen, grausam gefoltert und auf dem Scheiterhaufen verbrannt wurde.

Familiäres: Den Spitznamen Blaurock erwarb sich Georg Cajakob, als er bei der ersten Zürcher Täuferdisputation im Januar 1525 als unbekannter Neuankömmling im blauen Mantel das Wort ergriff.

Orte: Zürich, Basel, Bern, Clausen (Tirol).

Zitat: »Der Feind hält mit mir eine Schlacht in dem Felde, worin ich nun liege; er hätte mich gern aus dem Feld verjagt; aber Du, Herr, hast mir den Sieg gegeben. Er ist mit scharfem Geschütz auf mich eingedrungen, sodass mir alle meine Glieder vor der falschen Lehre und ihrem Zwange bebten. Aber Du, o Herr, erbarme Dich meiner, und hilf mit Deiner Gnade und kräftigen Hand, damit ich überwinde.«

Wichtiges Werk (Lieder): *Gott führt ein recht Gericht, und niemand mag's ihm brechen, Herr Gott, dich will ich loben von jetzt bis an mein End.*

Zitat über ihn: Er sei von einer »Herz und Sinn berückenden Beredsamkeit« gewesen, urteilte Zwingli über Blaurock.

Zum Weiterlesen: Urs B. Leu, Christian Scheidegger (Hrsg.): Die Zürcher Täufer 1525–1700, Zürich 2007.

Andreas Bodenstein

Karlstadt

* um 1480 in Karlstadt am Main
† 24. Dezember 1541 in Basel

»Schwarmgeist«, zunächst Anhänger, später Gegner → Luthers

»Karlstadt«, wie er von den Zeitgenossen nach seinem Heimatort bevorzugt genannt wurde, war vermutlich der Sohn des Kellermeisters Peter oder Rudolf Bodenstein. Sein Studienweg führte ihn 1499 zunächst nach Erfurt, drei Jahre später nach Köln und schließlich 1505 nach Wittenberg, wo Bodenstein sein Magisterexamen ablegte. Hier wurde er 1510 zum Priester geweiht und promovierte in Theologie. Als Archidiakon am Wittenberger Allerheiligenstift hielt er Vorlesungen an der Universität. 1515 reiste er nach Rom, um ein juristisches Studium zu belegen, das er 1516 ebenfalls mit einer Promotion abschloss.

Durch die intensive Beschäftigung mit Augustinus und der deutschen Mystik, insbesondere mit Johannes Tauler, geriet Bodenstein immer stärker in die Nähe der reformatorisch geprägten Theologie. Im Mai 1518 meldete er sich erstmals in dem durch Luthers Ablassthesen entfachten Streit zu Wort, indem er sich über das Verhältnis zwischen menschlichem Willen und göttlicher Gnade äußerte, wobei er sich mit den Thesen des katholischen Theologen → Johannes Eck auseinandersetzte. Im Juni 1519 begleitete er Luther zur Leipziger Disputation, einem öffentlichen Wortstreit mit Johannes Eck über die Themen Willensfreiheit, Gnade und gute Werke, die durch eine Verhärtung der Fronten zur Entzweiung der Konfessionen stark beitrug.

Nachdem Eck auch seinen Namen auf die Bannbulle gegen Luther gesetzt hatte, vollzog Bodenstein den Bruch mit dem Papsttum; im Oktober 1520 veröffentlichte er seine Schrift *Von päpstlicher Heiligkeit*. Im Frühjahr 1521 folgte er einem Ruf des dänischen Königs und ging als Berater nach Kopenhagen, kehrte aber bald nach Wittenberg zurück, wo er in den Monaten, in denen Luther auf der Wartburg ausharrte (Mai 1521 bis Februar 1522), stark an Einfluss gewann. Im Juni 1521 veröffentlichte er eine Streitschrift gegen das Zölibat, im Winter wurden unter seiner Ägide die lateinische Messe und die Ohrenbeichte abgeschafft. Im Januar 1522 erließ Wittenberg eine neue Gottesdienstordnung, an der er – gemeinsam mit →Philipp Melanchthon – federführend beteiligt war und die u. a. die Entfernung der Bilder aus den Gotteshäusern verlangte.

Die von Bodenstein angeregten Reformen stießen nicht nur auf Zustimmung. Im Februar 1522 kam es in Wittenberg zu Ausschreitungen, auch Kurfürst →Friedrich der Weise war nicht mit allen Neuerungen einverstanden. In den Streit mischte sich nun auch Luther ein, der die Reformen nach seiner Rückkehr von der Wartburg größtenteils wieder rückgängig machte. Überdies erwirkte er ein Predigtverbot für Bodenstein und Zensurmaßnahmen der Universität. Maßlos enttäuscht von Luther, zog sich Bodenstein aus der akademischen Tätigkeit zurück.

Er vertiefte sich in die Schriften der Mystiker und übernahm im Sommer 1523 eine Stellung als Gemeindepastor in Orlamünde an der Saale. Er ließ sich fortan »Bruder Andres« nennen und versuchte, den Lebensunterhalt seiner Familie durch die Landwirtschaft zu bestreiten. In seiner Pfarrei setzte er ein auf dem Laienchristentum basierendes Reformmodell um, schaffte die Kindertaufe ab, ließ alle Bilder und die Orgel aus der Kirche entfernen und führte den Laienkelch ein. Er stand kurz in Kontakt mit →Thomas Müntzer, dessen Radikalität ihn aber abstieß. Unterdessen strahlten seine Reformen auf die umliegenden Gemeinden aus, was in Wittenberg Anstoß erregte. Im Sommer 1524 traf sich Bodenstein mit Luther zu zwei Disputationen, danach betrieb der Wittenberger Reformator entschlossen die Ausweisung des vermeintlichen Müntzer-Anhängers. Im September 1524 musste Bodenstein Kursachsen verlassen. Durch einige Schriften, die etwa zu dieser Zeit in Basel erschienen, hatte er Einfluss auf die entstehende Täuferbewegung.

Über Süddeutschland und Straßburg gelangte Bodenstein Ende 1524 nach Rothenburg ob der Tauber, wo er in den folgenden Monaten vergeblich versuchte, die aufständischen Bauern zum Gewaltverzicht zu überreden. Bald zwang ihn materielle Not zu einem Kompromiss mit Luther. Nachdem er versprochen hatte, weder zu predigen noch theologisch zu agitieren, setzte sich der Reformator beim Kurfürsten für ihn ein. Nachdem Bodenstein seine Abendmahlslehre im Juli 1525 öffentlich widerrufen hatte, durfte er im August 1525 mit seiner Familie nach Kursachsen zurückkehren. Er versuchte, als Bauer und Krämer ein Auskommen zu finden, hielt aber einige Kontakte aufrecht – was der Obrigkeit nicht lange verborgen blieb.

Als Anfang 1529 seine Verhaftung drohte, floh er zunächst nach Norddeutschland, wo er auf den Täufer → Melchior Hofman traf, mit dem er gemeinsam nach Ostfriesland ging, um dort reformatorische Neuerungen einzuleiten. Auch hier verfolgt, floh er Anfang 1530 über Straßburg und Basel nach Zürich, wo ihm → Ulrich Zwingli zu einer Tätigkeit als Diakon am Großmünster verhalf. Nach einer kurzen Station als Pfarrer in Alstätten im Rheintal konnte er im Juni 1534 durch die Vermittlung → Heinrich Bullingers nach Basel wechseln, wo er bis zu seinem Tod eine theologische Professur an der Universität innehatte.

Familiäres: Als erklärter Gegner des Zölibats heiratete Bodenstein am 19. Januar 1522 Anna von Mochau aus Seegrehna. Sein Freund und Vertrauter Gerhard Westerburg, ein Jurist, der später viele Jahre lang mit den Täufern sympathisierte, heiratete im darauffolgenden Jahr deren Schwester.

Orte: Köln, Wittenberg, Orlamünde, Süddeutschland, Sachsen, Norddeutschland, Zürich, Basel.

Zitat: »Besser ein herzliches Gebet als tausend Psalm-Kantaten. Verweist Orgeln, Trompeten und Flöten aufs Theater.«

Wichtiges Werk: *Von päpstlicher Heiligkeit* (1520).

Zum Weiterlesen: Ulrich Bubenheimer, Stefan Oehmig (Hrsg.): Querdenker der Reformation – Andreas Bodenstein von Karlstadt und seine Wirkung, Zell am Main 2001.

Anne Boleyn

* 1501 oder 1507, vermutlich in Blickling (Norfolk)
† 19. Mai 1536 in London (enthauptet)

Zweite Gattin König → Heinrichs VIII., treibende Kraft bei der Abspaltung der anglikanischen von der römisch-katholischen Kirche

Über die Jugendjahre der Anne Boleyn ist wenig bekannt. Historische Quellen nennen das Geburtsjahr 1507, neue Forschungen deuten auf das Jahr 1501. Auch der Geburtsort ist nicht sicher überliefert. Ihre Mutter Elizabeth Howard war Tochter des Herzogs von Norfolk und gehörte damit dem englischen Hochadel an, während ihr Vater Thomas Boleyn dem niederen Adel entstammte und als Diplomat Karriere am Hof König Heinrichs VII. machte.

1514 gelang es Thomas Boleyn, seine beiden Töchter Anne und Mary als Hofdamen bei Margarete von Österreich, der Statthalterin der Niederlande, unterzubringen. Die beiden Schwestern lebten zunächst in Margaretes flandrischer Residenz in Mechelen und gingen dann an den französischen Königshof. Erst 1521 kehrte Anne nach England zurück, ein Jahr nach Mary.

Wie ihre Schwester trat Anne als Hofdame in die Dienste der englischen Königin Katharina von Aragón, der Ehefrau Heinrichs VIII. Durch ihre hübsche Erscheinung, ihre vollendeten Umgangsformen und ihre französische Mode zog sie rasch die Blicke auf sich. Sie knüpfte freundschaftliche Bande zum Dichter Thomas Wyatt und ließ sich auf eine Beziehung mit Henry Percy ein, dem späteren Grafen von Northumberland, doch eine Heirat zwischen den beiden verhinderte Lordkanzler Kardinal Thomas Wolsey, vermutlich auf Befehl Heinrichs VIII. Der unterhielt seit Langem eine Affäre mit Maria, fühlte sich aber zunehmend zu ihrer Schwester hingezogen, der er ab 1527 Liebesbriefe schickte. Bald fasste Heinrich VIII. den Plan, die Ehe mit Katharina, die ihm keinen männlichen Erben geboren hatte, annullieren zu lassen, um die Geliebte zu heiraten. Anne war ehrgeizig genug, ihn in seinem Vorhaben zu bestärken.

Der König beauftragte Kardinal Wolsey, die päpstliche Zustimmung zur Auflösung der Ehe zu erwirken, doch →Clemens VII. verweigerte sein Einverständnis. Daraufhin wurde der glücklose Wolsey, offenbar nicht zuletzt auf Betreiben Annes, 1529 abgesetzt, des Hochverrats angeklagt und eingekerkert. Der König holte nun die Ansichten europäischer Universitäten zur Annullierungsfrage ein, überdies veranlasste er die Sichtung alter Quellen, die der englischen Kirche eine gewisse Selbstbestimmung garantierten. Am 31. Mai 1529 wurde Königin Katharina von einem Tribunal, das ihr Gatte einberufen hatte, vom Hof verbannt. Anne nahm nun die Rolle der ungekrönten Königin ein. 1532 begleitete sie, inzwischen zur Marquise von Pembroke erhoben, den König sogar bei einem Staatsbesuch in Frankreich.

Im Mai 1533 heiratete König Heinrich VIII. gegen den erklärten Willen seiner rechtmäßigen Frau – die deshalb bis zu ihrem Tod gefangen gehalten wurde – und ohne Zustimmung des Papstes die bereits im fünften Monat schwangere Anne Boleyn. Dieses Ereignis führte zum Bruch mit der römisch-katholischen Kirche und später zur Gründung der anglikanischen Staatskirche.

Schon als königliche Geliebte hatte sich Anne einige Feinde gemacht. Deren Zahl wurde mit ihrer Thronbesteigung nicht geringer, zumal sie neuen Ratgebern wie →Thomas Cromwell und →Thomas Cranmer vertraute. Durch Cromwell, der dem Bürgertum entstammte, und Cranmer, der persönliche Kontakte zu Theologen der deutschen Reformation geknüpft hatte, erhielt die protestantische Strömung im Land weiteren Auftrieb. Der zum Erzbischof von Canterbury ernannte Cranmer war es auch, der anlässlich der Königshochzeit die Ungültigkeit der Ehe mit Katharina von Aragón verkündete und die Legalität der Verbindung mit Anne Boleyn bestätigte.

Als Anne am 7. September statt des erhofften Thronfolgers ein Mädchen gebar, begann Heinrichs Zuneigung zur neuen Gemahlin deutlich abzukühlen. Am selben Tag bekräftigte Papst Clemens VII. noch einmal die Unrechtmäßigkeit der Scheidung von Katharina. Heinrichs Reaktion darauf war die Suprematsakte von 1534, die den König zum einzigen Oberhaupt der Kirche Englands erklärte und damit die endgültige Trennung von Rom besiegelte.

In den etwa drei Jahren, in denen Anne als Königin fungierte, betätigte sie sich als Förderin protestantischer Einflüsse, indem sie reformierte Gelehrte begünstigte und nach Kräften unterstützte. König Heinrich VIII. blieb dagegen trotz vollzogener Trennung von Rom im Herzen ein gläubiger Katholik, er hatte sogar 1521 mit eigener Feder eine Streitschrift gegen Luther verfasst.

Privat wuchs die Entfremdung zwischen Heinrich und Anne, die im Volk niemals die Popularität ihrer Vorgängerin erreichte. Zum Verhängnis wurde ihr schließlich, dass auch sie dem König keinen männlichen Thronfolger gebar. Sie erlitt in kurzer Zeit mindestens zwei, möglicherweise drei Fehl- oder Totgeburten. Zu ihrer endgültigen Beseitigung inszenierte Cromwell eine Intrige, die mit einem Schlag die Königin und ihre engsten Vertrauten aus dem Wege räumte: Am 1. Mai 1536 wurde Anne gemeinsam mit fünf Männern, darunter ihr Bruder, unter der Anklage des Ehebruchs verhaftet und in den Tower geworfen. In einem Schauprozess wurde die gestürzte Königin gezwungen, die Ungültigkeit ihrer Ehe mit Heinrich VIII. anzuerkennen, dann wurden alle sechs Angeklagten geköpft.

Familiäres: Annes Tochter, zum Zeitpunkt der Hinrichtung ihrer Mutter keine drei Jahre alt, bestieg 1559 als Königin Elisabeth I. den englischen Thron.

Orte: Norfolk, Mechelen, Paris, London.

Zitat: »Der Henker ist, glaube ich, sehr erfahren, und mein Hals ist sehr schlank«, so Anne Boleyn einen Tag vor ihrer Hinrichtung.

Zum Weiterlesen: Helga Thoma: Ungeliebte Königin. Ehetragödien an Europas Fürstenhöfen, 2003.

Auch das noch: Die Geschichte der Anne Boleyn hat im Lauf der Jahrhunderte zahlreiche Autoren und Künstler inspiriert, darunter immer wieder auch Filmregisseure. In der letzten großen Verfilmung aus dem Jahr 2008 unter dem Titel *Die Schwester der Königin* spielte Hollywoodstar Natalie Portman Anne Boleyn und Scarlett Johansson ihre Schwester Mary.

Katharina von Bora

* 29. Januar 1499 bei Borna
† 20. Dezember 1552 in Torgau

Ehefrau Martin Luthers

Katharina von Bora wurde 1499 in der Gegend um Borna geboren. Die Mutter starb früh und Katharina kam schon mit fünf Jahren in die Klosterschule des Augustiner-Chorfrauenstifts in Brehna. Als sie etwa zehn Jahre alt war, zog sie zu ihrer Tante, der Äbtissin Margarethe von Haubitz, in das Zisterzienserinnenkloster Marienthron in Nimbschen. Hier lernte sie lesen und schreiben und ein wenig Latein und legte schon 1515 ihr Gelübde als Nonne ab.

Nur wenige Jahre später drangen die reformatorischen Ideen → Martin Luthers auch ins Kloster durch, Katharina las Luthers Schriften und entschloss sich, zusammen mit einigen Mitschwestern das Kloster zu verlassen. Sie baten Luther um Unterstützung, der schickte einen Wagen, auf dem die Nonnen 1523 hinter Heringsfässern versteckt fliehen konnten. Luther brachte die Frauen bei seinen Wittenberger Freunden unter und vermittelte ihnen später auch passende Ehemänner, damit sie versorgt waren. Katharina wohnte zunächst im Haus des Stadtschreibers Philipp Reichenbach, später zog sie zu → Lucas Cranach d. Ä.

Nachdem die Eltern des ersten potenziellen Ehemannes Hieronymus Baumgartner diesem die Ehe mit einer entlaufenen Nonne verboten hatten, versuchte Luther, Katharina mit dem Theologieprofessor Kaspar Glatz aus Orlamünde zu verheiraten, doch sie lehnte kategorisch ab. Als Luther, nachdem er selbst lange gar nicht hatte heiraten wollen, doch um Katharinas Hand anhielt, stimmte sie sofort zu. 1525 wurden die beiden im Schwarzen Kloster im Beisein ihrer Freunde →Justus Jonas und Lucas Cranach von →Johannes Bugenhagen getraut.

Katharina zog mit Luther in das alte Augustinerkloster, das ihm →Johann der Beständige überlassen hatte. Katharina übernahm die Verwaltung des Anwesens, züchtete Vieh, betrieb eine Bierbrauerei und bewirtschaftete gegen Bezahlung all die Besucher und Studenten, die sich um Luther scharten. So trug sie wesentlich zum Lebensunterhalt der Familie bei. In Pestzeiten betrieb sie zudem gemeinsam mit anderen Frauen eine Pflegestation. Tatkräftig stand sie ihrem von allerlei Leiden und Ängsten geplagten berühmten Mann zur Seite und hielt ihm den Rücken frei.

Nach Luthers Tod 1546 geriet sie in große wirtschaftliche Schwierigkeiten. Zwar hatte Luther sie in seinem Testament als Alleinerbin eingesetzt und ihr einige Rechte übertragen, die Frauen eigentlich nicht zustanden, doch das Testament wurde zunächst nicht anerkannt. Zudem sollten ihr ihre Söhne entzogen werden, da damals auch sie selbst als alleinstehende Frau einen Vormund gebraucht hätte. Erst als Kurfürst →Johann Friedrich I. sich einschaltete, gestand man ihr einen Großteil des Erbes und der Rechte zu, und auch die Kinder durften bei ihr bleiben.

Von Christian III. von Dänemark und Herzog Albrecht von Preußen finanziell unterstützt, blieb sie im Schwarzen Kloster. Während des Schmalkaldischen Krieges 1546/47 floh sie nach Magdeburg. Als sie zurückkehrte, war ihr Besitz verwüstet. Sie hatte alle Mühe, ihre Familie über Wasser zu halten. Als 1552 die Pest ausbrach, floh sie mit den Kindern nach Torgau. Kurz vor dem Ziel verunglückte der Wagen, Katharina verletzte sich schwer und starb drei Wochen später an den Folgen des Unfalls.

Familiäres: Katharina von Bora war seit 1525 verheiratet mit → Martin Luther. Das Paar bekam drei Töchter und drei Söhne. Zwei Töchter starben schon im Kindesalter.

Ort: Wittenberg.

Zitat: »Dr. Luther würde ich nehmen«, soll sie gesagt haben, als man ihr Kaspar Glatz als Ehemann vorschlug.

Zitat über sie: Luther nannte seine Frau aufgrund ihrer zupackenden Art, die auch nicht davor zurückschreckte, männliche Privilegien einfach zu ignorieren, liebevoll »mein Herr Käthe«.

Zum Weiterlesen: Asta Scheib: Kinder des Ungehorsams. Die Liebesgeschichte des Martin Luther und der Katharina von Bora, München 2008.

Auch das noch: Lucas Cranach d. Ä. hat Katharina von Bora wiederholt porträtiert. Lew Hohman und Dirk Otto dokumentierten das Leben der Katharina von Bora 2009 in dem Film *Katharina von Bora. Nonne, Geschäftsfrau, Luthers Weib*.

Johannes Böschenstein

* 1472 in Esslingen
† 1540 in Nördlingen

Hebraist und Kirchenlieddichter

Böschenstein wurde als Sohn eines Esslinger Fischers namens Heinrich geboren. 1494 wurde er zum Priester geweiht. Anschließend lernte er unter anderem bei Caspar Amman und →Johannes Reuchlin in Augsburg und Ingolstadt, wo er mit →Johannes Eck zusammen wohnte, Hebräisch. 1518 lernte er →Martin Luther und →Philipp Melanchthon in Wittenberg kennen; gemeinsam mit ihm wollte Böschenstein das Hebräische als Weg zum Verständnis der Bibel im Theologiestudium verankern.

Nachdem er in Wittenberg kurz die schlecht bezahlte Stelle als Hebräischprofessor innegehabt hatte, wechselte er 1521 nach Heidelberg und blieb auch in den folgenden Jahren nicht lange an einem Ort. So wirkte er unter anderem in Zürich, wo er →Ulrich Zwingli in Hebräisch unterrichtete.

Neben Reuchlin war Böschenstein der wichtigste Hebraist seiner Zeit. Der Förderer des Hebräischstudiums ist außerdem bekannt als Verfasser des ersten Ziffernrechenbüchleins für Kinder und als Kirchenlieddichter.

Er starb 1540 in Nördlingen.

Orte: Ingolstadt, Wittenberg, Nürnberg, Antwerpen, Zürich, Augsburg, Basel und Nördlingen.

Zitat:

»Da Jesus an dem Kreuze stund
und ihm sein Leichnam war verwundt
mit bitterlichen Schmerzen,
die sieben Wort, die er da sprach,
betracht in deinem Herzen!«

Wichtiges Werk: *Hebraicae grammaticae institutiones* (hebräische Grammatik), Wittenberg 1519.

Albrecht von Brandenburg

* 28. Juni 1490 in Cölln (heute Berlin)
† 24. September 1545 in Mainz

Erzbischof von Magdeburg, Administrator von Halberstadt, Erzbischof von Mainz und unbeabsichtigter Auslöser für → Martin Luthers Thesenanschlag

Der Jüngste von sieben Kindern des Kurfürsten Johann Cicero von Brandenburg gründete 1506 im Alter von erst 16 Jahren gemeinsam mit seinem älteren Bruder Joachim I. Nestor die Universität in Frankfurt an der Oder. Da Albrecht als nachgeborener Sohn von der Thronfolge ausgeschlossen war, schlug er noch im selben Jahr eine geistliche Laufbahn ein, die ihm schon bald einen kometenhaften Aufstieg bescherte.

Als im Sommer 1513 Ernst II. von Sachsen verstarb, der Magdeburger Erzbischof und Administrator (Verwalter) von Halberstadt, wählten beide Domkapitel Albrecht zum Nachfolger. Trotz des Verbots der Bistumsanhäufungen genehmigte Rom die Weihe – ungeachtet der Tatsache, dass Albrecht das für dieses verantwortungsvolle Amt benötigte Mindestalter von 25 Jahren noch gar nicht erreicht hatte. Als im Februar des folgenden Jahres auch noch Uriel von Gemmingen starb, der

Erzbischof von Mainz, wurde Albrecht diese Kirchenprovinz ebenfalls zugeschlagen. Ausschlaggebend für diese Entscheidung waren vor allem politische Gründe: Zwischen Kurmainz und Sachsen schwelte schon seit Langem ein Konflikt um die Ansprüche auf Erfurt und Eichsfeld, und das Mainzer Domkapitel hoffte, durch Albrecht das Kurfürstentum Brandenburg als Verbündeten gegen Sachsen zu gewinnen. Noch vor seinem 24. Geburtstag zählte Albrecht zu den sieben mächtigsten Männern im Heiligen Römischen Reich.

Finanziell geriet Albrecht durch die Bischofswahl in Schwierigkeiten, weil die römische Kurie erhebliche Abgaben verlangte und er vor der Weihe versprochen hatte, dass er für alle Kosten aufkommen würde – allein für die Anhäufung eines weiteren hohen Kirchenamtes war eine immens hohe Summe fällig. Um seine Schulden begleichen zu können, entschloss sich Albrecht zu einem Finanzcoup, dessen historische Folgen er nicht ahnen konnte. Gemeinsam mit Papst → Leo X. einigte er sich darauf, einen neuen Ablass einzuführen und den Gewinn zu teilen: Die eine Hälfte der Einnahmen sollte dem Neubau des Petersdomes zugutekommen, die andere Hälfte wollte Albrecht für die Tilgung seiner Schulden verwenden. Durchgeführt wurde die Aktion von Männern wie dem Magdeburger Dominikanermönch → Johann Tetzel, dessen marktschreierische Art → Martin Luther derart verärgerte, dass er 1517 in Wittenberg – einer Stadt, die zu Albrechts Bistum Halberstadt gehörte – seine 95 Thesen zum Ablasshandel veröffentlichte, die den Beginn der Reformation markierten. 1518 wurde Albrecht, der unfreiwillige Auslöser der Reformation, zum Kardinal erhoben.

Im darauffolgenden Jahr beeinflusste er die Kaiserwahl, indem er die Bestechungssumme so lange in die Höhe trieb, bis → Franz I. von Frankreich aussteigen musste. Dessen Rivale → Karl V. war gezwungen, sich die erforderliche Summe von fast einer Million Gulden von der Familie Fugger zu leihen. Trotz seiner nicht geringen Skrupellosigkeit in geschäftlichen Dingen war Albrecht durchaus humanistisch gebildet und auch Neuerungen zugeneigt, wie sich im Umgang mit den Vertretern des reformierten Glaubens mehrfach zeigte. Er ging kaum gegen reformatorische Bestrebungen vor, ließ auch die Bannbulle gegen Luther 1521 in seinem Herrschaftsgebiet nicht verkünden und unterzeichnete auch nicht die auf dem Wormser Reichstag verfügte Reichsacht. Erst nachdem Franz von Sickingen 1523 versucht hatte, das Erzbistum Trier zu erobern und erste lokale Aufstände in den süddeutschen Ländern 1524 den Ausbruch des Deutschen Bauernkrieges ankündigten, wurde Albrecht zunehmend zum Gegner der Reformation.

Als er nach dem Augsburger Religionsfrieden von 1530 zu der Einsicht gelangte, dass der Protestantismus nicht mehr zu verhindern sei, versuchte er das konfessionell gespaltene Reich zusammenzuhalten, indem er zu einem Feldzug gegen die Osmanen aufrief. 1534 vermittelte er im Streit zwischen dem katholischen König Ferdinand I. und den protestantischen Fürsten von Sachsen. 1540 sicherte er den Protestanten in Magdeburg gegen die Übernahme seiner letzten Schulden beim Papst freie Religionsausübung zu.

Seine tolerante Haltung endete jäh, als er 1541 von der Reformation aus Halle vertrieben wurde, seinem Lieblingssitz, in dem er sich eben eine neue Residenz hatte errichten lassen; sie gilt als einer der ersten Renaissancebauten in Deutschland. Da Halle kein Bischofssitz war und über keinen Dom verfügte, hatte er eine Dominikanerkirche so zur Stiftskirche umbauen lassen, dass sie seine fast 9000 Einzelstücke umfassende Reliquiensammlung beherbergen konnte. Voller Wut forderte er nun den Kaiser zu einem Krieg gegen die Protestanten auf, doch er starb, bevor es zu Kampfhandlungen kam.

Familiäres: Seine langjährige Mätresse Agnes Pless machte Albrecht später zur Vorsteherin eines Beginenklosters.

Orte: Magdeburg, Halberstadt, Mainz, Halle.

Zitat über ihn: Nachdem Albrecht 1521 eine Ausstellung von Reliquien aus seiner privaten Sammlung eröffnet hatte, die es auf insgesamt 39.245.120 Ablassjahre brachten, schrieb Luther erbost an seinen Freund, den Humanisten → Georg Spalatin, man könne es nicht dulden, dass »der Friede Gotte durch die gottlosen und tempelschänderischen Machenschaften dieses Mannes« weiterhin gestört werde, und sagte dem Kirchenfürst Albrecht den Kampf an: »Wenn ich dem Papst Widerstand geleistet habe, warum sollte ich dann vor seiner Kreatur zurückweichen?«

Zum Weiterlesen: Thomas Schauerte, Andreas Tacke, Katja Schneider: Der Kardinal. Albrecht von Brandenburg, Renaissancefürst und Mäzen, Regensburg 2006.

Auch das noch: Albrecht war als typischer Renaissancefürst auch ein großer Kunstmäzen. Allein bei → Lucas Cranach dem Älteren gab er weit über 100 Bilder und mehrere Altäre in Auftrag. Im Gegenzug wurde er auf mehreren Bildern porträtiert, unter anderem als heiliger Hieronymus.

Elisabeth von Brandenburg

* 24. August 1510 in Cölln (heute Berlin)
† 25. Mai 1558 in Ilmenau

Herzogin und Gräfin, »Reformationsfürstin«

Schon von ihrer Mutter bekam Elisabeth von Brandenburg den reformatorischen Gedanken mit auf den Weg. Ihrem Vater gefiel das protestantische Treiben nicht; schließlich mussten die Wittenberger Reformatoren zugunsten der Kurfürstin intervenieren.

Im Alter von 15 wurde sie mit dem 40 Jahre älteren Erich I. von Braunschweig-Calenberg verheiratet. Ihre kämpferische Natur zeigte sich schon früh, als sie mit einer Mätresse ihres Mannes konfrontiert wurde. Elisabeth beschuldigte sie der Hexerei und wollte sie und ihre vermeintlichen Komplizinnen verhaften lassen. Die Mätresse entkam, aber ihre Komplizinnen starben auf dem Scheiterhaufen. Als einen Akt der Sühne überredete sie den Herzog zu einem Umzug von Calenberg nach Münden. Dieser Umgang mit ihrer Konkurrentin verhalf ihr zu Respekt vor ihrer Zielstrebigkeit; außerdem stärkte er ihr Selbstbewusstsein, um ihrer reformatorischen Gesinnung offen zu folgen.

Bei einem Besuch ihrer Mutter 1534 begegnete Elisabeth zum ersten Mal persönlich → Martin Luther, mit dem sie ab 1538 einen regelmäßigen Briefkontakt pflegte. Sie konvertierte und setzte auch den Landgrafen → Philipp von Hessen darüber in Kenntnis. Ein weiterer Verbündeter wurde → Johann Friedrich I. von Sachsen, und so gelang es ihr nach dem Tod ihres Mannes 1540, einer langwierigen Auseinandersetzung mit dem Testament und der Vertreibung des Teilvormündigen Heinrichs des Jüngeren von Braunschweig-Wolfenbüttel, gemeinsam mit Philipp von Hessen die vormundschaftliche Regierung über das Fürstentum zu erhalten.

In den Jahren ihrer Vormundschaft setzte sie sich für den fürstlichen Haushalt und die Durchsetzung der Reformation ein. Unter ihr wurde 1542 die Calenberger Kirchenordnung verfasst, der eine Kirchenvisitation folgte. Außerdem wurden eine Klosterordnung sowie eine Hofgerichtsordnung erlassen. Selbstständig verfasste die bibelfeste Elisabeth einen *Sendebrief an ihre Untertanen*, der für die Stärkung des Glaubens sorgen sollte. 1545 erreichte ihr ältester Sohn die Volljährigkeit und trat seine Herrschaft an. Seine vereinbarte Ehe mit der Tochter des hessischen Landgrafen ließ er lösen und heiratete stattdessen Sidonie, die Schwester des → Moritz von Sachsen. Ihr Verhältnis zu Philipp von Hessen kühlte dadurch ab, und so war sie nach seiner Verhaftung am Ende des Schmalkaldischen Krieges im April 1547 trotz ihres zweiten Mannes Poppo von Henneberg im Kampf um Münden schutzlos ihrem Sohn und Heinrich dem Jüngeren ausgeliefert. Sie verlor jeglichen Einfluss und stand alleine da. Kontakt mit anderen reformatorisch gesinnten Frauen oder Fürstinnen hatte sie kaum gepflegt. Nur eine Erwähnung von Katharina und Elisabeth von Schwarzburg in ihrem Witwentrostbuch lässt auf Kontakte schließen. Vor allem durch dieses Buch und ihre anderen vielfältigen Schriften hat sie ihren Beitrag zur Reformation geleistet. Dazu zählen auch eine Gebetssammlung und ihre drei theologischen Stellungnahmen zum Osiandrischen Streit um das Verständnis der reformatorischen Rechtfertigung, in welchen sie um eine schnelle Beilegung des Konfliktes ersucht. 1558 starb sie in Ilmenau.

Familiäres: In erster Ehe wurde sie mit Erich I. dem Herzog von Braunschweig-Calenberg-Göttingen vermählt. In zweiter Ehe heiratete sie Poppo von Henneberg.

Orte: Fürstentum Calenberg-Göttingen, Münden, Illmenau.

Zitat:
»*Zuvörderst ist mir Jesus Christ*
allzeit gewest das höchste Gut.
Durch seinen Geist gab mir der Mut,
dass ich mich christlich hab ermannt
und pflanzt sein Wort in dieses Land.«

Wichtiges Werk: *Trostbuch für Witwen* (1555, gedruckt 1556), zweite Auflage Leipzig 1598.

Zum Weiterlesen: Ernst-August Nebig: Elisabeth, Herzogin von Calenberg, Göttingen 2006.

Philipp von Braunschweig

* 1476 in Herzberg
† 1551 in Herzberg

Herzog von Braunschweig-Grubenhagen
und Anhänger der Reformation

1594 übernahm Philipp die Regentschaft im Fürstentum Grubenhagen, nachdem einige Jahre nach dem frühen Tod des Vaters seine Mutter und ein Vetter die Vormundschaft über ihn gehabt hatten. Sein Bruder Erich war Bischof von Osnabrück und Paderborn. Auf dem Reichstag zu Woms soll er von → Martin Luther angetan gewesen sein, doch war er zunächst kein offizieller Freund der Reformation.

In seinem Herrschaftsbereich verbreitet sich zuerst in der Stadt Einbeck die lutherische Lehre. Während Philip sich abwartend verhielt, setzte sein Bruder Erich durch, dass die Prediger 1525 ausgewiesen wurden. Unter welchem Einfluss sich Philipp den Lutheranern zuwandte, ist nicht bekannt, doch kurze Zeit später trat er dem Torgauer Bund bei und gehörte auch zu den Fürsten, die sich 1531 zum Schmalkaldischen Bund zusammenschlossen. Einige schlugen sogar vor, dass er die vereinigten Streitkräfte befehligen sollte, sofern es zum Krieg käme.

Nachdem sein Bruder Erich 1532 gestorben war, begann Philipp die Reformation noch entschiedener voranzubringen und säkularisierte die Klöster. Auf einem Landtag 1538 erklärte er die päpstliche Lehre förmlich für abgeschafft und erließ eine neue Kirchenordnung. 1546 nahm er am Feldzug des Schmalkaldischen Bundes gegen Kaiser → Karl V. in Süddeutschland teil, der mit einer Niederlage endete. Nachdem die Evangelischen zwei Jahre später ganz unterworfen waren, ließ ihn der Kaiser jedoch straffrei ziehen und setzte ihn wieder in seine alten Rechte ein. Am Ende seines Lebens musste Philipp noch den Tod zweier seiner Söhne auf dem Schlachtfeld verkraften, dann starb auch er 1551 mit 75 Jahren. Nach seinem Tod folgte ihm erst sein Sohn Ernst nach, der jedoch keine männlichen Nachkommen hatte. Nachdem auch seine beiden Söhne Wolfgang und Philipp kinderlos gestorben waren, endete die Grubenhagener Linie der Welfen.

Familiäres: Seine erste Frau starb vermutlich im Kindbett. Mit seiner zweiten Frau Katherine von Mansfeld bekam er neun Kinder.

Orte: Herzberg, Braunschweig.

Auch das noch: 1510 verlor Philip fast sein Leben, als das Schloss in Herzberg bis auf die Grundmauern abbrannte. Es wurde neu im Renaissancestil aufgebaut.

Guido von Bray

Guy de Brès

* um 1522 in Mons
† 31. Mai 1567 in Valenciennes

Niederländischer Reformator

Guido von Bray war zunächst Glasmaler. Der junge Katholik las die Bibel, beschäftigte sich schon früh mit theologischen Fragen und interessierte sich bald besonders für den protestantischen Glauben. Wegen seiner evangelischen Überzeugungen verfolgt, musste er 1548 nach England fliehen. Erst vier Jahre später kehrte er zurück und begann in Lille im protestantischen Sinne zu wirken. Er studierte Theologie in Genf und Lausanne und wirkte anschließend als Prediger unter anderem in Brüssel, Antwerpen und Valenciennes. Sein calvinistisch ausgerichtetes Glaubensbekenntnis *Confession de foi des églises des Pays Bas* machte die Behörden erneut auf ihn aufmerksam. Nachdem es 1566/67 im belagerten Valenciennes durch seine Anwesenheit zu Unruhen gekommen war, versuchte er zu fliehen, wurde aber nur wenig später gefasst und zwei Monate lang gefangen gehalten. Guido von Bray wurde am 31. Mai 1567 in Valenciennes gehängt.

Orte: Lille, Frankfurt am Main, Tournay, Valenciennes, Antwerpen.

Wichtiges Werk: *Confession de foi des églises des Pays Bas*, 1561.

Johannes Brenz

* 24. Juni 1499 in Weil der Stadt

† 11. September 1570 in Stuttgart

Reformator Süddeutschlands

Johannes Brenz wurde in Weil der Stadt als Sohn des Schultheißen Martin Hess und seiner Frau Catharina geboren. Ab 1514 studierte er in Heidelberg unter anderem bei → Johannes Oekolampad. 1518 erlebte er → Martin Luther bei der Disputation in Heidelberg und war fasziniert. Er freundete sich mit Luther an und trat von nun an auch selbst für die reformatorischen Ideen ein.

1522 ging Brenz als Prediger nach Schwäbisch Hall an die Hauptkirche St. Michael und begann dort die Reformation voranzutreiben, indem er zum Beispiel gegen die Heiligenverehrung predigte oder die Messe abschaffte und zu Weihnachten 1526 zum ersten Mal das Abendmahl in beiderlei Gestalt austeilte.

Zwar sprach er sich im Bauernkrieg strikt gegen die Aufständischen aus, betonte aber – anders als Luther, der rigides Einschreiten verlangte –, dass die Obrigkeit nicht gerade unschuldig am Aufstand sei, und forderte daher einen milden Umgang mit den Bauern. Im Abendmahlsstreit stellte Brenz sich auf Luthers Seite, nahm 1529 zusammen mit ihm am Marburger Religionsgespräch teil und setzte die Vorstellung der realen Gegenwart des Leibes und Blutes im Abendmahl in seiner Gegend gegen die Ansichten von Oekolampad durch.

Mit seiner Kirchenordnung von 1526 setzte er die Reformation in Schwäbisch Hall vollständig um. Neben Veränderungen bei den Sakramenten, der Predigt oder im Gottesdienstablauf reformierte Brenz auch das Schulwesen. So forderte er unter anderem, dass auch Mädchen die Schule besuchten, damit die Bibel Frauen wie Männern gleichermaßen zugänglich sei. Für den Religionsunterricht verfasste Brenz 1527 den ältesten protestantischen Katechismus. Es folgten weitere, die großen Zuspruch und große Verbreitung fanden.

Da er Hinrichtungen aus religiösen Gründen nicht guthieß, sprach er sich 1528 gegen die Tötung radikaler Wiedertäufer aus. Die Verdammung der Täufer im von ihm mitverfassten Augsburger Bekenntnis von 1530 trug er dennoch mit. Auch beim Thema Hexenverfolgung mahnte er zu Vorsicht und riet von Folter ab, damit keine Unschuldigen verurteilt würden. Bei nachgewiesener Schuld hielt allerdings auch er Bestrafungen für berechtigt.

Ab 1534 zog Herzog Ulrich von Württemberg, den Brenz schon 1529 beim Marburger Religionsgespräch kennengelernt hatte, ihn bei der Einführung der Reformation auf seinem Territorium zurate. Außerdem strukturierte Brenz für Herzog Ulrich die Universität Tübingen um.

Nachdem er sich 1546 während des Schmalkaldischen Krieges gegen Kaiser → Karl V. ausgesprochen hatte und auch am Augsburger Interim von 1548 deutliche Kritik übte, musste Brenz schließlich ohne seine Familie aus Schwäbisch Hall fliehen. In den folgenden Jahren fand er im Schutz Herzog Ulrichs zeitweise unter dem Namen Huldreich Engster Unterschlupf auf Burg Hohenwittlingen und Burg Hornberg.

In Basel traf er auf Christoph, den Sohn Herzog Ulrichs, der ihn nach dem Tod seines Vaters zu einem seiner wichtigsten theologischen Berater machte. Anfang 1553 wurde Brenz Probst an der Stiftskirche in Stuttgart, von wo aus er die evangelische Kirche in Württemberg zu strukturieren begann. Seine »Große württembergische Kirchenordnung« von 1559 wurde zum Vorbild für andere Landeskirchen. Neben all diesen Tätigkeiten veröffentliche Brenz unzählige Schriften, vor allem Predigten und Kommentare.

Am 11. September 1570 starb Johannes Brenz in Stuttgart. Unter der Kanzel in der Stiftskirche wurde er beigesetzt. 70 Jahre nach seinem Tod wurde sein Grab von Anhängern der Gegenreformation geöffnet, um den Stuttgarter Jesuitenpater Eusebius Reeb im gleichen Grab zu beerdigen.

Familiäres: 1530 heiratete Brenz seine erste Frau Margarethe Gräter, mit der er einen Sohn und fünf Töchter bekam. Nach Margarethes Tod heiratete er Katharina Isemann. Zu seinen Nachfahren zählen viele bekannte Persönlichkeiten, unter anderem Dietrich Bonhoeffer, Hermann Hesse, Patrick Süskind und Richard von Weizsäcker.

Orte: Schwäbisch Hall, Stuttgart, Tübingen, Marburg.

Zitat: »Wenn Christus seine Jünger ausschickt, sagt er nicht: ›Gehet hin, schert euer Haar, tragt lange Röcke, habt keine Ehefrau‹, sondern: ›Gehet hin, taufet und predigt das Evangelium vom Reich‹.«

Wichtiges Werk: *Fragstück des christlichen Glaubens für die Jugend zu Schwäbisch-Hall*, 1527/28.

Zum Weiterlesen: Isabella Fehle (Hrsg.): Johannes Brenz 1499–1570. Prediger – Reformator – Politiker. Schwäbisch Hall 1999.

Martin Bucer

*11. November 1491 in Schlettstadt (Elsass)
† 27. (28.) Februar 1551 in Cambrigde

Reformator von Straßburg, führender Theologe der oberdeutschen Reformation

Martin Bucer stammte aus einer Handwerkerfamilie. Mit 15 Jahren trat er in das Dominikanerkloster seiner Heimatstadt ein und studierte Philosophie. 1517 wurde er in Mainz zum Priester geweiht und begann an der Universität Heidelberg ein Theologiestudium. Als er → Martin Luther erlebte, der zu einer Diskussion seiner Thesen nach Heidelberg gekommen war (1518), war er fasziniert von dessen theologischen Entdeckungen, vor allem seiner Kreuzestheologie. Er fasste den Entschluss, dieser Theologie zu folgen, ließ sich 1521 von seinen Gelübden entbinden und verließ den Dominikanerorden. Friedrich II. von der Pfalz stellte ihn als Hofkaplan an, Franz von Sickingen gab ihm eine Pfarrstelle in Landstuhl. Dort bekräftigte er seine Entscheidung öffentlich durch die Heirat mit der früheren Nonne Elisabeth Silbereisen (1522) und siedelte nach Weissenburg im Elsass um. Seine offene Parteinahme für Luther veranlasste den Speyerer Bischof, ihn zu exkommunizieren, worauf Papst → Hadrian VI. ihn mit dem Bann belegte (1523). Als »Vogelfreie« mussten Bucer und seine Frau aus Weissenburg fliehen, die Stadt Straßburg bot den Flüchtlingen Schutz, der Münsterprediger und Begründer der Reformation in Straßburg, Matthäus Zell, nahm sie in sein Haus auf.

Ein Jahr später schon wählte ihn die Bürgerschaft zum evangelischen Pfarrer in St. Aurelien, sein Ruf als Prediger und sein Talent für organisatorische Fragen machten ihn zum

führenden Mann der Reformation in der Reichsstadt. Eng arbeitete Bucer mit dem Bürgermeister Jakob Sturm zusammen, ihm gelang es, der Kirche in der Stadt eine feste Ordnung zu geben, die sich besonders bewährte, als viele Täufergruppen hier Fuß fassen wollten.

Theologisch versuchte Bucer stets, zwischen den verschiedenen Richtungen zu vermitteln. Seit 1523 stand er im regelmäßigen Briefkontakt mit →Ulrich Zwingli, lernte ihn 1528 bei einem Religionsgespräch in Bern persönlich kennen und begleitete ihn 1529 zur großen Diskussion über das Abendmahl mit den Lutheranern in Marburg. Als der Reichstag 1530 die Protestanten zur Klärung der unterschiedlichen religiösen Strömungen einlud, verfasste Bucer gemeinsam mit →Wolfgang Capito das Vierstädtebekenntnis, das von Memmingen, Lindau, Straßburg und Konstanz unterzeichnet worden war. Er suchte Luther, der auf der Veste Coburg geblieben war, auf und wollte ihn dazu bringen, einer Vereinigung zuzustimmen, konnte ihn jedoch nicht überzeugen. Erst sechs Jahre später, 1536, gelang es ihm, in der Wittenberger Konkordie die oberdeutschen Reformierten und die kursächsischen Lutheraner zusammenzuführen. Der Preis der Einigung war hoch: Sie bewirkte gleichzeitig die endgültige Trennung von den eidgenössischen Reformierten.

Bucers Auftreten in Augsburg machte ihn weit über die Grenzen Straßburgs hinaus als Kirchenorganisator bekannt. Zahlreiche Städte baten ihn um Hilfe bei der Organisation der reformatorischen Bewegung: Ulm, Biberach, Memmingen, vor allem aber die Stadt Augsburg. Bucer beriet Herzog Ulrich bei der Einführung der Reformation in Württemberg, → Philipp von Hessen berief ihn zum Ratgeber, weil er das wachsende Täufertum nicht mit Gewalt bekämpfen wollte. 1539 arbeitete Bucer die »Ziegenhainer Zucht- und Ältestenordnung« aus, sie verlieh der Reformation in Hessen auf lange Zeit die entscheidende Form. Bis heute wirkt die Ordnung nach, in ihr legte Bucer zum ersten Mal die Konfirmation als Kirchenregel fest.

Der Tod seiner Frau, mit der er 13 Kinder hatte, traf Bucer tief. 1541 starb sie während einer Pestepidemie, die auch seine Kinder dahinraffte. Nur ein Sohn erreichte das Erwachsenenalter. Auf dem Sterbebett hatte seine Frau ihn gebeten, → Wibrandis Rosenblatt zu heiraten, die 13 Jahre jüngere Witwe von → Johannes Oekolampad und Wolfgang Capito.

Anfang der 40er-Jahre berief der Erzbischof von Köln Bucer nach Bonn. Er sollte die Einführung der Reformation im Bistum vorbereiten. Gemeinsam mit → Philipp Melanchthon verfasste er zwei grundlegende Schriften zur Reformation in Köln, aufgrund politischer Ereignisse scheiterte das Vorhaben jedoch. Auch die Versuche, sich in Religionsgesprächen mit der katholischen Kirche zu verständigen (Hagenau, Worms und Regensburg 1540/41), brachten nicht den erhofften Erfolg.

Als Kaiser → Karl V. das Interim erließ, weigerte sich Bucer, sich dieser Rekatholisierung zu unterwerfen. Da der Straßburger Rat aber dem Interim zustimmte, musste Bucer die Stadt verlassen. Er emigrierte nach England, wo ihn Erzbischof →Thomas Cranmer von Canterbury an der Arbeit an der englischen Reformation beteiligte.

Als unter Maria I. von Tudor die Gegenreformation in England begann, wurde Bucer sechs Jahre nach seiner Beisetzung exhumiert und nachträglich als Ketzer zusammen mit seinen Schriften verbrannt. Elisabeth I. rehabilitierte Bucer jedoch im Jahr 1560 in einem feierlichen Akt in der Universität Cambridge

Familiäres: Bucer heiratete 1522 die frühere Nonne Elisabeth Silbereisen und hatte mit ihr 13 Kinder. 1542 ehelichte er Wibrandis Rosenblatt, die Witwe zweier anderer Reformatoren, Capito und Oekolampad. Mit ihr hatte er zwei Kinder.

Orte: Schlettstadt, Heidelberg, Weissenburg, Straßburg, Bern, Marburg, Augsburg, Ulm, Biberach, Konstanz, Lindau, Wittenberg, Köln, Cambridge.

Zitat: »Auf dass sie alle eins seien.«

Wichtiges Werk: *De regno Christi – Von der Herrschaft Christi*, 1550, gedruckt 1557.

Zum Weiterlesen: Martin Greschat: Martin Bucer. Ein Reformator und seine Zeit, München 1990.

Auch das noch: Nach Bucer haben sich viele Gemeindehäuser und vor allem Jugendzentren benannt. Eine Forschungsstelle in Erlangen gibt seine gesamten Schriften und zahlreichen Briefe heraus.

Johannes Bugenhagen

* 24. Juni 1485 in Wollin

† 20. April 1558 in Wittenberg

Bedeutender Reformator, Beichtvater → Luthers

Der Sohn eines kleinstädtischen Ratsherrn schrieb sich im Jahr 1502 an der Universität Greifswald für humanistische Studien ein. Ohne einen akademischen Abschluss erreicht zu haben, wurde er 1504 mit 19 Jahren zum Rektor der Lateinschule in Treptow an der Rega berufen. Es gelang ihm in kurzer Zeit, die Schule zu einem Brennpunkt humanistischer Bildung zu machen. Vermutlich war dies der Grund, dass der Camminer Bischof ihn 1509 zum Priester weihte, obwohl er nicht Theologie studiert hatte. Er wurde als Vikar in das Kollegium der Kanoniker der Treptower Marienkirche aufgenommen. Sechs Jahre später beauftragte ihn der Herzog Bogislaw X., eine Geschichte Pommerns zu verfassen. Gleichzeitig wurde er zum Lektor der Bibel und der Kirchenväter an die Klosterschule Belbuck berufen. In den Jahren davor hatte er sich intensiv mit den Schriften des → Erasmus von Rotterdam befasst, darüber hinaus sich autodidaktisch mit der Bibel und in der Theologie weitergebildet. Während seiner Lektorentätigkeit begann er Luthers Schriften zu lesen, war von dessen Predigten über die Zehn Gebote und über das Vaterunser fasziniert, doch als er die Schrift *Von der babylonischen Gefangenschaft der Kirche* 1520 in die Hände bekam, war er zunächst entsetzt über deren ketzerische Aussagen. Schließlich überzeugten ihn aber Luthers Ideen. Im Frühjahr 1521 zog er nach Wittenberg, um ihn persönlich kennenzulernen und die neue Theologie zu studieren. → Philipp Melanchthon nahm ihn bei sich auf. Schon ein halbes Jahr nach seiner Ankunft hielt er Vorlesungen über die Psalmen, ein Jahr später brach er offen mit dem Zölibat und heiratete.

Am 25. Oktober 1523 wurde er zum neuen Pfarrer an der Stadtkirche gewählt. Diesem Amt blieb er trotz vieler Reisen und zahlreicher Berufungen in anderen Städten – unter anderem in Bischofsämter – bis zum Lebensende treu. Er wurde zum engen Vertrauten Luthers, half ihm bei der Bibelübersetzung, wurde schließlich sogar zu dessen Beichtvater. Die Stärke Bugenhagens lag zweifellos auf dem Gebiet der Bibelauslegung. Doch er war auch ausgesprochen geschickt in organisatorischen Fragen. Davon sollten zahlreiche Gemeinden in norddeutschen Städten, aber auch Dänemark profitieren.

Im Frühjahr 1528 reiste er nach Braunschweig, wo bereits 13 reformierte Prediger tätig waren. Eine Gemeindeordnung steckte noch in den Kinderschuhen, Bugenhagen organisierte die neue Kirche von Grund auf. Prediger sollten in einem Bibellektorium ausgebildet werden, er regelte die Armenfürsorge, legte Regeln für die Taufe und die Deutsche Messe fest und führte Katechismuspredigten ein. Die Aufsicht über die Geistlichen übertrug er einem »Superattendenten«. Braunschweig wollte ihn als Superintendenten haben, doch im Oktober brach Bugenhagen nach Hamburg auf.

Dort angekommen, widmete sich Bugenhagen der Ausarbeitung einer neuen Kirchenordnung. Gegen den heftigen Widerstand eines Klosters und von Altgläubigen setzte Bugenhagen sich durch, im Mai 1529 wurde die neue Kirchenordnung förmlich angenommen und von allen Kanzeln verkündet. Die erste öffentliche Lateinschule der Stadt, das Johanneum, geht ebenfalls auf Bugenhagen zurück.

Von Hamburg aus gab er brieflich Ratschläge zur Organisation der reformierten Kirche in Ostfriesland. Sein nächstes Reiseziel war Lübeck, wohin ihn der Rat der Stadt gebeten hatte. Eineinhalb Jahre musste Bugenhagen in Lübeck bleiben, bis die Reformation ihre eigentliche Gestalt gewonnen hatte. Auch hier verließ er die Stadt nicht, ohne eine Lateinschule (das Katharineum) eingerichtet zu haben. Nebenher unterhielt er einen umfangreichen Briefwechsel. So beriet er die Stadt Rostock bei der Neuordnung des kirchlichen Lebens. Seine Heimat Pommern (weshalb er gelegentlich mit dem Beinamen »Pomeranus« belegt wurde) verdankt ihm ihre endgültige Kirchenordnung (1535).

Als Christian II. in Dänemark die Reformation einführte, bat er den sächsischen Kurfürsten, Bugenhagen und Melanchthon zur Ordnung der neuen Kirche zu entsenden. 1537 kam Bugenhagen in Kopenhagen an. Gemeinsam mit dänischen Geistlichen erarbeitete er das Gewünschte. Noch bevor sie angenommen wurde, krönte Bugenhagen in der Kopenhagener Frauenkirche Christian II. und seine Frau und schuf damit eine neue Tradition: Der König wurde zum Oberhaupt der dänischen Staatskirche.

Kaum nach Wittenberg zurückgekehrt, wurde er mit den Bitten zahlreicher Städte überschüttet, ihre Kirche neu zu ordnen. Holstein, Braunschweig-Wolfenbüttel, Hildesheim, sogar die Reformatoren in Siebenbürgen baten ihn um Hilfe.

Der Tod Luthers im Jahr 1546 erschütterte ihn tief. Der »gottgesandte Reformator«, wie Bugenhagen seinen Freund und sein Beichtkind nannte, lastete ihm und Melanchthon nun die Verantwortung für den Fortgang der Reformation auf. Bedrängt von der wechselhaften Geschichte der protestantischen Fürsten in der Auseinandersetzung mit Kaiser → Karl V., waren seine letzten Lebensjahre geprägt von einer immer stärker nach innen gewandten Haltung. Als er 72 Jahre alt wurde, legte er das Predigeramt in Wittenberg nieder, seine Kräfte verfielen rasch. Er erkrankte und starb am 20. April 1558 als einer der einflussreichsten Köpfe der Reformation.

Familiäres: Bugenhagen heiratete am 13. Oktober 1522 Walburga Rörer, die Schwester Georg Rörers, der später viele Predigten Luthers handschriftlich aufgezeichnet hat.

Orte: Wollin, Treptow, Wittenberg, Braunschweig, Hamburg, Lübeck, Stettin, Kopenhagen.

Zitat: »Ach, dass nicht so viel guter Prediger sind, als man wohl meinet, und als sich viele dafür halten.«

Wichtiges Werk: *Historia des lydendes unde upstandige unses Heren Jesu Christi uth den veer Euangelisten.* Niederdeutsche Passionsharmonie von Johannes Bugenhagen, 1586.

Zitat über ihn: »Er gehörte zu den bedeutendsten Männern der lutherischen Reformation, die ohne ihn nicht ihre weite Verbreitung gefunden hätte.« (Wolfgang Huber)

Zum Weiterlesen: Irmfried Garbe, Heinrich Kröger (Hrsg.): Johannes Bugenhagen (1485–1558). Der Bischof der Reformation, Leipzig 2010.

Auch das noch: Ihm wurde der Beiname »Doktor Pomeranus« gegeben, der auf seine Heimat Pommern hinweist. Der Croy-Teppich der Ernst-Moritz-Arndt-Universität Greifswald, das wohl bedeutendste Zeugnis der Reformation in Norddeutschland, zeigt Bugenhagen im Kreis der pommerschen Herzöge.

Heinrich Bullinger

* 18. Juli 1504 in Bremgarten (Kanton Aargau)
† 17. September 1575 in Zürich

Schweizer Theologe und Nachfolger → Ulrich Zwinglis

Als Sohn eines Pfarrers in Bremgarten bei Zürich geboren, besuchte Bullinger zunächst die Lateinschule seines Heimatortes, bis sein Vater ihn im Alter von 12 Jahren nach Emmerich am Niederrhein schickte, in die für ihr ernsthaftes Studium bekannte Stiftsschule der »Brüder vom gemeinsamen Leben«. Bereits mit 15 Jahren besuchte er die Universität in Köln, wo er in den folgenden Jahren durch das Studium der Kirchenväter und der biblischen Schriften, vor allem aber durch → Martin Luthers Traktat *Von der babylonischen Gefangenschaft der Kirche* (1520) und durch → Philipp Melanchthons Schrift über die Grundbegriffe des reformierten Glaubens (*Loci communes*, 1521) zum überzeugten Protestanten wurde. Nachdem er seine Prüfung zum Magister abgelegt hatte, kehrte er im Frühjahr 1522 nach Bremgarten zurück.

Im Januar 1523 wurde Bullinger, eben erst 18 Jahre alt geworden, Lehrer in dem rund 20 Kilometer entfernten Zisterzienserkloster Kappel. Dort lehrte er nicht nur die Klassiker, sondern legte auch die Schriften des Neuen Testaments aus und hielt vor dem Abt, den Mönchen und anderen Zuhörern aus dem Umland Vorträge über Melanchthons *Loci communes*. In seinem ersten Dienstjahr begegnete er erstmals dem Zürcher Reformator → Ulrich Zwingli. Als Lehrer hatte Bullinger großen Anteil daran, dass sich ab 1526 in Kappel die Reformation durchsetzte.

1528 begleitete Bullinger Zwingli zur Berner Disputation, an der sich neben einigen altgläubigen Theologen viele reformierte Geistliche aus der Schweiz und den süddeutschen Ländern beteiligten. Sie endete damit, dass sich auch Bern zur Reformation bekannte. Anfang 1529 legte Bullingers Vater in Bremgarten von der Kanzel herab sein Bekenntnis zum evangelischen Glauben ab, wurde deshalb aber seines Amtes enthoben und musste nach Zürich fliehen (wo er seine langjährige Konkubine Anna Wiederkehr, Tochter eines angesehenen Bremgartener Bürgers, heiratete). Die evangelische Partei bekam jedoch bald wieder die Oberhand, sodass Heinrich Bullinger im Mai 1529 erstmals vor seiner Heimatgemeinde predigen konnte. Wenige Tage später wurde er zu ihrem Prediger gewählt.

Zwingli, der im August 1531 noch bei den Bullingers privat zu Gast gewesen war, starb am 11. Oktober 1531 im Zweiten Kappelerkrieg zwischen den katholischen und reformierten Kantonen. Durch den Sieg der Katholiken musste Bullinger im November 1531 gemeinsam mit seiner Frau, den Kindern und einigen Glaubensbrüdern Bremgarten verlassen und nach Zürich umziehen.

Kaum angekommen, forderte ihn die Zürcher Gemeinde auf, am folgenden Sonntag auf Zwinglis Kanzel im Großmünster eine Predigt zu halten. Diese begeisterte die Zuhörer, sodass Stift und Rat den erst 27-jährigen Bullinger am 9. Dezember einstimmig zum Nachfolger Zwinglis als Pfarrer am Großmünster und Antistes der Zürcher Kirche wählten. Bullinger war in den folgenden mehr als 40 Jahren geradezu unermüdlich als Prediger tätig, er half nach Kräften verfolgten Protestanten aus dem In- und Ausland – von denen er viele in sein Haus aufnahm – und bewährte sich vor allem in den schweren Pestzeiten als engagierter Seelsorger. Als Kirchenführer suchte er nach einer festen Haltung sowohl gegenüber der katholischen Reaktion als auch gegenüber dem radikalen Wiedertäufertum. Durch sein beharrliches und vielseitiges Engagement wurde Bullinger, der seine Ämter bis zu seinem Tod 1575 ausübte, zum großen Reorganisator der durch Zwinglis Tod stark erschütterten Schweizer Reformationskirche.

Gemeinsam mit dem Reformator und Bibelübersetzer → Leo Jud verfasste Bullinger 1532 eine Prediger- und Synodalordnung, die bis ins 19. Jahrhundert hinein nahezu unverändert galt. Gemeinsam mit den Theologen und Humanisten → Oswald Myconius und Johann Jakob Grynäus arbeitete er 1536 das Erste Helvetische Bekenntnis aus (*Confessio Helvetica prior*), ein gemeinsames Bekenntnis aller deutschsprachigen Eidgenossenschaften. Durch den *Consensus Tigurinus*, den er zusammen mit → Johannes Calvin ausarbeitete, erreichte er 1549 eine Verständigung zwischen den Genfer Calvinisten und den Zürcher Zwinglianern in der Abendmahlsfrage und verhinderte so eine Spaltung der reformierten Richtungen. 1562 schließlich verfasste er ein Privatbekenntnis, das nach seiner Veröffentlichung durch Friedrich III. von der Pfalz 1566 als

Zweites Helvetisches Bekenntnis (*Confessio Helvetica posterior*) Bekanntheit erlangte und nicht nur in der Schweiz, sondern auch in Frankreich, Schottland und Polen als offizielles Bekenntnis angenommen wurde.

Familiäres: Verheiratet mit der ehemaligen Nonne Anna Adlischwyler, hatte Bullinger mit ihr 11 Kinder, alle Söhne wurden Pfarrer. Bullinger verlor seine Frau und drei Töchter 1565 durch die Pest.

Orte: Bremgarten, Emmerich, Köln, Kappel, Zürich.

Zitat: »Mein Vater wünschte, dass ich während der ganzen Dauer meines Emmericher Aufenthaltes an den Türen betteln sollte; nicht, weil er mich nicht hätte verpflegen können, sondern weil er wollte, dass ich auf diese Weise das unglückliche Los der Bettelnden aus Erfahrung kennenlernte, damit ich fortan mein Leben lang desto freundlicher zu ihnen sei.«

Wichtiges Werk: *Dekaden*, 1549–51 in Zürich erschienene Predigten, bekannt als »Hausbuch«.

Zitat über ihn: »Es gibt niemanden, dem ich lieber schreiben würde als Meister Bullinger, den ich immer für seine große Freundlichkeit geliebt habe, für seine einzigartige Gelehrsamkeit und seltene Frömmigkeit verehrt, neben anderen ausgezeichneten Eigenschaften.« (Ein zeitgenössischer englischer Flüchtling in Zürich)

Zum Weiterlesen: Patrik Müller: Heinrich Bullinger. Reformator, Kirchenpolitiker, Historiker, Zürich 2004.

Auch das noch: Bullinger verfasste auch ein Drama mit dem Titel *Spiel von der schönen Lucretia*.

Idelette de Bure

* 1509 in Flamen
† 1549 in Genf

Frau des Genfer Reformators Johannes Calvin

Ihre Eltern waren Täufer, ebenso ihr Ehemann Jean Stordeur. Mit ihm floh sie 1533 nach Genf; vermutlich begegnete das Paar dort schon → Johannes Calvin. Die drei trafen sich 1538 in Straßburg wieder, wo Calvin die Flüchtlingsgemeinde pastoral betreute. Durch ihn ließen sie sich vom täuferischen Glauben abbringen und lebten in seiner reformierten Gemeinde. 1539 wütete die Pest in Straßburg – Idelettes Mann starb. Just zu dieser Zeit versuchten die Freunde des alleinstehenden Calvin, ihn mit einer Frau zu verkuppeln. Durch Vermittlung des Reformators → Martin Bucer lernte Idelette den französischen Theologen näher kennen; die beiden heirateten im Sommer 1540, den Gottesdienst hielt Calvins eigens aus der Schweiz angereiste Freund → Guillaume Farel.

Wahrscheinlich hilf Idelette Calvin fortan in der kirchlichen Herberge für Flüchtlinge. Ihr Mann ist viel auf Reisen, zieht im September 1541 wieder nach Genf. Mit ihrer Tochter Judith aus erster Ehe folgt sie ihm. Im Juli 1542 wird Idelette erneut Mutter. Doch der neugeborene Jacques stirbt bereits nach wenigen Tagen. »Der Herr hat uns mit dem Tod unseres Söhnleins einen schweren, herben Schlag versetzt«, trauert Calvin. Idelette erholt sich von dem Schock nicht und wird kränklich. Hinweise deuten im Folgenden auf zwei Fehlgeburten. Der Hausarzt Benoit Textor kümmert sich um Idelette, heilt sie »einmal auch von schwerer, gefährlicher Krankheit«, notiert Calvin. Doch Anfang 1549 kann auch der Arzt nichts

mehr ausrichten, obwohl er es »an keinem Versuch, keiner Mühe und keiner Anstrengung, ihr zu helfen, fehlen« lässt. Am 26. März versammeln sich Calvin und einige Freunde um das Krankenbett. Calvin will Idelette den Abschied erleichtern und verspricht, sich auch um ihre ältere Tochter zu kümmern. »Ich habe sie schon dem Herrn anempfohlen«, antwortet Idelette, »ich weiß wohl, dass du nicht vernachlässigst, was du dem Herrn empfohlen weißt.« Drei Tage später, am 29. März – Calvin ist nicht zu Hause –, betet ein Seelsorger mit ihr. »Beten, beten, betet alle für mich«, flüstert sie. In diesem Moment kommt Calvin ins Zimmer. »Ich sprach zu ihr ein paar Worte von Christi Gnade, der Hoffnung des ewigen Lebens, vom Pilgerzelt dieses Lebens und der Heimkehr«, schildert er die Sterbestunde, »dann nahm ich meine Zuflucht zum Gebet. Kurz vor 8 Uhr gab sie still den Geist auf, sodass die Anwesenden den Übergang vom Leben zum Tod kaum merkten.«

Calvin trauert tief. Eine gute Ehefrau sei Idelette gewesen, schreibt er einem Freund, »sie hätte nicht nur willig Verbannung und Armut mit mir geteilt, sondern auch den Tod ... mir die beste Lebensgefährtin genommen!« Von Idelette de Bure sind keine ihrer teilweise auf Lateinisch verfassten Briefe überliefert.

Orte: Lüttich, Straßburg, Genf.

Zitat über sie: »Solange sie lebte, war sie mir eine treue Helferin in meinem Amt. Von ihr ist mir nie auch nur das geringste Hindernis in den Weg gelegt worden.« (Johannes Calvin)

Zum Weiterlesen: Hartmut Ellrich: Die Frauen der Reformatoren, Weimar 2012.

Auch das noch: Idelettes Tochter Judith heiratete 1554; die Trauung wie auch die Rolle des Geburtshelfers bei ihrem Sohn übernahm Calvin.

Thomas Cajetan

* 20. Februar 1469 in Gaeta (Latina)
† 9. oder 10. August 1534 in Rom

Dominikaner, päpstlicher Nuntius und Kardinal, Gegenspieler → Luthers

Als Tommaso de Vio in Gaeta geboren, trat Cajetan mit 15 Jahren in den Dominikanerorden ein und legte rasch das Magisterexamen ab. Nach der Promotion wirkte er als Lehrer an Ordensschulen, bevor er 1500 als Ordensprokurator nach Rom ging und eine Philosophieprofessur an der Universität übernahm.

Ab 1508 General des Dominikanerordens, verteidigte er im Konflikt zwischen Rom und den französischen Gallikanern die Unfehlbarkeit des Heiligen Vaters. Papst → Leo X. verlieh ihm 1518 das Erzbistum Palermo. Im selben Jahr reiste er als

päpstlicher Legat nach Augsburg zum Reichstag, wo er Martin Luther vergebens zum Widerruf zu drängen versuchte. Seit 1519 Bischof von Gaeta, reiste er 1523 nach Ungarn, um für den Krieg gegen die Türken zu werben. 1527 geriet Cajetan beim »Sacco di Roma«, der Plünderung Roms und des Kirchenstaates durch deutsche Landsknechte und spanische und italienische Söldner, in Gefangenschaft, wurde aber vom Papst, den er auch später noch beriet, losgekauft.

Orte: Rom, Palermo, Augsburg, Gaeta.

Wichtiges Werk: *Opuscula omnia*, 1530.

Zum Weiterlesen: Jared Wicks: Cajetan und die Anfänge der Reformation, Münster 1983.

Auch das noch: Im Film *Luther* (2003) spielt Mathieu Carrière die Rolle Cajetans.

Johannes Calvin

* 10. Juli 1509 in Noyon
† 27. Mai 1564 in Genf

Genfer Reformator, Vater der reformierten Kirche

Als schweigsam, ernst und zurückhaltend wird Jean (so lautet sein Geburtsname) als Kind beschrieben. Sein Vater war ein autoritärer Mann; an der Hand der Mutter lernte Jean die katholische Frömmigkeit kennen.

Mit 14 schickte ihn der Vater zum Studium nach Paris. Unter martialischen Bedingungen zog er mit eiserner Disziplin das Studium bis zum Magister Artium durch. Der Vater ordnete an, Johannes möge Rechtswissenschaft studieren – Calvin folgte dem Wunsch und zog nach Orléans. Ihm fehle »jede Aufheiterung durch Freude«, beschreibt ein Freund den übereifrigen Studenten, »der schon vor der Zeit durch Nachdenken und Studium alterte«. Calvins Weg führte ihn in Richtung Humanismus. Mit den Philosophen beschäftigte er sich, mit Kirchenvätern und Luthers Schriften. Freude fand er darin, die herrschende Kirche und Theologie zu sezieren und sie genüsslich zu widerlegen – nicht als eitler Besserwisser, sondern unter Verweis allein auf die Bibel. Er verkehrte in protestantischen Untergrundkreisen in Paris; 1533 zeigte er öffentlich seine Sympathien für die Reformation und musste fliehen – sein Deckname: »Charles d'Espeville«. Er wurde Teil eines evangelischen Netzwerkes, lernte →Faber Stapulensis kennen, fand Unterschlupf bei →Margarethe von Navarra und floh schließlich über Straßburg nach Basel. Dort fand er Zeit zu Studien und fasste seine theologischen Erkenntnisse in einem Buch zusammen, der *Institutio Christianae Religionis* (Unterricht in der christlichen Religion). Von der »verderbten Natur« des Menschen ist da die Rede, von »gerechter Verdammnis« und von Erwählung. Die Vorsehung (Prädestination), die Erwählung des Menschen, ist einer der Zentralbegriffe in Calvins Theologie. In doppelter Hinsicht habe Gott die Menschen erwählt: die einen zum Heil, die anderen zum Verderben. Dieser Glaube an die Erwählung verlieh den verfolgten Protestanten eine Gewissheit, die stärker war als die Drohgebärden der Papstkirche und die Marter der Verfolger: »Wir haben keine andere Zuflucht als diese Vorsehung.« Auf der Durchreise drängte der Genfer Rat Calvin 1536, in der Stadt zu bleiben und die Kirche aufzubauen. Nach zwei Jahren kam es zum Zerwürfnis. Calvin ging nach Straßburg, wurde Pastor für die protestantischen Flüchtlinge und heiratete →Idelette de Bure. 1541 warb Genf abermals um ihn. Er willigte ein und versuchte mit seinen Mitstreitern →Theodore de Bèze und →Guillaume Farel, eine kirchlich gesittete Gemeinschaft aufzubauen. Wieder waren seine Methoden rigide, umfassten auch den Ausschluss vom Abendmahl und die Verbannung. Gleichzeitig gründete Calvin eine Universität, die von Theologen aus vielen europäischen Ländern besucht wurde. →Martin Luther schätzte er und sah sich mit ihm eins in dem Ansinnen, den »Aberglauben« der »Papisten« zu enthüllen und den Gläubigen eine dem Evangelium angemessene Alternative zu bieten. Er lehnte jedoch die von

Luther behauptete substanzielle Verwandlung von Wein und Brot in Blut und Leib Christi ab. Zu einem Treffen zwischen den beiden Reformatoren kam es nie.

In Genf nahmen die Auseinandersetzungen zwischen Glaubensflüchtlingen und Einheimischen zu, ebenfalls zwischen dem Rat der Stadt und der von Calvin vertretenen Kirche. In dieser Situation wurde 1553 der als Ketzer gesuchte spanische Humanist → Michael Servet in Genf gesichtet und festgenommen. Calvin händigte dem Gericht belastende Akten aus und trug so wesentlich zum Todesurteil gegen Servet bei. Calvin starb 1564 als umstrittener, gleichwohl erfolgreicher Kirchenreformer und hoch angesehener Theologe.

Orte: Noyon, Paris, Orléans, Straßburg, Basel, Genf.

Zitat: »Ein Hund bellt, sobald er seinen Herrn angegriffen sieht. Ich wäre wohl lasch, wenn ich angesichts eines Angriffs gegen die Wahrheit Gottes verstummen würde.«

Wichtiges Werk: *Institutio Christianae Religionis* (Unterricht in der christlichen Religion), 1536.

Zitat über ihn: »Der Calvin der Ketzerverbrennungen ist durch nichts zu entschuldigen. Und doch macht eine milde Grundtönung den nach außen kalt und schroff wirkenden Calvin immer wieder sympathisch.« (Klaas Huizing)

Zum Weiterlesen: Uwe Birnstein: Der Reformator. Wie Johannes Calvin Zucht und Freiheit lehrte, Berlin 2009.

Auch das noch: Calvins Grab ist unbekannt, er hatte verfügt, keinen Grabstein aufzustellen. Ihm ging es um die Ehre Gottes, die Verehrung seiner eigenen Person wollte er verhindern.

Wolfgang Fabricius Capito

* 1487 in Hagenau
† 4. November 1541 in Straßburg

Humanist, Theologe und Reformator von Straßburg

Unter dem Namen Wolfgang Fabricius Köpfle geboren, studierte der vielseitig interessierte Capito zunächst Medizin und Jura in Freiburg. Anlässlich des Todes seines Vaters im Jahr 1500 fasste er den Entschluss, sich der Theologie zuzuwenden. Nach Studienjahren in Ingolstadt und Heidelberg legte er 1515 seine Promotion ab. Unmittelbar darauf ging er als Domprediger an das Stift in Basel und lehrte gleichzeitig Theologie und Hebräisch an der dortigen Universität, deren Rektorat er 1517 übernahm. Schon in seinen letzten Studienjahren hatte er mit einigen Humanisten Freundschaft geschlossen, unter anderen mit →Johannes Oekolampad. Nun lernte er auch →Erasmus von Rotterdam kennen und begann eine Korrespondenz mit →Ulrich Zwingli und →Martin Luther, den er sehr verehrte.

Auf Empfehlung →Ulrichs von Hutten wurde Capito 1520 von Kurfürst Albrecht von Mainz zum Domprediger berufen und zum Kanzler ernannt. Zu dieser Zeit war die konfessionelle Spaltung in Deutschland noch nicht so weit fortgeschritten, weshalb es vielerorts reformierte Geistliche gab, die sich selbst in ehrwürdigen Kathedralen und vor den Augen ihrer Bischöfe öffentlich auf Luther beriefen. Eine Zeit lang hegte Capito deshalb die Hoffnung, dass der Mainzer Kurfürst unter seinem Einfluss die Reformation vorantreiben würde, weshalb er versuchte, zwischen ihm und Luther zu vermitteln. Doch nach einer Weile musste er einsehen, dass dieser Wunsch illusorisch war. Im Mai 1523, kurz bevor der Kurfürst sich aufraffte, die neue Lehre offiziell zu verbieten, reichte Capito seinen Rücktritt ein und zog sich nach Straßburg zurück, wo er gemeinsam mit → Martin Bucer und → Matthäus Zell an die Spitze der Reformationsbewegung trat.

Ab 1524 war Capito als Pfarrer an der Jung-Sankt-Peter-Kirche tätig. In den folgenden Jahren setzte er alles daran, die Straßburger Stadtväter von der Abschaffung der lateinischen Messe zu überzeugen. Gleichzeitig bemühte er sich – getreu seiner humanistischen Herkunft – in vielen Konflikten um Vermittlung, etwa durch eine mäßigende Haltung im Bauernkrieg und die Suche nach einem Kompromiss im Abendmahlsstreit zwischen Luther und → Andreas Bodenstein (»Karlstadt«). Um 1526 traten zwischen ihm und Bucer Spannungen auf, weil Capito in den Augen seines Glaubensbruders den Täufern gegenüber zu nachgiebig war. Am Berner Kirchentag 1528 nahm Capito als Vertreter Straßburgs teil, auf dem Augsburger Reichstag 1530 arbeitete er mit Bucer das Vierstädtebekenntnis (*Confessio Tetrapolitana*) aus, das von Memmingen, Lindau, Konstanz und Straßburg unterzeichnet wurde. Nach → Zwinglis Tod 1531 wirkte er verstärkt in der Schweiz.

In den 1530er-Jahren machte Capito eine Wandlung durch, möglicherweise unter dem Einfluss einer schweren Depression. Der undogmatische Humanist, der über Jahre den Wiedertäufern nicht zustimmend, aber auch nicht feindselig gegenüber gestanden hatte, wandte sich immer stärker dem Luthertum zu und wurde zunehmend intolerant.

Familiäres: Am 1. August 1524 heiratete Capito in Straßburg Agnes Röttel, die Tochter eines angesehenen Ratsherrn. Ein Jahr nach dem Tod seiner Gattin nahm er 1532 Wibrandis Rosenblatt zur Frau, die junge Witwe seines früheren Freundes → Johannes Oekolampad. Als Capito starb, heiratete Wibrandis den gemeinsamen Freund → Martin Bucer.

Orte: Basel, Mainz, Straßburg.

Zitat: »Die Nachwelt wird über unsre Streitlust lächeln, mit welcher wir wegen des Zeichens der Eintracht so viele Zwistigkeiten anregen.«

Wichtiges Werk: *Responsio de Missa, Matrimonio et jure Magistratus in Religionem, De Magistratus officio in religionem et mores Ecclesiasticorum regendos*, 1537–1549.

Zum Weiterlesen: Thomas Kaufmann: Geschichte der Reformation, Frankfurt am Main 2009.

Auch das noch: Im Evangelischen Namenskalender wird dem Reformator Straßburgs am 21. November gedacht.

Johannes Carion

Johannes Nägelin

*22. März 1499 in Bietigheim
† 2. Februar 1537 in Magdeburg

Astrologe und Mathematiker

An der Tübinger Universität lernte er 1514 den zwei Jahre älteren Philipp Schwarzerdt kennen, der später unter dem Namen →Melanchthon prominenter Reformator in Wittenberg wurde. Carion war fasziniert von Mathematik und Astrologie. Im selben Jahr, in dem Melanchthon nach Wittenberg ging, trat Carion in Brandenburg eine Stelle als Hofmathematicus an. Er widmete sich den Berechnungen von Planetenkonstellationen und wagte, aus den Ergebnissen Zukunftsvorhersagen zu konstruieren. Am Hof des Brandenburgischen Kurfürsten genoss er hohes Ansehen, Neider jedoch verleumdeten ihn und warfen ihm vor, er würde mit teuflischen Mächten im Bunde stehen. Dabei trafen Carions Vorhersagen nicht immer ein. Legendär ist eine Geschehnis aus dem Sommer 1525: Carion hatte für Berlin eine verheerende Sintflut vorhergesagt; daraufhin war der Kurfürst samt Hofstaat auf den 66 Meter hohen Kreuzberg geflohen. Ein heftiges Gewitter ging nieder, dann kamen alle halbwegs trockenen Fußes wieder herunter.

Mit seinem Studienfreund Melanchthon, der an astrologischen Fragen interessiert war, blieb Carion zeitlebens in Kontakt. 1537 starb er; eine spöttische Grabinschrift machte die Runde: »Dr. Johannes Carion, Vertilger ungeheurer Weinkrüge, Wahrsager aus den Gestirnen, hochberühmt bei Machthabern, ist beim Gelage im Wettkampf erlegen. Christus verzeihe gnädig dem so plötzlich aus dem Kreise der Zechenden Zusammengebrochenen.«

Orte: Bietigheim, Tübingen, Berlin, Brandenburg.

Zitat: »Ich untersuche die Gestirne und rühme die Namen der Sternbilder.«

Wichtiges Werk: *Prognosticatio*, 1521.

Zum Weiterlesen: Jürgen G. H. Hoppmann: Astrologie der Reformationszeit, Berlin 1998.

Auch das noch: 1940 nutzte der deutsch-baltische Schriftsteller Werner Bergengruen Johannes Carions Wirken als Grundlage für seinen Roman *Am Himmel wie auf Erden*.

Sebastian Castellio

*1515 in St. Martin-du-Fresne
† 29. Dezember 1563 in Basel

Französischer Humanist und Philosoph

Er stammte aus einfachen Verhältnissen. 1535 zog er nach Lyon, wo er am Collège de la Trinité Latein, Griechisch und Hebräisch studierte. Obwohl er nie an einer Universität gelernt hatte, galt er als einer der gebildetsten Männer der Zeit. Durch → Johannes Calvins Schrift *Institutio religionis christianae* ließ er sich 1536 von den reformatorischen Ideen begeistern. 1540 zog er nach Straßburg, wo er bei Calvin wohnte und sich mit ihm anfreundete. Ein Jahr später ging er nach Genf und wurde dort auf Calvins Empfehlung hin Prediger und Rektor des Gymnasiums.

Die Freundschaft geriet jedoch ins Wanken, als sich ihre theologischen Überzeugungen auseinanderentwickelten – unter anderem wich Castellio von Calvins Prädestinationslehre ab. Als sich der Rat der Stadt einschaltete, legte Castellio sein Amt nieder. Calvin stellte ihm ein wohlwollendes Zeugnis aus, wies aber doch darauf hin, dass er ihn als Prediger für ungeeignet hielt. Castellio zog nach Basel, wo er für wenig Geld als Buchdrucker arbeitete. 1553 wurde er Griechischprofessor.

Der Streit mit Calvin eskalierte, als dieser 1554 die Hinrichtung des spanischen Gelehrten und Trinitätsleugnerns → Michael Servet rechtfertigte. Castellio reagierte unter Pseudonym mit der Gegenschrift *De hereticis, an sint persequendi*, in der er die Verfolgung und Hinrichtung von Ketzern als unchristlich verurteilte.

Immer wieder setze sich Castellio für mehr Toleranz gegenüber Andersdenkenden ein. Aber auch seine fortwährende Kritik an Calvins Prädestinationslehre trieb den Konflikt voran. 1563 wurde Anklage gegen ihn erhoben, im November veröffentlichte er eine Verteidigungsschrift. Zu einem Urteil kam es nicht mehr. Castellio starb im Dezember 1563 in Basel und wurde im dortigen Münster beigesetzt.

Familiäres: Castellio war zweimal verheiratet. Er hatte vier Söhne und vier Töchter.

Orte: Lyon, Straßburg, Genf, Basel.

Zitat: »Die Wahrheit zu suchen und sie zu sagen, wie man sie denkt, kann niemals verbrecherisch sein. Niemand darf zu einer *Überzeugung gezwungen* werden. Die *Überzeugung* ist frei.«

Wichtiges Werk: *De hereticis, an sint persequendi* (*Über Ketzer und wie man sie verfolgen soll)*, 1554.

Zum Weiterlesen: Wolfgang F. Stammler: Das Manifest der Toleranz, Essen 2013.

Auch das noch: Stefan Zweig verarbeitete die Streitigkeiten zwischen Calvin und Castellio in einer historischen Monografie von 1936 (*Castellio gegen Calvin oder Ein Gewissen gegen die Gewalt*), mit der er zugleich das totalitäre Nazi-Regime seiner Zeit kritisierte.

Michael Cellarius

Michael Keller

* um 1500 in Burgheilen (bei Rain am Lech)
† Februar 1548 in Augsburg

Zwinglianischer Theologe

Nach dem Theologiestudium wurde Michael Keller, genannt Cellarius, Kaplan in Wasserburg am Inn, wo ihm das Predigen wegen reformatorischer Äußerungen verboten wurde. Über Wittenberg gelangte er 1524 nach Augsburg, wo er Prediger an der Barfüßer-Kirche wurde, die sich zu → Ulrich Zwingli bekannte, während die Lutheraner unter den Augsburger Protestanten in die St.-Anna-Kirche gingen. Mit seiner volkstümlichen Art kämpfte Cellarius für die Reformation in Augsburg und griff zu diesem Zweck auch in die Stadtpolitik ein. Nach Zwinglis Tod 1531 wirkte er verstärkt in der Schweiz, auch an den Religionsgesprächen mit den Katholiken in Worms 1540 und in Regensburg 1541 nahm er teil.

Familiäres: Cellarius heiratete am 18. Oktober 1526 in Augsburg Felicitas Österreicher, die Tochter eines Kaufmanns.

Orte: Rain am Lech, Augsburg, Basel.

Wichtiges Werk: *Ettlich Sermones von dem Nachtmal Christi*, Augsburg 1525.

Zitat über ihn: »Bet den Abgott zu den Barfüßern an, so wirst du gut Platz in Augsburg han« (geflügeltes Wort, das auf Cellarius' Einfluss in Augsburg anspielte).

Martin Chemnitz

* 9. November 1522 in Treuenbrietzen
† 8. April 1586 in Braunschweig

Lutherischer Theologe, Superintendent in Braunschweig

Vielseitig begabt, studierte Chemnitz Mathematik und Astrologie, bevor er sich der Theologie zuwandte und als fürstlicher Bibliothekar nach Königsberg ging. 1554 zurück in Wittenberg, las er an der Universität über →Melanchthons *Loci Communes*, erhielt dann aber einen Ruf als Superintendent nach Braunschweig. Hier entwarf er eine Kirchenordnung, war Mitbegründer der Universität in Helmstedt, trieb die Reformation voran und erwarb sich den Ruf eines bedeutenden Dogmatikers. Trotz vieler Angebote von Dänemark und Preußen bis Wien blieb er in Braunschweig. Gemeinsam mit Jakob Andreae versuchte er, ein Konkordienwerk zur Einigung der reformatorischen Kirchen zu schaffen, dessen Scheitern seinen Lebensabend überschattete.

Familiäres: Chemnitz heiratete 1555 die Ratstochter Anna Jäger, mit der er drei Söhne und sieben Töchter hatte.

Orte: Wittenberg, Königsberg, Braunschweig.

Wichtiges Werk: *Examen concilii Tridentini*, 1565–73.

Auch das noch: Sein Gedenktag im Evangelischen Namenskalender ist der 8. April.

David Chyträus

* 26. Februar 1530 in Ingelfingen
† 25. Mai 1600 in Rostock

Evangelischer Theologe, Universalgelehrter,
Historiker und Bildungsreformer

Der hochbegabte Pfarrersohn immatrikulierte sich schon mit neun Jahren an der Universität Tübingen, wo er Jura, Philosophie und Theologie studierte und 1544 den Magister machte. Dann wechselte er an die Universität Wittenberg, wo er von → Philipp Melanchthon in dessen Haus aufgenommen wurde.

Während des Schmalkaldischen Krieges (1546/47) lebte er in Heidelberg und Tübingen, ab 1548 hielt er in Wittenberg Vorlesungen über Melanchthons *Loci communes*.

1550 ereilte Chyträus der Ruf an die Universität Rostock, wo er 1561 den Doktorgrad erwarb, dann eine Professur für Theologie antrat und 1563 erstmals Rektor wurde. In diesen Jahren entstand ein umfangreiches Werk aus theologischen, historischen und philologischen Schriften, das ihm den Ruf allumfassender Bildung eintrug. Er erhielt Angebote aus allen Teilen des Reichs, lehnte aber ab.

1568 wurde Chyträus gebeten, eine Kirchenordnung für Niederösterreich zu entwerfen, der weitere für Steiermark, Kärnten und Krain folgten, wodurch er starken Einfluss auf die Entwicklung des Luthertums in diesen Gebieten nahm. Überdies war er ab 1570 maßgeblich am Aufbau von Bildungsstätten in Mecklenburg beteiligt, etwa am Aufbau von Gymnasien und an der Gründung der Universität Helmstedt. Sein Lebensmittelpunkt blieb Rostock, wo er sich ab etwa 1575 verstärkt der historischen Forschung widmete. Er war Experte für die Antike, beschäftigte sich aber auch mit jüngerer Geschichte und der Regionalgeschichte Norddeutschlands.

Familiäres: 1553 heiratete Chyträus Margarethe Smedes, die Tochter eines Rostocker Senators, das Paar hatte sieben Kinder. Nach ihrem Tod ehelichte er 1572 Margarethe Pagel, mit der er zwei Kinder hatte.

Orte: Tübingen, Wittenberg, Rostock.

Wichtige Werke: *De lectione historiarum recte instituenda*, 1565; De ratione discendi et ordine studiorum, 1574; *Historia Augustanae Confessionis*, 1578; *Opera theologica*, 1599; *Historia Rerum Prussicarum* (mit C. Schütz), 1599.

Zum Weiterlesen: Karl-Heinz Glaser (Hrsg.): David Chyträus (1530–1600). Norddeutscher Humanismus in Europa, Ubstadt-Weiher 2000.

Adolf Clarenbach

*um 1497 bei Lüttringhausen
† 28. September 1529 in Melaten bei Köln

Einer der ersten protestantischen Märtyrer

Adolf Clarenbach wurde gegen Ende des 15. Jahrhunderts auf einem Bauernhof nahe Lüttringhausen geboren. Er schloss sein Studium in Münster und Köln 1517 mit dem Magister ab und unterrichtete anschließend an einer Lateinschule in Münster. 1524 wurde er Konrektor an der Stadtschule in Wesel. Clarenbach beschäftigte sich mit den reformatorischen Ideen und versuchte die neuen Gedanken unter anderem an seine Schüler in Münster und Wesel weiterzugeben. Als der Fürst von Kleve ihn deshalb aus seinem Amt entließ, ging Clarenbach 1525 zunächst als Privatlehrer nach Osnabrück, wohin ihm einige seiner Schüler folgten, später nach Lüttringhausen, Büderich und Elberfeld. Alle Orte musste er jedoch schnell wieder verlassen, da er der Ketzerei beschuldigt wurde, denn auch hier versuchte er, die Gedanken der Reformation zu verbreiten. Aus dieser Zeit stammt die einzige von ihm überlieferte längere Schrift: ein 1527 verfasster Brief an die Stadt Lennep, in dem er seine Glaubensgrundsätze ausführlich und mit vielen Verweisen auf Bibelverse verteidigt.

Als sein Freund Johann Klopreis, ebenfalls ein Anhänger der Reformation, wegen Verbreitung entsprechender Gedanken in Köln vor Gericht zitiert wurde, begleitete Clarenbach Klopreis, um ihn in der Verhandlung zu verteidigen. Daraufhin wurde er am 3. April 1528 zusammen mit Klopreis festgenommen und der Ketzerei angeklagt. Klopreis gelang es zu fliehen – er starb am 1. Februar 1535 als verurteilter Wiedertäufer auf dem Scheiterhaufen. Clarenbach selbst aber wurde, da er auch unter Folter an seinen reformatorischen Überzeugungen festhielt und trotz mehrfacher Gelegenheit nicht bereit war, zu widerrufen, ein Jahr später zum Tode verurteilt. Er starb am 28. September 1529 zusammen mit dem ebenfalls als Ketzer verurteilten Peter Fliesteden in Melaten (in der Nähe des heutigen Melaten-Friedhofs in Köln) den Feuertod. Adolf Clarenbach und Peter Fliesteden waren die ersten protestantischen Märtyrer in Deutschland. Ein Gedenkstein findet sich heute am Eingang des Melaten-Friedhofs in Köln.

Orte: Münster, Wesel, Osnabrück, Lüttringhausen, Köln.

Zitat: »Und wenn ihr mich schon getötet habt, so werdet ihr dennoch euren Willen nicht haben, ich aber werde das ewige Leben haben. So erschreckt mich also auch dieser Tod nicht, denn ich weiß, dass Christus Tod, Teufel und Hölle überwunden hat.«

Zitat über ihn: »Nach zweijähriger Haft hätte er der grausamen Gefangenschaft entgehen können, wenn er nur hätte zugeben wollen, dass die Laien keinen Anspruch auf die eine Hälfte des Sakraments haben. Zweimal hörte ich ihn mit den sogenannten Theologen disputieren: mit vorzüglichem Gedächtnis und durchaus treffend bewies er alle seine Lehren aus den heiligen Schriften; und von den Kirchenvätern zitierte er besonders Augustin.« (Petrus Medmann, zeitgenössischer Theologe)

Zum Weiterlesen: Axel Bluhm (Hrsg.): Allein Gottes Wort: Vorträge, Ansprachen, Besinnungen anlässlich des 450. Todestages der Märtyrer Adolf Clarenbach und Peter Fliesteden. Schriftenreihe des Vereins für Rheinische Kirchengeschichte 62, Köln / Bonn 1981.

Clemens VII.

* 26. Mai 1478 in Florenz
† 25. September 1534 in Rom

Medici-Papst und Gegenspieler von König → Heinrich VIII. bei der Gründung der Anglikanischen Kirche

Der uneheliche Sohn von Giuliano I. de Medici (der wenige Wochen vor der Geburt des Knaben im Zuge der Verschwörung der Pazzi im Dom von Florenz ermordet worden war) kam als Giulio de Medici zur Welt. Giulio trat früh in den Johanniterorden ein und wurde dann Prior von Capua. Seine kometenhafte Kirchenkarriere verdankte er in erster Linie seinem Vetter Giovanni de Medici, der von 1513 bis 1521 als Papst → Leo X. auf dem Heiligen Stuhl amtierte und ihm in dieser Zeit wegen seiner zweifelhaften Herkunft Dispens erteilte, indem er entschied, dass Giulio nicht das Kind einer »unehelichen«, sondern einer »heimlichen« Ehe sei.

Während des Pontifikats seines Vetters übernahm Giulio zahlreiche hohe Kirchenämter: 1513 wurde er Erzbischof von Florenz und Bischof von Albia, 1515 Erzbischof von Narbonne,

1517 Apostolischer Administrator des Bistums Albenga, ein Jahr später Bischof von Bologna und Apostolischer Administrator der Bistümer Embrun und Ascoli Piceno, 1520 schließlich Bischof von Eger. Nach dem Tod seines Vetters im Dezember 1521 begann 1522 die vergleichsweise kurze Amtszeit von → Hadrian VI. Als auch der im September 1523 starb, folgte ihm Giulio unter dem Namen Clemens VII. auf den Heiligen Stuhl. Die Hoffnungen, die auf dem zweiten Medici im Papstamt ruhten, waren groß, aber auch die Skepsis, ob er den politischen Herausforderungen, die auf ihn warteten, gewachsen sein würde.

Gewählt worden war Clemens als Parteigänger → Karls V., der seit 1521 mit Kaiser → Franz I. von Frankreich Krieg um die Vorherrschaft in Oberitalien führte. Clemens bemühte sich zunächst um Neutralität, doch aus Sorge um die Aufrechterhaltung des Gleichgewichts der Kräfte schloss er 1524 einen verhängnisvollen Geheimpakt mit Franz I., der im Jahr zuvor Mailand und Oberitalien erobert hatte und nun die Auseinandersetzung mit Karl V. suchte. In der Schlacht bei Pavia am 24. Februar 1525 unterlag das französische Heer den königlichen Truppen, Franz I. geriet in Gefangenschaft und wurde nach Spanien gebracht. Im Frieden von Madrid verzichtete er am 14. Januar 1526 auf seine Ansprüche in Italien. Kaum wieder auf freiem Fuß, rief er mit Papst Clemens mit Venedig, Florenz und Mailand im Mai 1526 die Heilige Liga von Cognac ins Leben, die sich unter anderem die Vertreibung der Spanier aus Neapel und die Rückeroberung Mailands zum Ziel setzte. Durch diese unkluge Politik des Papstes kam es nun zum Krieg zwischen Rom und dem der katholischen Kirche streng ergebenen spanisch-deutschen König.

Im Sommer 1526 brachen die Kriegshandlungen aus. Einen dramatischen Höhepunkt erlebten die Auseinandersetzungen im folgenden Frühsommer mit dem »Sacco di Roma«, einer achttägigen grausigen Plünderung Roms durch deutsche und spanische Söldner. Am 6. Mai 1527 waren die Truppen des Kaisers in das vatikanische Gebiet vorgedrungen. Nur mit Mühe konnte sich der Papst, geschützt von seiner aufopferungsvollen Schweizergarde, in die Engelsburg retten. Die ungezügelte Rohheit, mit der die Soldaten in Rom wüteten, hatte ihre Ursache sicher auch darin, dass die meisten der deutschen Söldner Anhänger Luthers waren, die die Chance ergriffen, sich an den Katholiken zu rächen. Sie plünderten die Kirchen, vergewaltigten Nonnen, schändeten die Reliquien und Gräber der Heiligen und Kardinäle, verhöhnten das heiligste Altarsakrament und bekritzelten die Werke Michelangelos, Raffaels und anderer Meister. Die ehemals glanzvolle Papstresidenz im Vatikan war am Ende dieser Woche bis zur Unbewohnbarkeit verwüstet, der Schaden in der ganzen Stadt unermesslich.

Papst Clemens musste sich nach längerer Belagerung ergeben. Er geriet in Gefangenschaft, die Medici wurden aus Florenz vertrieben. Erst ein halbes Jahr später, im November 1527, erhielt Clemens vom Kaiser seine Freiheit und die Regierung über den Kirchenstaat zurück – gegen das Versprechen der Neutralität. Durch den Frieden von Barcelona am 29. Juni 1529 erreichte Clemens die Wiederherstellung der Herrschaft der Medici in Florenz. Am 24. Februar 1530 krönte er den Habsburger Herrscher Karl V. in Bologna zum Kaiser.

Auf dem Augsburger Reichstag von 1530 forderte Karl V. von Clemens, innerhalb von sechs Monaten ein Konzil einzuberufen, um über die konfessionellen Streitigkeiten zu beraten. Der Papst sträubte sich dagegen, wagte aber nicht, die Forderung abzulehnen, deshalb verlegte er sich auf unverbindliche Ankündigungen und bat den Kaiser immer wieder um Geduld.

Die letzten Jahre seines Pontifikats wurden stark vom Konflikt mit dem englischen König Heinrich VIII. überschattet, der die Einwilligung des Heiligen Vaters zur Scheidung von seiner Gemahlin, Katharina von Aragón, verlangte, um seine Geliebte → Anne Boleyn heiraten zu können. Dass Clemens seine Zustimmung verweigerte, führte dazu, dass sich England endgültig von Rom lossagte und mit der Suprematsakte von 1534 die Anglikanische Kirche begründete.

Aus Sicht der römisch-katholischen Kirche hat die Amtszeit von Clemens VII. zweifellos deutlich mehr Schatten als Licht hinterlassen, aus der Perspektive der Familie Medici dagegen war sie alles in allem durchaus erfolgreich.

Familiäres: Nach der Überzeugung vieler Historiker war Clemens VII. der illegitime Vater von Alessandro de Medici (1510–1537), genannt »der Maure«, der als Stadtherr und Herzog von Florenz zu Macht und Einfluss gelangte, bevor auch er, wie viele Medici, ermordet wurde.

Orte: Florenz, Rom.

Zitat über ihn: »Er zeigt zwar den Wunsch, die Missstände in der heiligen Kirche beseitigt zu sehen, aber er bringt keinen derartigen Gedanken zur Ausführung und entschließt sich zu keiner Maßnahme.« (Der venezianische Gesandte Contarini, 1530)

Auch das noch: Wie alle Renaissancepäpste betätigte sich auch Clemens VII. als Kunstmäzen. Sein letzter großer Auftrag ging 1533 an Michelangelo: Es war die Darstellung des Jüngsten Gerichts an der Altarwand der Sixtinischen Kapelle.

Sibylle von Cleve

* 17. Juli 1512 in Düsseldorf

† 21. Februar 1554 in Weimar

Kurfürstin, Reformatorin

Als älteste Tochter des Fürsten Johann III. wurde sie mehrfach von →Lucas Cranach dem Älteren porträtiert. Im September 1526 wurde Sibylle mit dem späteren Kurfürsten →Johann Friedrich I. von Sachsen verlobt. Die Eheverbindung wurde nach den üblichen Regeln der feudalen Macht geschlossen und mündete in einer prunkvollen neuntägigen Hochzeitsfeier im Juni 1527 in Torgau. Vermutlich durch diese Ehe konvertierte sie 1528 zum lutherischen Glauben und widmete sich einem intensiven Bibelstudium. Gemeinsam lebte das Ehepaar zuerst auf Schloss Hartenfels, dem Hof ihres Schwiegervaters →Johann der Beständige, bis dieser 1532 verstarb und Johann Friedrich zum Kurfürsten von Sachsen wurde. Im ständig notwendigen Wechsel lebten sie in Torgau, Wittenberg, Weimar und Coburg, wobei ihr Hauptsitz weiterhin auf Schloss Hartenfels blieb, wo auch der erste Neubau eines protestantischen Gotteshauses in Deutschland entstand. Sibylle kümmerte sich, wie es die Tradition verlangte, um den karitativen Bereich des Fürstentums. Innerhalb von neun Jahren gebar sie ihrem Gemahl vier Söhne, an deren Erziehung sich ihr Gatte selbst nach seiner Gefangennahme noch beteiligte.

Nachdem Johann Friedrich vermehrt gegen bestehendes Recht verstoßen hatte, verhängte → Karl V. 1546 die Reichsacht über ihn. Er verlor seine Rechtsfähigkeit, sein Vetter → Moritz von Sachsen wurde mit der Konfiszierung seines Besitzes beauftragt und fiel in Kursachsen ein. Der Schmalkaldische Krieg entbrannte, in dem am 24. April 1547 der Kurfürst und seine Mitstreiter geschlagen wurden. Er selbst wurde in Gewahrsam genommen. Nur dank der geistesgegenwärtigen Kapitulation Wittenbergs, die Sibylle veranlasst hatte, wurde er vor dem Tod bewahrt. Sibylle kehrte nach Weimar zurück. Trotz dieser herben Niederlage nahmen weder Johann Friedrich noch Sibylle oder ihre Kinder das Augsburger Interim an und blieben ihrem Glauben treu. Wiederholt und mit einem zweifachen Kniefall vor Karl V. bat sie um die Erlösung ihres Gatten aus der Gefangenschaft. Eine Freilassung wurde ihm dadurch zwar nicht gewährt, aber seine Gemahlin durfte ihn besuchen. Außerdem wurde er im Gefängnis mit einem kleinen Hofstaat ausgestattet, zu dem auch Lucas Cranach gehörte. Über die gesamte Zeit von 1547 bis 1552 führte das Ehepaar einen regen Briefwechsel, aus dem die inzwischen innige Liebe der Ehepartner ersichtlich wurde. → Martin Luther selbst kommentierte die ungewöhnliche Zuneigung der beiden als eine »große Gabe bei Fürsten und Regenten«. Auch mit ihm tauschte sie zu dieser Zeit viele Briefe aus, in denen es unter anderem um sehr persönliche Themen ging. Sie übernahm die Pflichten der finanziellen Absicherung und Verwaltung genauso wie die Erziehung ihrer Kinder, bei welcher sie beharrlich den Anweisungen folgte, die ihr Gatte ihr aus dem Gefängnis zukommen ließ. Auch für die Reformation setzte sie sich ein. Nach der Freilassung Johann Friedrichs im Jahr 1552 verbrachten sie noch zwei Jahre gemeinsam, ehe sie 1554 innerhalb eines Monats beide verstarben und in der Stadtkirche zu Weimar beigesetzt wurden. Wie ihr Ehemann lebte Sibylle nach dem Motto: »Alles in Ehren«.

Familiäres: Sibylle war verheiratet mit Kurfürst Johann Friedrich I. von Sachsen, eine arrangierte Ehe, die aber in innige Liebe mündete.

Orte: Torgau, Weimar, Wittenberg, Coburg.

Zitat: In einem Brief an ihren Gatten schreibt sie: »Ich wollte, mein herzallerliebster Herr, dass ich tot wäre, denn ich bin dieses Elends ganz und gar gram und müde, wenn ich E. G. noch einmal sehen dürfte, dann würde ich danach herzlich gern sterben!«

Zum Weiterlesen: Sylvia Weigelt: »Der Männer Lust und Freude sein«. Frauen um Luther, Weimar 2011.

Auch das noch: Der »thüringische Reformator« → Justus Menius widmete ihr seine *Oeconomia Christiana*, eine frühneuzeitliche Hauslehre, die zum lutherischen Eheschrifttum gehört und sich mit der lutherischen Dreiständelehre befasst, die ein Gegenprogramm zum Zölibat darstellt. Außerdem existiert von ihr eine Reihe an Porträts von Lucas Cranach d. Ä., die mehrmals Teil spektakulärer Kunstraube wurden.

John Colet

* 1466 in London

† 16. September 1519 in Sheen (Surrey)

Humanist, katholischer Theologe und Wegbereiter der Reformation in England

Der Sohn eines Adeligen studierte in Oxford und fasste nach seinem Masterexamen den Entschluss, Priester zu werden. Ausgedehnte Studienreisen führten ihn in den folgenden Jah-

ren durch Frankreich und Italien, wo er u.a. die Schriften von →Erasmus von Rotterdam kennenlernte. Theologisch maßgeblich beeinflusst wurde er an der Akademie von Florenz durch den Arzt und Humanisten Marsilio Ficino, der die erste vollständige Übersetzung der Werke Platons ins Lateinische besorgt hatte.

Nach seiner Rückkehr hielt Colet ab 1496 als Professor in Oxford Vorlesungen über die Paulinischen Briefe. Parallel las er als Dekan an der Londoner St.-Pauls-Kathedrale als Erster das Neue Testament auf Englisch, wodurch er Tausende Zuhörer in seinen Bann zog. Während große Teile des konservativen Klerus sein Treiben misstrauisch beäugten, vertrat Colet, der über viele Jahre seine theologischen Vorlesungen fortsetzte, die Ansicht, dass der Sinn der Heiligen Schrift auch der ungebildeten Menge verständlich sein müsse.

Mit einer Vorlesung des Erasmus in Oxford begann 1498 die persönliche Freundschaft der beiden Humanisten, um 1504 lernte Colet auch Thomas Morus kennen, dessen geistiger Berater er wurde. Mit einem Teil des väterlichen Erbes initiierte er 1509 den Neubau der St. Paul-School in Oxford, in der angehende Priester nach humanistisch geprägten Lehrplänen unterrichtet werden sollten.

Wegen seiner Kritik an kirchlichen Missständen, insbesondere am Zölibat und der Ohrenbeichte, wurde Colet 1512 vom Bischof von London wegen Häresie angeklagt, worauf damals die Todesstrafe stand, doch William Warham, zu jener Zeit Erzbischof von Canterbury und Lordkanzler → Heinrichs VIII., wies die Klage ab.

Familiäres: Sein immenses Erbe spendete Colet fast vollständig für öffentliche Belange.

Orte: London, Oxford.

Wichtiges Werk: *Opus de Sacramentis Ecclesiae*, 1867 gedruckt.

Zum Weiterlesen: Diarmaid MacCulloch: Die Reformation 1490–1700, München 2008.

Anton Corvinus

Anton Rabe

* 27. Februar (oder 11. April) 1501 in Warburg bei Paderborn
† 5. April 1553 in Hannover

Norddeutscher Reformator

Nach Dominikanerschule und Studium in Leipzig wurde Corvinus Mönch im Kloster Loccum, wo er durch die Schriften → Martin Luthers zum evangelischen Glauben fand, sodass der Abt ihn 1523 als »lutherischen Buben« verjagte. Ab 1528 wirkte er als Pfarrer in Goslar und Witzenhausen und schrieb eine »Auslegung« der Evangelien, zu der Luther ein Begleitwort verfasste.

Nach dem Erwerb des Magistergrades 1536 nahm er an vielen Streitgesprächen und Konventen teil und wirkte als Berater → Philipps von Hessen.

Parallel engagierte er sich als Reformator. 1539 gab er der Stadt Northeim eine reformatorische Kirchenordnung, ab 1541 wirkte er in der Grafschaft Lippe, 1542 beauftragte ihn dann der Bischof von Münster mit der Reformation in seinen Landen.

Gemeinsam mit → Johannes Bugenhagen reformierte er im Herzogtum Braunschweig und im Bistum Hildesheim und wurde schließlich Landessuperintendent des Fürstentums Braunschweig-Calenberg.

Familiäres: Mit seiner Frau Margarethe Metz aus Witzenhausen hatte er zwei Söhne und drei Töchter.

Orte: Loccum, Goslar, Witzenhausen, Hildesheim, Lippe, Münster.

Zitat: »Wenn die Männer griesgrämig und zornigen Kopfes sind und dann auch die Weiber nicht weichen oder gute Worte geben wollen, wie kann da die häusliche Einigkeit in dem Ehestand bestehen oder erhalten werden?«

Wichtiges Werk: *Kurze und einfältige Auslegung*, 1535.

Lucas Cranach der Ältere

* um 1475 in Kronach
† 16. Oktober 1553 in Weimar

Maler, schuf die bekannten Lutherporträts und setzte reformatorische Gedanken ins Bild

Er wurde um 1475 als Sohn des Malers Hans Maler in Kronach geboren. Bis auf einen Vermerk über das schlechte Benehmen der Kinder der Familie Maler ist über seine frühen Jahre nichts bekannt. Wahrscheinlich erhielt er seine Ausbildung in der Werkstatt des Vaters und ging anschließend auf Wanderschaft. Ab 1501 hielt er sich für einige Jahre in Wien auf.

1504 zog er nach Wittenberg, wo er seit 1505 als Hofmaler Kurfürst → Friedrichs des Weisen wirkte. Cranach übernahm die Werkstatt des Malers Jacopo de Barbari im Wittenberger Schloss. In dieser Zeit fertigte er neben Porträts und Gemälden für Schlösser und Kirchen auch erste Druckgrafiken an. 1508 verlieh ihm der Kurfürst ein Wappen, das eine geflügelte Schlange zeigt, die einen Rubinring im Maul trägt. Außerdem schickte er Cranach in diplomatischen Angelegenheiten in die Niederlande. Hier malte er den jungen späteren Kaiser → Karl V. und ließ sich von der niederländischen Malerei inspirieren.

Zurück in Wittenberg, lief seine Werkstatt weiterhin gut;

schnell gelangte er zu Wohlstand, konnte seinen Betrieb ausbauen und zog in die Stadt, wo er seit 1512, dem Jahr, in dem er auch seine Frau Barbara heiratete, zudem einen Weinausschank betrieb.

1520 kam eine Apotheke hinzu, außerdem betätigte er sich als Verleger, Buch- und Papierhändler. 1519 war er erstmals Mitglied des Wittenberger Rats und wirkte später viele Jahre lang auch als Bürgermeister.

Mit →Martin Luther und →Philipp Melanchthon war Cranach eng befreundet. Er war Trauzeuge Luthers und gegenseitig waren sie Paten ihrer Kinder. Cranach illustrierte reformatorische Schriften, schuf die bis heute prägenden Lutherporträts als Mönch, Junker Jörg und gestandener Reformator. Und er setzte in seinen Altarwerken und Gemälden wie »Gesetz und Gnade« die reformatorischen Grundgedanken allgemeinverständlich ins Bild. Dennoch schlug er auch Aufträge von katholischer Seite nicht aus.

Auch unter →Johann dem Beständigen und →Johann Friedrich dem Großmütigen wirkte Cranach als Hofmaler. In seiner Werkstatt beschäftigte er zahlreiche Mitarbeiter, darunter seit ca. 1530 auch seine Söhne Hans und →Lucas. Um die vielen Aufträge möglichst effektiv bewältigen zu können, setzte er Vorlagen ein, die mehrmals genutzt wurden und nur noch an das jeweilige Bild angepasst werden mussten.

Nachdem Johann Friedrich 1547 in Gefangenschaft geraten war, übergab Cranach seine Werkstatt seinem Sohn Lucas und folgte seinem Fürsten nach langem Zögern zunächst nach Augsburg, dann nach Innsbruck und schließlich nach Weimar. 1553 starb Lucas Cranach im Haus seiner Tochter Barbara in Weimar. Er wurde auf dem Jakobsfriedhof beigesetzt. Aufgrund der großen Fülle an Bildern, die seine Werkstatt verlassen hatten (man geht von ca. 5000 aus), heißt es auf seinem Grabstein, er sei »der schnellste Maler« gewesen.

Familiäres: Lucas Cranach war seit 1512 verheiratet mit Barbara Berngebier, der Tochter des Bürgermeisters von Gotha. Das Paar bekam fünf Kinder – Hans, Lucas, Barbara, Ursula und Anna. Hans, der eigentlich die Werkstatt hätte übernehmen sollen, starb früh. Es wird überliefert, Cranach habe nach dem Tod des Sohnes sein Wappen geändert: Aus der geflügelten Schlange mit aufrechten Flügeln wurde nun eine Schlange mit hängenden Flügeln. Allerdings lässt sich der inhaltliche Zusammenhang zwischen Wappenänderung und dem Tod des Sohnes nicht sicher belegen.

Orte: Wien, Wittenberg, Weimar.

Wichtige Werke: Zahlreiche Lutherporträts; Gesetz und Gnade, 1529; Wittenberger Altar, um 1540.

Zitat über ihn: »Wahrlich, wenn ich den einzigen Albrecht Dürer, meinen Landsmann, dieses unzweifelhafte Genie, ausnehme, so gewährt, nach meinem Urteil, nur dir unser Jahrhundert den ersten Platz unter der Malerei.« (Christoph Scheurl, 1509)

Zum Weiterlesen: Bertold Hinz: Lucas Cranach d. Ä., Hamburg 1993.

Auch das noch: Das »Bildnis eines jungen Mannes« auf dem früheren Zehnmarkschein, das lange Albrecht Dürer zugeschrieben wurde, stammt vermutlich von Lucas Cranach.

Lucas Cranach der Jüngere

* 04. Oktober 1515 in Wittenberg
† 25. Oktober 1586 in Wittenberg

Maler der Renaissance, Sohn, Mitarbeiter und Nachfolger Lucas Cranachs d. Ä.

Lucas Cranach wurde 1515 als zweiter Sohn des gleichnamigen Vaters und dessen Frau Barbara in Wittenberg geboren. Gemeinsam mit seinem älteren Bruder Hans durchlief er eine Ausbildung in der väterlichen Werkstatt und arbeitete auch anschließend in dem großen Werkstattbetrieb mit, sodass es bis heute schwierig ist, seinen Anteil an den Cranach'schen Werken dieser Zeit genau auszumachen.

Als sein Bruder Hans, der die Werkstatt eigentlich hatte weiterführen sollen, 1537 auf einer Italienreise starb, übernahm Lucas mehr Verantwortung für die Geschäfte.

1544 übernahm Lucas Cranach das Haus seines Vaters in Wittenberg. Auch er wurde 1549 Mitglied des Rates der Stadt und wirkte später als Bürgermeister. Erst 1550, als sein Vater seinem Arbeitgeber, dem Kurfürsten → Johann Friedrich dem Großmütigen, ins Exil nach Augsburg folgte, übergab er dem Sohn endgültig die Werkstatt.

Da der Kurfürstliche Hof inzwischen in Dresden ansässig war, wurde Cranach d. J. selbst nie Hofmaler, bekam aber als ebenso angesehener Künstler wie sein Vater dennoch zahlreiche Aufträge der neuen Fürsten aus Dresden. Unter anderem porträtierte er die beiden Kurfürsten → Moritz und August. Ähnlich unparteiisch wie sein Vater nahm er aber auch Aufträge des weiterhin im Exil befindlichen Johann Friedrich an.

Neben Porträts fertigte er vor allem figurenreiche Gemälde, die deutlich kleinteiliger wirken als die Werke des Vaters, und zahlreiche Holzschnitte. Dass die Reformation die Liebe zu Bildern nicht gerade gefördert hat, ist auch an der Reduktion der Bildthemen in der Cranach'schen Werkstatt zu erkennen. Mythologische oder erotische Inhalte, wie sie der Vater noch zahlreich produzierte, scheinen kaum noch gefragt gewesen zu sein. Protestantische Themen wie das Epitaphgemälde des »Dessauer Abendmahls« von 1565, auf dem sich bekannte Reformatoren um Christus versammelt haben, traten in den Vordergrund.

Nachdem sein Schwager Christian Brück, der Kanzler Herzog Johann Friedrichs, wegen seiner Verstrickung in die Händel des Ritters Wilhelm von Grumbach 1567 durch Vierteilung hingerichtet worden war und der Familie von Cranachs Schwester Barbara die Enteignung drohte, legte Cranach sein Bürgermeisteramt nieder und beendete damit seine politische Laufbahn. Als Künstler jedoch blieb er zeit seines Lebens ein angesehener und wohlhabender Mann. 1586 starb Lucas Cranach d. J. 70-jährig in Wittenberg, er wurde in der dortigen Schlosskirche beigesetzt. Sein Sohn Augustin übernahm die Werkstatt.

Familiäres: Lucas Cranach war zweimal verheiratet. 1541 schloss er die Ehe mit Barbara Brück, der Tochter des sächsischen Kanzlers Georg Brück. Das Paar bekam vier Kinder. Nach Barbaras Tod heiratete Cranach Magdalena Schurff, die Nichte → Philipp Melanchthons. Mit ihr bekam er fünf Kinder. Zu den Nachfahren Cranachs gehören einige berühmte Persönlichkeiten wie Johann Wolfang von Goethe und August Wilhelm und Friedrich Schlegel.

Ort: Wittenberg.

Wichtige Werke: *Philipp Melanchthon* in Frankfurt am Main, 1559; *Dessauer Abendmahl*, 1565; *Weinberg des Herrn*, Epitaph für Paul Eber in der Stadtkirche Wittenberg, 1569.

Zum Weiterlesen: Werner Schade: Die Malerfamilie Cranach, Dresden 1974.

Auch das noch: Der Mundschenk rechts unten auf dem Epitaphgemälde *Dessauer Abendmahl* von 1565 gilt als Selbstbildnis.

Thomas Cranmer

* 02. Juli 1489 in Aslacton
† 21. März 1556 in Oxford

Erzbischof von Canterbury, anglikanischer Reformator

Er studierte in Cambridge und arbeitete am Jesus College. 1523 wurde er Doktor der Theologie und bekam eine Professur. In die Affäre um die Scheidung → Heinrichs des VIII. von Katharina von Aragón war Cranmer verwickelt: Er riet dazu, Universitätsgutachten einzuholen und ihnen zu folgen, ohne auf eine Entscheidung des Papstes zu warten. Der König vertraute ihm von da an und schickte Cranmer mit einer Gesandtschaft nach Deutschland, wo er sich mit deutschen Reformatoren austauschte und eine heimliche Ehe mit der Nichte → Andreas Osianders einging. Außerdem ernannte ihn der König zum Nachfolger des Erzbischofs William Warham von Canterbury. 1533 erklärte Cranmer die Ehe Heinrichs VIII. mit → Anne Boleyn für gültig und damit die Scheidung von Katharina von Aragón für rechtmäßig.

Der Papst sprach den Bann aus. Heinrich VIII. reagierte, indem er sich von Rom lossagte und sich selbst zum Oberhaupt der »Church of England« erklärte. Gegen den Widerstand von katholischer Seite trieb Cranmer die Reformation in England voran. 1549 erschien das von ihm zusammengestellte *Book of Common Prayer*, die noch heute gültige Agende der anglikanischen Kirche.

Unter Maria I. begann 1553 der Versuch der Rekatholisierung Englands. Cranmer wehrte sich heftig gegen die Wiedereinführung der katholischen Messe und wurde festgenommen. Unter Folter widerrief er zunächst, nahm den Widerruf dann aber öffentlich zurück. Daraufhin verurteilte man ihn zum Tod auf dem Scheiterhaufen. Thomas Cranmer starb 1556 in Oxford den Feuertod.

Familiäres: In Deutschland nahm er in heimlicher Ehe die Nichte → Andreas Osianders zur Frau.

Orte: Cambridge, London.

Zitat: »Oh! diese unwürdige rechte Hand, Herr Jesus, empfange meinen Geist.« (Auf dem Scheiterhaufen hielt er die rechte Hand, mit der er den Widerruf unterschrieben hatte, zuerst ins Feuer.)

Wichtiges Werk: *Book of Common Prayer*. Für die erste Ausgabe 1549 war Cranmer maßgeblich verantwortlich, noch im selben Jahr wurde sie von Eduard VI. landesweit eingeführt. Das Buch erfuhr mehrfache Überarbeitungen und ist bis heute die Agende der Anglikanischen Kirche.

Zum Weiterlesen: Diarmaid McCulloch: Thomas Cranmer: A Life, Yale 1996.

Auch das noch: Eric Malpass verfasste einen historischen Roman über Thomas Cranmer: Thomas Cranmer oder die Kraft der Schwäche, 1994.

Thomas Cromwell

* um 1485 in Putney, London
† 28. Juli 1540 in London

Earl of Essex, Schatzkanzler König Heinrichs VIII. und treibende Kraft bei der Abspaltung der Anglikanischen Kirche

Durch seinen gesellschaftlichen Aufstieg vom Sohn eines Brauers und Schmieds aus Putney im Südwesten Londons zu einem der mächtigsten Männer im Königreich verkörpert Thomas Cromwell wie kaum ein Zweiter den ebenso waghalsigen wie skrupellosen »Selfmademan« der englischen Renaissance. Als junger Mann war er als Söldner nach Italien gegangen, hatte sich dann aber auf den Tuchhandel verlegt. Seine Frau Elizabeth Wykes, die er nach seiner Rückkehr nach England 1512 heiratete, war eine Kaufmannstochter. Nach einem Studium der Rechtswissenschaften trat Cromwell in den frühen 1520er-Jahren in die Dienste des damals mächtigen Kardinals Thomas Wolsey. Als dessen Vertrauter und engster Berater in Rechts- und Finanzfragen gelangte er bei der Auflösung der Klöster und der willkürlichen Aneignung von Pfründen rasch zu Geld und Einfluss.

Nach dem Sturz des Kardinals 1529 hielt sich Cromwell, dessen Frau ein Jahr zuvor verstorben war, mit politisch wenig bedeutenden, aber finanziell einträglichen Ämtern im Hintergrund, bis er nach und nach die Gunst König → Heinrichs VIII. erlangte. Im April 1533 ernannte der Monarch ihn zum Schatzkanzler und 1534 zum königlichen Sekretär. Unter Cromwells Vorsitz nahm das Parlament 1534 die Suprematsakte an, die den König zum Oberhaupt der Anglikanischen Kirche erklärte und alle Untertanen zum Eid auf die neue Kirchenverfassung

verpflichtete. Damit wurde die vom König schon lange ersehnte Scheidung von seiner Gemahlin Katharina von Aragón und seine Hochzeit mit seiner Mätresse → Anna Boleyn (die er drei Jahre später hinrichten ließ) möglich. Viele Menschen, die den Eid aus Gewissensgründen verweigerten, wurden nun hingerichtet, darunter die bedeutenden Humanisten John Fisher, der Bischof von Rochester, und Thomas More (Thomas Morus), der ehemalige Lordkanzler.

Durch seine radikalen Steuergesetze und seine bahnbrechende Verwaltungsreform, welche die letzten feudalen Strukturen beseitigte, wurde Cromwell in den folgenden Jahren zum entscheidenden Wegbereiter des modernen Zentralstaates. Weil er außenpolitisch den Ehrgeiz hatte, England zu einer Führungsmacht aller Protestanten in Europa zu formen, bekämpfte er unerbittlich alle Regungen des altkirchlichen Widerstandes; romtreue »Hochverräter« endeten auf dem

Schafott. Da Cromwell immer stärker in europäischen Dimensionen dachte, überredete er Heinrich VIII. nach dem Tod seiner dritten Frau zur Hochzeit mit Anna von Cleve, die im Januar 1540 gefeiert wurde. Der König war von der deutschen Prinzessin so maßlos enttäuscht, dass er sich schon nach einem halben Jahr wieder von ihr scheiden ließ. Weil Cromwell infolge dieser Ereignisse in Ungnade fiel, hatten seine Feinde nun leichtes Spiel. Nach einer Anklage des Herzogs von Norfolk wurde der Mann, der Englands Abfall von Rom wesentlich ermöglicht hatte, in den Tower überführt und wenige Tage später enthauptet.

Familiäres: Ein entfernter Verwandter Cromwells großväterlicherseits war der Baron von Cromwell, der in der Schlacht von Agincourt 1415 an der Seite König Heinrichs V. gegen die Franzosen gekämpft und den Prozess gegen Jeanne d'Arc miterlebt hatte.

Ort: London.

Zitat über ihn: »Viele wehklagten, aber noch mehr frohlockten, besonders diejenigen, welche gottesfürchtig waren oder gottesfürchtigen Leuten zugeneigt waren; denn an diesem Abend feierten sie ein Festmahl und triumphierten zusammen, und viele wünschten, dass dieser Tag schon sieben Jahre früher gekommen wäre.« (Der zeitgenössische englische Historiker Edward Hall, selbst ein überzeugter Protestant, über den Tag von Cromwells Sturz)

Zum Weiterlesen: Hilary Mantel: Wölfe, Köln 2010 (historischer Roman über den Machtpolitiker Thomas Cromwell).

Auch das noch: Im Drama *Heinrich VIII.* von William Shakespeare tritt Cromwell als Diener Wolseys auf.

Caspar Cruciger der Ältere

* 01. Januar 1504 in Leipzig
† 16. November 1548 in Wittenberg

Theologe und Schulrektor

Caspar Cruciger wurde 1504 in Leipzig als Sohn des wohlhabenden Kaufmanns Georg Kreuzinger geboren, der aus Böhmen stammte und der hussitischen Bewegung angehörte. Cruciger besuchte die Thomasschule und schrieb sich 1513 an der Universität Leipzig ein. 1519 erlebte er die Leipziger Disputation zwischen → Martin Luther und → Johannes Eck mit. Als 1521 die Pest ausbrach, zog er mit seinen Eltern nach Wittenberg und studierte dort bei Luther und → Philipp Melanchthon. Neben der Theologie interessierte er sich auch für die Naturwissenschaften. Er beschäftigte sich mit Mathematik und Astronomie und legte 1524 einen botanischen Garten an. 1525 wurde er Prediger und Rektor der Magdeburger Johannisschule, drei Jahre später kehrte er als Theologieprofessor nach Wittenberg zurück, wo er zudem an der Schlosskirche predigte. Er unterstützte Luther bei der Übersetzung der Bibel und nahm 1529 am Marburger Religionsgespräch teil. 1533 promovierte er zum Doktor der Theologie. Mehrfach war er Dekan an der Wittenberger Universität.

1539 trieb er gemeinsam mit → Friedrich Myconius die Reformation in Leipzig voran. Bei den Religionsgesprächen in Hagenau, Worms und Regensburg wirkte er als Sekretär. Cruciger verschriftlichte viele Predigten Luthers und gab zusammen mit Georg Rörer die ersten Bände der Wittenberger Lutherausgabe heraus. Während des Schmalkaldischen Krieges bemühte er sich zusammen mit Melanchthon und → Paul Eber um das Fortbestehen der Wittenberger Universität. Am 16.11.1548 starb Caspar Cruciger in Wittenberg, zwei Tage später wurde er in der Stadtkirche beigesetzt.

Familiäres: Caspar Cruciger war zweimal verheiratet. 1524 ehelichte er die frühere Nonne → Elisabeth von Meseritz. Das Paar bekam eine Tochter, die später Luthers Sohn Johannes heiratete, und den Sohn Caspar Cruciger den Jüngeren. 1536 heiratete Cruciger seine zweite Frau Apollonia, die Tochter des Leipziger Ratsherrn Kunz Günterode. Mit ihr bekam er eine Tochter.

Orte: Magdeburg, Wittenberg.

Auch das noch: Lucas Cranach d. J. fertigte 1558 ein Porträt Caspar Crucigers an.

Caspar Cruciger der Jüngere

* 19. März 1525 in Wittenberg
† 16. April 1597 in Kassel

Theologe

Der Sohn → Caspar Crucigers d. Ä und seiner Frau → Elisabeth Cruciger studierte ab 1533 an der Universität Wittenberg und wurde 1556 Magister der Theologie. Anschließend wirkte er dort als Dozent für Poetik und wurde nach dem Tod → Philipp Melanchthons 1561 dessen Nachfolger als Theologiedozent. 1570 promovierte er zum Doktor der Theologie. Zunächst war Cruciger ein überzeugter Philippist. Als er sich jedoch 1574 weigerte, die von den Wittenberger Philippisten verlangte Zustimmung zum »Artikel vom heiligen Abendmahl« zu geben, wurde er festgenommen und einige Zeit gefangen gehalten. Anschließend musste er Sachsen verlassen. Er ging zunächst nach Dillenburg, dann nach Kassel. Dort wurde er Pfarrer und Vorsitzender des Konsistoriums. Inzwischen neigte er der reformatorischen Lehre zu, wollte jedoch nicht als Calvinist verstanden werden und lehnte deshalb eine Stelle an der Universität Leiden ab. 1597 starb er in Kassel.

Familiäres: 1561 heiratete er Elisabeth, die Tochter Sebastian Fröschels. Sie bekamen vier Töchter und den Sohn Georg, der später in Marburg ebenfalls Theologieprofessor wurde.

Orte: Wittenberg, Dillenburg, Kassel.

Wichtiges Werk: *Epistola ad Dantiscanos De exorcismo*, 1572.

Elisabeth Cruciger

* um 1500/1504 in Meseritz
† 2. Mai 1535 in Wittenberg

(ehemalige) Nonne, erste Kirchenlieddichterin

Elisabeth von Meseritz war die Tochter eines Adligen, die im Kloster der Prämonstratenserinnen Marienbusch Nonne wurde. Ihre Flucht aus dem Kloster nach Wittenberg verdankte sie →Johannes Bugenhagen, der seit 1517 Lektor in einem nahe gelegenem Kloster war. Durch die enge Beziehung der beiden Klöster trafen sie vermutlich aufeinander, und durch ihn lernte Elisabeth →Luthers Schriften kennen, mit denen er sich intensiv beschäftigte. Als Bugenhagen 1521 nach Wittenberg ging, wo er Stadtpfarrer wurde und heiratete, folgte sie ihm 1522/23 und lebte bei ihm und seiner Frau. Durch ihn lernte sie das geistige Leben der Stadt kennen und bildete ihr theologisches Wissen weiter aus. Außerdem unterhielt sie einen regen Schriftwechsel. Der einzig erhaltene Brief ist eine Antwort an einen zum christlichen Glauben konvertierten und von Glaubenszweifeln geplagten Juden namens Joachim; er bekannte sich dazu, ein großer Sünder zu sein. Elisabeth schien seine Schuldgefühle zu verstehen und nannte sich eine »Mitleiderin« an seinem Zweifel, verweist aber auf die Gnade Gottes, auf die sie vertraut.

In Wittenberg lernte sie ihren künftigen Mann →Caspar Cruciger d. Ä. kennen. Noch vor ihrer Hochzeit schrieb sie das Lied *Herr Christ, der einig Gottes Sohn*, welches Martin Luther 1524 in sein *Geistliches Gesangbüchlein* aufnahm, anfangs anonym. Eine Rolle spielte hierbei nicht Luthers Meinung über Elisabeth, die er hoch schätzte, sondern der Blick der

Öffentlichkeit, die Kirchenlieder von Frauen nicht gewohnt war. Auch die folgenden Drucke des Liedes in Gesangbüchern wurden stets als anonym gekennzeichnet. Erst 1531 wurde es in Andreas Rauschers Sammlung *Geistliche Lieder* mit ihrem Namen abgedruckt. Dennoch erschien es bis zum Anfang des 19. Jahrhundert noch häufig anonym, wurde bisweilen sogar männlichen Autoren zugeschrieben.

Wie sehr sie die Anonymität selbst gestört hat, ist nicht klar, aber sie hätte dazu gestanden und wäre eventuell auch zu mehr bereit gewesen. Angeblich träumte sie davon, selbst auf der Kanzel in Wittenberg zu stehen. Ihr Mann deutete dies allerdings so, dass es ein Zeichen Gottes sei, dass ihre Lieder in der Kirche gesungen werden sollen. Die Rede auf der Kanzel blieb den Frauen durch die Reformatoren weiter verwehrt, auch wenn Luther selbst durchaus theologische oder Glaubensprobleme mit Frauen besprach.

1525 wurde ihr Mann Caspar zum Rektor der Magdeburger Johannisschule berufen, doch bereits 1528 kehrte das Ehepaar nach Wittenberg zurück, wo er als Professor an der theologischen Fakultät und als Prediger in der Schlosskirche wirkte. Er war an der Übersetzung der Bibel beteiligt und ein wichtiger Kollege Luthers und Melanchthons. Elisabeth war ihrem Mann eine intellektuell ebenbürtige Partnerin. Sie bekam zwei Kinder, die ebenfalls der Reformation folgten. Mit kaum mehr als 30 Jahren verstarb sie am 2. Mai 1535.

Familiäres: Verheiratet war sie mit dem Theologen → Caspar Cruciger d. Ä.; ihr Sohn heißt ebenfalls Caspar (»der Jüngere«).

Orte: Treptow an der Rega, Wittenberg.

Zitat: »Herr Christ, dir einig Gotts Sohn, Vaters in Ewigkeit, aus einem Herzen entsprossen, gleichwie geschrieben steht, er ist der

Morgensterne, sein Glänzen streckt er ferne von andern Sternen klar.«

Wichtiges Werk: Epiphaniaslied *Herr Christ, der einig Gotts Sohn* (EG 67).

Zum Weiterlesen: Sonja Domröse: Frauen der Reformationszeit. Gelehrt, mutig und glaubensfest, Göttingen 2010.

Auch das noch: Ihr Lied *Herr Christ, der einig Gotts Sohn* wird noch heute als Wochenlied zum letzten Sonntag nach Epiphanias gesungen. Johann Sebastian Bach verfasste 200 Jahre später eine Kantate *Herr Christ, der einge Gottessohn* (BWV 96), in welcher er den ersten und letzten Vers des Liedes verwendete.

Nikolaus Decius

Nikolaus Tech

* um 1485 in Hof
† nach 1546

Kantor und Kirchenliederdichter

Nikolaus Decius wurde 1485 in Hof geboren. Dort besuchte er auch die Lateinschule. 1501 schrieb er sich an der Universität Leipzig ein, wo er 1506 den Grad des Baccalaureus Artium und später auch den der Rechte erwarb. Decius wurde Benediktinermönch und war ab 1515 Stiftsprediger des Braunschweiger Klosters.

1519 ging er als Seelsorger an das Augustinerinnenstift Steterburg in Salzgitter. Später wurde er Stadtschulmeister am Lyzeum in Hannover und Lehrer an der Braunschweiger Ägidienschule. In diesen Jahren schrieb er, obwohl aus Süddeutschland stammend, in niederdeutscher Sprache einige Gedichte, Kirchenlieder und ein Erbauungsbuch.

Von → Martin Luthers reformatorischen Gedanken begeistert, ging Decius 1523 nach Wittenberg, um an der dortigen Universität Theologie zu studieren. Auf Luthers Vermittlung hin wirkte er anschließend unter Herzog Bogislaw von Pommern als Prediger in Stettin, wo er zusammen mit Paul vom Rode – offenbar gegen starken Widerstand von katholischer Seite – die Reformation vorantrieb, bevor er als Diakon nach Liebstadt in Ostpreußen zog und später Lehrer und Kantor an der Bartensteiner Lateinschule wurde.

Der Herzog von Preußen, → Albrecht von Brandenburg-Ansbach, setzte ihn 1540 als Hofprediger und Unterkantor in Königsberg ein, ab 1543 ging Decius als Pfarrer nach Mühlhausen. Dort kümmerte er sich um niederländische Glaubensflüchtlinge und lernte dadurch auch die reformierte Variante des Protestantismus näher kennen. 1546 verließ er Mühlhausen; wohin er ging und wie lange er noch lebte, ist nicht überliefert.

Noch heute finden sich von Decius verfasste Lieder im evangelischen Gesangbuch. Die Lieder *Allein Gott in der Höh sei Ehr* (EG 179) und *O Lamm Gottes unschuldig am Stamm des Kreuzes geschlachtet* (EG 190) sollten das lateinische *Gloria* und das *Agnus Dei* der katholischen Messe ersetzen. Decius begann noch vor Luther mit der Kirchenlieddichtung, seine Lieder gehören zu den ersten, die für den evangelischen Gottesdienst geschaffen wurden.

Orte: Braunschweig, Salzgitter, Hannover, Stettin, Königsberg, Mühlhausen.

Zitat:
»Allein Gott in der Höh' sei Ehr'
und Dank für seine Gnade,
darum dass nun und nimmermehr
uns rühren kann kein Schade.
Ein Wohlgefall'n Gott an uns hat,
nun ist groß' Fried' ohn' Unterlaß,
all' Fehd' hat nun ein Ende.«

Wichtige Werke: Lieder: *Allein Gott in der Höh sei Ehr* (Str. 1–3; Gloria); *Heilig ist Gott, der Vater* (Sanctus); *O Lamm Gottes unschuldig* (Agnus dei).

Zitat über ihn: »Ein nicht geringer man in der lehre und fromichheit.« (Ein Zeitgenosse)

Zum Weiterlesen: Wolfgang Herbst: Wer ist wer im Gesangbuch?, Göttingen 2001.

Auch das noch: Decius' Choral *O Lamm Gottes unschuldig am Stamm des Kreuzes geschlachtet* fand in überarbeiteter Form Eingang in den Eingangsdoppelchor der Matthäuspassion von Johann Sebastian Bach.

Hans Denck

* um 1495 in Habach

† November 1527 in Basel

Theologe und Reformator innerhalb der Täuferbewegung

Geboren wurde Hans Denck um 1495 im oberbayerischen Habach. In Ingolstadt und Basel absolvierte er ein humanistisches Studium und wurde 1523 auf Vermittlung → Johannes Oekolampads Rektor der Sebaldusschule in Nürnberg. Schon 1524 musste er seine Stelle und die Stadt auf Betreiben → Andreas Osianders verlassen, weil er in den Prozess der drei Künstler Sebald, Bartel Beham und Georg Penz involviert war, die wegen ihrer täuferischen Gesinnung als »gottlose Maler« gefangen genommen worden waren.

Eine Zeit lang kam er in Mühlhausen unter, es folgten Aufenthalte in St. Gallen, Augsburg und zahlreichen anderen Orten. Überall wurde er schnell wieder vertrieben. Während seines Aufenthalts in Straßburg 1526 übersetzte er zusammen mit dem ebenfalls eher radikalreformatorisch eingestellten Ludwig Hätzer die alttestamentlichen Prophetenschriften ins Deutsche. Das 1527 in Worms gedruckte Werk nutzte später auch → Martin Luther als Vorlage für seine Bibelübersetzung.

Denck schloss sich in jenen Jahren gänzlich der Täuferbewegung an und wurde schnell zu einem ihrer Führer, der in seinen Streitschriften die Reformatoren heftig angriff, gewalttätiges Vorgehen aber im Gegensatz zu vielen seiner Mitstreiter ablehnte. Von der Mystik beeindruckt, galt das vom Heiligen Geist ausgehende innerlich erfahrene Wort Gottes Denck mehr als ein wortgetreues Schriftverständnis. Der Bibeltext war für ihn nicht göttliches Diktat, sondern Menschenwerk, das die eine Wahrheit aus unterschiedlichen Perspektiven beleuchtet. Die Sakramente verstand er als Sinnbilder; die Taufe galt ihm entsprechend als Symbol des Bundes zwischen Gott und Mensch, weshalb er die Kindertaufe ablehnte. Das Abendmahl sah er als Erinnerungsfeier. Christus galt ihm als Vorbild, nicht aber, wie Luther ihn sah, als Erlöser, denn Gott als die reine Liebe, die an sich schon jeden zur Erlösung führe, habe einen zusätzlichen Erlöser gar nicht nötig, so Denck. Dementsprechend sprach er sich scharf gegen Luthers Sünden- und Rechtfertigungslehre aus, gegen dessen Prädestinationslehre und Vorstellungen vom unfreien Willen.

Auch aus Straßburg vertrieben, suchte Denck nach einer neuen Bleibe und gelangte 1527 schließlich zu Johannes Oekolampad nach Basel. Dort starb er, gezeichnet von der ständigen Flucht, noch im gleichen Jahr an der Pest.

Orte: Nürnberg, Straßburg, Basel.

Zitat: »Christus, den keiner wahrhaft kennen kann, es sei denn, dass er ihm nachfolge mit dem Leben; und niemand kann ihm nachfolgen, es sei denn, dass er ihn zuvor erkennt.«

Wichtiges Werk: *Alle Prophetenn Nach Hebreischer sprach verdeütscht* (mit Ludwig Hätzer), 1527.

Marie Dentière

*1495 in Tournai
† 1561 in Genf

Selbstbewusste Reformatorin

Anfang der 1520er-Jahre gelangten → Luthers Schriften auch in das Augustinerinnenkloster in Saint-Nicolas-des-Prés nahe Tournai. Die Pririon Marie Dentière war begeistert von dem Vorhaben Martin Luthers, die Kirche zu ihrer ursprünglichen Aufgabe zurückzubringen. 1524 verließ sie ihren Orden und zog nach Straßburg, wo die Reformation bereits Fuß gefasst hatte. Sie bildete sich theologisch fort, disputierte mit → Martin Bucer und → Wolfgang Capito. 1528 heiratete sie den Pfarrer Simon Robert. Nach dessen Tod im Jahr 1533 begann sie mit ihren beiden Kindern ein neues Leben in Genf und arbeitete dort an der entstehenden reformierten Kirche mit. Auch hier verkehrte sie in den Kreisen der maßgeblichen Protestanten, lernte → Guillaume Farel und → Johannes Calvin kennen. Daneben korrespondierte sie mit → Margarethe von Navarra und veröffentlichte unter Pseudonym mehrere Bücher, in denen sie leidenschaftlich das Recht für Frauen einklagt, den Glauben zu predigen. »Haben wir zwei Evangelien? Eines für die Männer und ein anderes für die Frauen?«, fragt sie empört und erinnert an die Meinung des Apostels Paulus: »Alle sind wir eins in Jesu Christo, hier ist weder Mann noch Weib« (Galater 3,28). Schließlich habe Gott den Frauen dasselbe wie den Männern geoffenbart, ein Schweigegebot für Frauen gebe es nicht. 1535 heiratete sie den angesehenen evangelischen Pfarrer Antoine Froment. In den Klöstern der Genfer Umgegend versuchte sie, Nonnen den evangelischen Glauben nahe zu bringen – sehr zum Unmut der Priorinnen. Eine von ihnen beschrieb Dentière als »falsche hutzelige Teufelszunge, die Ehemann und Kinder hatte, sich in das Predigtamt eindrängte und fromme Leute zum Abfall brachte«. Auch die Reformatoren waren zunehmend von Dentières Beharrlichkeit genervt. Sie wollte sich nicht damit abfinden, dass auch in der neu entstandenen Kirche die Frauen weniger Rechte haben sollten als die Männer. So wandte sie sich ebenfalls gegen die langen schwarzen Talare der Prediger. Mit Verleumdungen versuchten sie, den Ruf Dentières zu schädigen. Sie sei stolz und rachsüchtig, schrieb etwa Farel an Calvin, und habe ihren der Trunkenheit verfallenen Mann »völlig« beherrscht. Schließlich verließ sie Genf, ihr Mann wurde Pfarrer im nahe gelegenen Massogny. Dort eröffenete Marie Dentière ein Pensionat für Mädchen und unterrichtete sie auch in alten Sprachen.

Orte: Tournai, Straßburg, Genf.

Zitat: »Gab es eine größere Predigerin als die Samariterin, die sich nicht scheute, Jesus und sein Wort zu predigen, sich offen vor aller Welt zu ihm zu bekennen, sobald sie ihn hatte sagen hören, dass wir Gott in Geist und Wort verehren sollen?«

Zitat über sie: »Neulich kam Froments Frau hierher. In allen Kramläden, auf allen Straßen predigte sie gegen unsere langen Talare.« (Johannes Calvin)

Zum Weiterlesen: Staatliche Schlösser, Burgen und Gärten Sachsen gGmbH (Hrsg.): Eine starke Frauengeschichte. 500 Jahre Reformation, Markkleeberg 2014.

Auch das noch: Marie Dentière ist die einzige Frau, deren Name auf dem Genfer Reformationsdenkmal verzeichnet ist.

Veit Dietrich

* 8. Dezember 1506 in Nürnberg
† 25. März 1549 in Nürnberg

Theologe und Schriftsteller

Veit Dietrich wurde 1506 in Nürnberg als Sohn eines Schuhmachers geboren. Vermögende Förderer erkannten sein Talent und finanzierten ihm den Schulbesuch und das Studium. Anfang 1522 immatrikulierte er sich an der Universität in Wittenberg, wo er unter anderem auf → Philipp Melanchthon traf, der dem jungen Mann ebenfalls fördernd zur Seite stand. Später nahm → Martin Luther ihn auf, Veit Dietrich wurde dessen Famulus und Sekretär. Er nahm gemeinsam mit Luther 1529 an den Marburger Religionsgesprächen teil und verbrachte 1530 während des Augsburger Reichstages die Zeit mit Luther auf der Veste Coburg.

Nachdem er sein Studium 1529 mit dem Grad des Magisters beendet hatte, wurde er Dozent in Wittenberg. Nach einem Streit mit → Katharina von Bora verließ er die Stadt 1535 und ging als Prediger an die Sebalduskirche in Nürnberg. Dort gründete er eine Familie und genoss Ansehen und Vertrauen bei der Bevölkerung und im Rat der Stadt. Eine ihm angebotene Stelle als Professor in Wittenberg lehnte er ab.

Dietrich veröffentliche einige Schriften Melanchthons und Luthers, unter anderem dessen *Hauspostille*, und verfasste selbst vor allem lehrhafte Erbauungsschriften – seine *Summaria* über das Alte und das Neue Testament wurden bis ins 19. Jahrhundert hinein gerne gelesen. Aber auch seine Predigten, Flugschriften und Kirchenlieder fanden Verbreitung.

1537 nahm Dietrich am Konvent in Schmalkalden teil, 1546 auch am Regensburger Religionsgespräch. Er gestaltete die Kirchenordnung um und setzte sich mit Eifer für seine Überzeugungen ein, weshalb er bisweilen von Melanchthon ermahnt wurde, seine Polemik nicht zu weit zu treiben.

Nachdem die Protestanten im Schmalkaldischen Krieg eine Niederlage hinnehmen mussten, wehrte sich Dietrich ausdrücklich gegen das Augsburger Interim und versuchte, Mitstreiter zu gewinnen. Der Rat der Stadt suspendierte ihn daraufhin 1547 von seinem Amt. Im darauffolgenden Jahr nahm er für einige Zeit den slowenischen Reformator Primus Truber bei sich auf und verschaffte ihm eine Stelle als Prediger in Rothenburg. Sein eigenes Amt als Prediger konnte er nicht wieder aufnehmen. 1549 starb Veit Dietrich erst 42-jährig in Nürnberg.

Familiäres: Veit Dietrich war verheiratet.

Orte: Wittenberg, Nürnberg.

Wichtiges Werk: *Summaria über die gantze Bibel, das Alte unnd Newe Testament*, 1550.

Zum Weiterlesen: Bernhard Klaus: Veit Dietrich Leben und Werk, Nürnberg 1958.

Albrecht Dürer

* 21. Mai 1471 in Nürnberg
† 06. April 1528 in Nürnberg

Maler, Grafiker, Mathematiker und Kunsttheoretiker

Albrecht Dürer wurde 1471 als Sohn des gleichnamigen Goldschmieds in Nürnberg geboren. Dort besuchte er die Schule und begann, in der Werkstadt seines Vaters das Goldschmiedehandwerk zu erlernen. Da er jedoch lieber Maler werden wollte, schickte ihn sein Vater 1486 schließlich beim Nürnberger Maler Michael Wolgemut in die Lehre. Hier wirkte Dürer vermutlich an den Entwürfen zur Illustration der »Schedelschen Weltchronik« mit.

1490 ging er auf Wanderschaft und wirkte unter anderem in Kolmar, Straßburg und Basel als Buchillustrator etwa für Sebastian Brants *Narrenschiff*. 1494 kehrte er nach Nürnberg zurück und heiratete Agnes Frey. Noch im gleichen Jahr reiste er nach Italien, wo er sich von Vertretern der Frührenaissance inspirieren ließ. Aus dieser Zeit stammen auch seine bekannten Landschaftsaquarelle.

Als er 1495 zurückkehrte, machte er sich als Meister selbstständig und fertigte neben einigen Porträts und Altarwerken vor allem Holzschnitte und Kupferstiche zur Buchillustration an. Später beschäftigte er in seiner Werkstatt auch andere Künstler wie Hans Baldung als Mitarbeiter. Er freundete sich mit Willibald Pirckheimer an und interessierte sich für humanistische Ideen.

1505 reiste er nach Venedig, wo er sich unter anderem von Giovanni Bellini inspirieren ließ und für die Kirche der deutschen Kaufleute dort ein Altargemälde anfertigte. Das »*Rosenkranzfest*« zeigt eine Madonnenfigur, die Kaiser Maximilian I. einen Rosenkranz reicht, während das Christuskind den Papst krönt. Obwohl der Rat der Stadt ihm 200 Gulden bot und ihn damit zum Bleiben zu bewegen versuchte, kehrte Dürer 1507 nach Nürnberg zurück. 1509 wurde er Mitglied des Nürnberger Rats und kaufte ein ansehnliches Haus am Tiergärtner Tor. Künstlerisch wandte er sich erneut vor allem dem Holzschnitt und dem Kupferstich zu, die er so weit verfeinerte, dass sie nicht mehr allein der Buchillustration dienten, sondern ganz eigene Kunstwerke darstellten. Auch Kaiser Maximilian beauftragte ihn in dieser Zeit mit unterschiedlichen Projekten, wofür er seit 1515 ein Jahresgehalt von 100 Gulden bekam. Ausführlich beschäftigte er sich mit Mathematik, mit Proportionslehre und anderen kunsttheoretischen Fragen.

Dürer nahm 1518 am Augsburger Reichstag teil, wo er viele Prominente seiner Zeit porträtierte, darunter → Jakob Fugger. Auch Schriften → Martin Luthers, über den er sagte, er habe ihm »aus großen Ängsten geholfen«, hat er in dieser Zeit wohl erstmals gelesen. 1520 unternahm er eine Reise in die Niederlande. Nach seiner Rückkehr leitete er die künstlerische Gestaltung des Nürnberger Rathauses, von der heute allerdings nur noch Kopien überliefert sind.

Was die Reformation betraf, stand Dürer gemeinsam mit dem Nürnberger Rat auf Luthers Seite. Gerne hätte er Luther porträtiert, dazu kam es aber nie. Dürer freundete sich allerdings mit → Philipp Melanchthon an, der sich 1525 in Nürnberg aufhielt. Ihn porträtierte der Künstler in einem Kupferstich.

Seit der Reise in die Niederlande an Malaria erkrankt, starb Albrecht Dürer 1528 in Nürnberg und wurde auf dem Johannisfriedhof beigesetzt.

Familiäres: 1494 heiratete Albrecht Dürer in Nürnberg Agnes Frey, die Tochter eines Kupferschmieds. Die Ehe war von den Vätern arrangiert worden. Kinder bekam das Paar nicht.

Orte: Nürnberg, Basel, Venedig.

Zitat: »Und hilft mir Gott, dass ich zu Martin Luther komme, so will ich ihn mit Fleiß abkonterfeien und in Kupfer stechen zu einem dauernden Andenken des christlichen Mannes, der mir aus großen Ängsten geholfen hat.«

Wichtige Werke: *Feldhase*, 1502; *Ritter, Tod und Teufel*, 1513; *Rhinocerus*, 1515; *Philipp Melanchthon*, 1526.

Zum Weiterlesen: Johann Konrad Eberlein: Albrecht Dürer, Reinbek 2003.

Auch das noch: Albrecht Dürer und seine Frau sind die Hauptpersonen in der 1828 erschienenen Novelle *Künstlerehe* von Leopold Schefer. In dem Stummfilm *Luther – Ein Film der Deutschen Reformation* von 1928 und einem Film über einen der Zeitgenossen Dürers von 1978 unter dem Titel *Jörg Ratgeb – Maler* findet auch Dürer Erwähnung. Auf einigen D-Mark-Scheinen waren Werke Dürers zu sehen.

Paul Eber

* 08. November 1511 in Kitzingen
† 10. Dezember 1569 in Wittenberg

Theologe und Kirchenlieddichter

Paul Eber wurde als Sohn des Schneiders Johann Eber und seiner Frau Margarethe in Kitzingen geboren. Er besuchte die Schule in Kitzingen, dann Gymnasien in Ansbach und Nürnberg. Mit 13 Jahren erlitt er eine schwere Verletzung, als er eine halbe Stunde lang von einem Pferd mitgeschleift wurde, wodurch sein Körper zeitlebens verkrümmt blieb.

Ab 1532 studierte Paul Eber in Wittenberg als Schüler → Martin Luthers und → Philipp Melanchthons, mit dem er sich anfreundete. Zunächst wirkte er als Professor für Latein, später für Physik. 1557 folgte er Johann Forster als Professor für Altes Testament nach und wurde Prediger an der Schlosskirche. 1558 wurde er als Nachfolger → Johannes Bugenhagens Stadtpfarrer und Generalsuperintendent von Kursachsen. 1559 promovierte er zum Doktor der Theologie. Als Melanchthon 1560 starb, wurde Eber zum wichtigsten Mann der evangelischen Kirche in der Region Wittenberg. Im Streit um die Abendmahlslehre und zwischen Gnesiolutheranern und Kryptocalvinisten versuchte er immer wieder zu vermitteln. Bis heute bekannt sind seine Kirchenlieder, die seine tiefe Religiosität widerspiegeln und ihn neben Luther zu einem der wichtigsten Kirchenlieddichter dieser Zeit machen. Paul Eber starb 1569 in Wittenberg und wurde dort in der Stadtkirche beigesetzt.

Familiäres: Paul Eber heiratete seine Frau Helen 1541 in Leipzig. Das Paar bekam 13 Kinder, von denen fünf schon früh starben.

Ort: Wittenberg.

Wichtiges Werk: *Wenn wir in höchsten Nöten sein und wissen nicht, wo aus noch ein* (EG 366).

Zitat:
*»Wenn wir in höchsten Nöten sein
und wissen nicht, wo aus noch ein,
und finden weder Hilf noch Rat,
ob wir gleich sorgen früh und spat,
so ist dies unser Trost allein,
dass wir zusammen insgemein
dich anrufen, o treuer Gott,
um Rettung aus der Angst und Not.«*

Zum Weiterlesen: Daniel Gehrt: Paul Eber (1511–1569): Humanist und Theologe der zweiten Generation der Wittenberger Reformation, Leipzig 2014.

Auch das noch: Lucas Cranach d. J. fertigte nach Ebers Tod das Epitaph *Der Weinberg des Herrn* an, das sich in der Wittenberger Stadtkirche befindet und unten rechts Paul Eber mit seiner Familie zeigt. Die früh verstorbenen Kinder sind weiß gekleidet dargestellt.

Johannes Eck

* 13. November 1486 in Egg an der Günz (Unterallgäu)
† 10. Februar 1543 Ingolstadt

Katholischer Theologe und bedeutendster Gegner → Martin Luthers

Die Basis für die umfassende Bildung des aus einfachen Verhältnissen stammenden Johannes Eck wurde durch seinen Onkel Martin Maier gelegt, der als Pfarrer in Rottenburg am Neckar wirkte. Bereits im Alter von 12 Jahren ging Eck an die Universität Heidelberg und ein Jahr später nach Tübingen, wo er im Januar 1501 seinen Magister ablegte. Aufgrund einer Pestepidemie wechselte er im Herbst des Jahres nach Köln, um dort sein Studium der Theologie fortzusetzen. Im Sommer 1502 zog er nach Freiburg im Breisgau, wo er mit dem Kreis der Humanisten um Ulrich Zasius Bekanntschaft machte und neben theologischen auch juristische, mathematische und geografische Vorlesungen besuchte.

Im Dezember 1508 empfing Eck in Straßburg die Priesterweihe, zwei Jahre später wurde er in Freiburg zum Doktor der Theologie promoviert. Schon Wochen zuvor hatte er in Ingolstadt eine Probevorlesung gehalten. An der dortigen Universität, die sich bald zu einem geistigen Zentrum der Gegenreformation entwickeln sollte, erhielt er Ende 1510 eine Professur, die er bis zu seinem Lebensende innehatte. 1514 erschien mit dem »*Chrysopassus*« sein erstes theologisches Werk. 1515 machte Eck, der als wortgewandter Prediger und glänzender Rhetoriker galt, auf sich aufmerksam, als er anlässlich einer Disputation zum Thema Zinsverbot an der damals europaweit bekannten Universität von Bologna die vergleichsweise modern-liberale Position vertrat, dass ein Zinssatz von bis zu fünf Prozent legitim sei.

Zu Luther und dessen frühem Weggefährten → Andreas Bodenstein, genannt Karlstadt, hatte Eck eine ungetrübte Beziehung, bis den beiden Reformatoren durch eine Indiskretion seine nicht für die Veröffentlichung bestimmten Anmerkungen (*Obelisci*) zu den Ablassthesen in die Hände fielen. Luther antwortete mit einer Replik (*Asterisci*), durch die sich der Ton allmählich verschärfte. Im Juni 1519 trafen die beiden Kontrahenten zur Leipziger Disputation zusammen, einer öffentlichen Redeschlacht vor Professoren, Studenten und säkularen Obrigkeiten, die 19 Tage lang andauerte und in der Eck von seiner theologischen Gelehrsamkeit und seiner Schlagfertigkeit profitierte. Von katholischen Theologen mit immer neuen Fragen zur Autorität des Papstes und der Konzilien bedrängt, rief Eck Luther schließlich sein berühmtes »Auch Konzilien können irren!« in den Saal, das zur endgültigen Entzweiung der Konfessionen erheblich beitrug.

Auch die persönliche Auseinandersetzung zwischen Eck und Luther nahm an Schärfe zu. 1520 veröffentlichte Eck mit *De primatu Petri* seine erste systematische Schrift gegen Luther, in der er das Papstamt gegen alle Kritik verteidigte; zahlreiche weitere Streitschriften schlossen sich in den nächsten Jahren an. Zu einem der bekanntesten und am meisten gehassten Gegnern der Reformation wurde er aber nicht durch seine gelehrten Abhandlungen und Disputationen, sondern vor allem dadurch, dass er sich ab März 1520 vier Monate lang in Rom aufhielt, um den Papst auf die von Luther ausgehende Gefahr aufmerksam zu machen und ihn zu einem entschiedenen Vorgehen zu veranlassen. Gemeinsam mit dem päpstlichen Diplomaten →Aleander verfasste Eck die Bulle *Exsurge Domine*, die viele Aussagen Luthers als häretisch verurteilte, die Verbrennung seiner Schriften anordnete und dem Reformator mit dem Kirchenbann drohte, wenn er nicht innerhalb von 60 Tagen widerriefe. Die Bulle wurde im Juni 1520 veröffentlicht.

Trotz seines unermüdlichen Kampfes gegen Luther und dessen Glaubensanhänger war Eck keineswegs blind für die Missstände in der Kirche, die von der Reformation gegeißelt wurden. In seinen Denkschriften zur deutschen Kirchenreform, die er im Auftrag der Päpste →Hadrian VI. und →Clemens VII. verfasste, kritisierte er freimütig die Übel wie das Ablasswesen und die allgemeine Vernachlässigung der Volksseelsorge. Wie sehr ihm Letzteres am Herzen lag, zeigte sich daran, dass er neben seinen übrigen Pflichten jahrelang bis zu 15 Mal im Monat in den Ingolstädter Kirchen predigte. Überdies veröffentlichte er fünf Bände mit Predigten zum Kirchenjahr, zu den Festen der Heiligen, über die Sakramente und die Zehn Gebote. Seine 1525 veröffentlichte Schrift *Enchiridion* – ein Handbuch der Glaubensirrtümer und eine Art Gegenstück zu →Melanchthons *Loci communes* von 1521 – wurde zu einem der wichtigsten katholischen Grundlagentexte des Jahrhunderts und erlebte mehrere Dutzend Auflagen.

In die Schweizer Religionskämpfe griff Eck ein, indem er 1526 bei der Badener Disputation die katholische Abendmahlslehre verteidigte. Zum Augsburger Reichstag von 1530 legte er in den *404 Artikeln* eine Sammlung der lutherischen Irrtümer vor, gleichzeitig war er maßgeblich an der *Confutatio* beteiligt, einer gegen das Augsburger Bekenntnis gerichteten

»Widerlegung«. Auch an den Religionsgesprächen in Hagenau (1540) und Worms (1540/41) war er unter den katholischen Wortführern. Ob Eck tatsächlich trunksüchtig war, wie manche überliefern, ist umstritten. Der streitbare Theologe starb – körperlich erschöpft und schwer erkrankt – mit 56 Jahren.

Familiäres: Johannes Eck hieß eigentlich Johannes Maier bzw. Johann Mayr, aber nach Art der Humanisten benannte er sich nach seinem Geburtsort Eckius bzw. Eck.

Orte: Heidelberg, Köln, Freiburg, Ingolstadt.

Zitat: »Die Kinder werden nicht erwählt wegen des Guten, das sie einmal tun werden.«

Wichtiges Werk: *Enchiridion locorum communium adversus Ludderanos* (Handbuch der Glaubensirrtümer), 1525.

Zum Weiterlesen: Jürgen Bärsch, Konstantin Maier (Hrsg.): Johannes Eck. Scholastiker – Humanist – Kontroverstheologe, Regensburg 2014.

Paul von Eitzen

* 25. Januar 1521 in Hamburg
† 25. Februar 1598 in Schleswig

Norddeutscher lutherischer Theologe

Paul von Eitzen studierte seit 1538 in Wittenberg, wo er sich der Gruppe um → Philipp Melanchthon anschloss. Ab 1547 lehrte er an der Universität Rostock. 1549 ging er nach Hamburg, wo er als Pastor am Dom wirkte und 1555 Superintendent wurde. Ein Jahr später promovierte er in Wittenberg zum Doktor der Theologie. Die theologischen Auseinandersetzungen seiner Zeit hielt er für schädlich für die Kirche und bemühte sich um einen Ausgleich. So ließ er die Hamburger Pastoren gleich fünf Bekenntnisschriften unterschreiben. Dennoch war der Streit nicht zu stoppen. Er gab seine Stelle auf und wurde 1562 Superintendent in Schleswig und 1564 Generalsuperintendent von Schleswig-Holstein. Von Eitzen war ein Gegner Jakob Andreäs und der Konkordienformel, die deshalb in

Schleswig-Holstein nicht eingeführt wurde. 1598 starb Paul von Eitzen in Schleswig.

Orte: Rostock, Hamburg, Schleswig.

Wichtiges Werk: *Ethicae doctrinae libri II*, 1572.

Zum Weiterlesen: Ernst Feddersen: Paul von Eitzen, der erste schleswiger General-Superintendent, Kiel 1919.

Auch das noch: Nach seinem Tod behauptete eine in Leiden gedruckte Schrift, Paul von Eitzen sei in Hamburg 1542 dem Ewigen Juden Ahasver begegnet. Diese Überlieferung verarbeitete Stefan Heym in seinem Roman *Ahasver* (1981) literarisch. Im Roman kommt von Eitzen allerdings nicht sonderlich gut weg: Er wird als scheinheiliger und karrieresüchtiger Charakter dargestellt, den letztlich der Teufel holt.

Francisco de Enzinas

* um 1520 in Burgos

† 30. Dezember 1552 in Straßburg

Humanist, übersetzte als Erster das Neue Testament aus dem Griechischen ins Spanische

Francisco de Enzinas wurde um 1520 als Sohn eines reichen Kaufmanns in Burgos geboren. Durch verwandtschaftliche Beziehungen kam er schon früh in die Niederlande. In Löwen begann er 1539 ein Studium und lernte die Schriften des → Erasmus von Rotterdam und → Martin Luthers kennen. 1541 wechselte er an die Universität Wittenberg, wo er bei → Philipp Melanchthon Griechisch studierte und auch bei ihm wohnte. Hier übersetzte er das Neue Testament aus dem Griechischen ins Spanische. Um die Übersetzung drucken zu lassen, reiste er 1542 in die Niederlande. 1543 erschien seine Übersetzung in Antwerpen. Nachdem er Kaiser → Karl V. persönlich ein Exemplar überreicht hatte, wurde er vom kaiserlichen Beichtvater festgenommen, der ihn in ein Brüsseler Gefängnis werfen ließ. 1545 gelang ihm die Flucht. Er ging zunächst nach Antwerpen, dann zurück zu Melanchthon nach Wittenberg. Dort hielt er seine Erlebnisse in den Niederlanden schriftlich fest (*Historia de statu Belgico et religione Hispanica*).

Francisco de Enzinas und seine Familie wurden mit der Todesstrafe bzw. dem Bann bedroht, sollte de Enzinas sich nicht zurück in Haft begeben. Von da an war de Enzinas ständig unterwegs. In Straßburg besuchte er → Martin Bucer, in Zürich → Heinrich Bullinger, in Konstanz → Ambrosius Blarer. Dann schrieb er sich an der Universität in Basel ein. Nachdem sein Bruder Diego in Rom als Ketzer verbrannt worden war, floh de Enzinas nach Straßburg und erhielt kurz darauf eine Professur an der Cambridge Universität in England. Nach nur einem Jahr in Cambridge kehrte er nach Straßburg zurück, wo er einen Verlag gründete, um seine inzwischen entstandenen Schriften drucken zu lassen.

Francisco de Enzinas und seine Frau Margarethe starben 1552 bzw. 1553 in Straßburg an der Pest. Sie hinterließen zwei kleine Töchter.

Familiäres: 1548 heiratete Francisco de Enzinas in Straßburg Margarethe Elter. Das Paar bekam zwei Töchter.

Orte: Antwerpen, Wittenberg, Basel, Straßburg.

Wichtiges Werk: *El Nuevo Testamento de nuestro Redemptor y Salvador Jesu Christo*, Antwerpen 1543.

Gabriel von Eyb

* 1455 in Arberg

† 1535 in Eichstätt

Diözesan- und Fürstbischof von Eichstätt

Gabriel von Eyb kam als dritter Sohn von Ludwig von Eyb dem Älteren, einem Juristen und Diplomaten, auf Schloss Arberg zur Welt. Seine Familie entstammte einem alten fränkischen Adelsgeschlecht. Er wurde schon 1460 Domkanoniker in Eichstätt, etwas später in Bamberg und Würzburg. Mit 16 Jahren ging er nach Erfurt und begann mit dem Studium. Vier Jahre später wechselte er nach Ingolstadt und widmete sich den Rechtswissenschaften. Im italienischen Pavia promovierte er 1485. Zurückgekehrt nach Deutschland, begab er sich in den Dienst des Eichstätter Fürstbischofs Wilhelm von Reichenau. Als dieser 1496 starb, wurde Gabriel von Eyb zu seinem Nachfolger gewählt.

1510 machte der Fürstbischof als Kanzler der Universität von Ingolstadt den Theologen →Johannes Eck zum Vizekanzler. Eck hatte 1517 die Thesen von →Martin Luther kritisiert. Von Gabriel von Eyb bekam er den Auftrag, seine Kritik schriftlich abzufassen, woraufhin er ihm die *18 Adnotationes* mit Kommentar zu einigen der Thesen sandte. Unter seinem Einfluss wurde Gabriel von Eyb zu einem entschiedenen Gegner Luthers. Als Eck 1520 aus Rom die päpstliche Bannandrohungsbulle *Exsurge domine* mitbrachte, war von Eyb der erste deutsche Bischof, der ihre Botschaft öffentlich verkündete. Doch der Fürstbischof konnte nicht verhindern, dass er durch die Glaubensspaltung fast den ganzen fränkischen Teil seiner Diözese an die Protestanten verlor.

Gabriel, der als einer der gebildetsten Bischöfe seiner Zeit galt, war auch ein Förderer der Künste. Er entwickelte eine rege Bautätigkeit und vergab zahlreiche Aufträge an Künstler, unter ihnen →Hans Holbein der Ältere, →Lukas Cranach und Loy Hering. Mit 80 Jahren starb er auf der Willibaldsburg in Eichstätt.

Familiäres: Sein Onkel und Förderer war der Humanist Albrecht von Eyb. Ein Vetter von ihm, Bernhard Adelmann von Adelmannsfelden, war mit Martin Luther befreundet.

Ort: Eichstätt.

Zum Weiterlesen: Alfred Wendehorst: Das Bistum Eichstätt. Band 1: Die Bischofsreihe bis 1535, Berlin 2006.

Paul Fagius

Paul Büchlin

* 1504 in Rheinzabern
† 13. November 1549 in Cambridge

Hebraist und Theologe

Paul Fagius wurde 1504 als Sohn eines Lehrers und Stadtschreibers in Rheinzabern geboren. 1515 schrieb er sich an der Universität Heidelberg ein und nahm 1518 an → Martin Luthers Heidelberger Disputation teil. 1522 ging Fagius nach Straßburg, wo er sein Studium fortsetzte und bei → Wolfgang Capito Hebräisch lernte und sich auch mit → Martin Bucer und → Matthäus Zell anfreundete. Für eine Weile zog er als Lehrer nach Isny im Allgäu, wo er 1527 Schulrektor wurde, kehrte aber 1535 an die Universität Straßburg zurück, um Theologie zu studieren. Nach Abschluss des Studiums ging er als Prediger nach Isny zurück. Dort traf er auf den gelehrten Juden Elias Levita, bei dem er seine hebräischen Sprachkenntnisse erfolgreich erweiterte und zusammen mit seinem Freund, dem Ratsherrn Peter Buffler, eine hebräische Druckerei gründete. Hier wurden seine eigenen Werke und die Werke Elias Levitas gedruckt, im Jahr 1542 unter anderem das altjiddisch-hebräisch-lateinisch-deutsche Wörterbuch *Shemot Devarim*.

Nach dem Tod Johannes Zwicks ging Fagius 1543 nach Konstanz, wo er zur Umstrukturierung des Kirchenwesens beitrug.

Ein Jahr später wurde er Wolfgang Capitos Nachfolger als Prediger in Straßburg und Professor für Altes Testament an der dortigen Universität. 1546 schickte ihn Kurfürst Friedrich II. von der Pfalz an die Universität Heidelberg. Mit der geplanten Reform der Universität hatte Fagius jedoch wegen starker Gegenwehr keinen Erfolg und so kehrte er nach Straßburg zurück.

Die beginnende Gegenreformation ließ ihm allerdings auch dort keine Ruhe. Als Gegner des Augsburger Interims von 1548 musste er die Universität verlassen und floh 1549 zusammen mit → Martin Bucer nach England, wo er eine Stelle als Professor für hebräische Philologie und Exegese des Alten Testaments an der Universität Cambridge annehmen sollte.

Den Dienst dort konnte er allerdings nicht mehr antreten, denn schon im November 1549 starb Paul Fagius in Cambridge an einer fiebrigen Erkrankung. Im Zuge der Gegenreformation in England exhumierte man 1556 seine Gebeine, verurteilte Fagius nachträglich zum Tod auf dem Scheiterhaufen und verbrannte seine Überreste öffentlich.

Familiäres: Verheiratet war Paul Fagius mit Agnes Buchbaum aus Isny.

Orte: Straßburg, Isny, Konstanz, Cambridge.

Wichtiges Werk: *Precationes hebraicae* (Jüdische Tischgebete), 1542.

Zitat über ihn: Ein »langer, ernsthafter und doch dabey freundlicher Mann von schwartzlichtem Angesicht«. (Zeitgenosse)

Zum Weiterlesen: Richard Raubenheimer: Paul Fagius aus Rheinzabern: Sein Leben und Wirken als Reformator und Gelehrter, Grünstadt 1957.

Auch das noch: An der Universitätskapelle in Cambridge befindet sich eine Gedenktafel für Paul Fagius mit einem kurz nach seinem Tod angefertigten Bildnis. Darunter steht zu lesen: »Frage nicht, wer ich gewesen bin: Geist und Glauben, Leben und Sterben hatt' ich mit Butzer gemein.«

Guillaume Farel

*1489 in Les Farelles
† 13. September 1565 in Neuchâtel

Schweizer Reformator und Mitstreiter Calvins

Wie →Johannes Calvin kam Guillaume Farel während des Studiums in Paris in Kontakt mit evangelischen Gedanken. Begeistert nahm er sie auf und wagte sich trotz der Protestantenverfolgungen durch König →Franz I. in die Öffentlichkeit. Als 1521 →Luthers Schriften verbrannt wurden, floh er und zog durch mehrere französische und Schweizer Städte. In Neuchâtel (Neuenburg) ließ er sich nieder; die Stadt hatte 1530 die Reformation durchgeführt. Farels romkritische Predigten waren so mitreißend, dass einmal die Zuhörer im Anschluss daran sämtliche Bilder und Kruzifixe der Kathedrale zerstörten. 1533 ging Farel nach Genf; als Calvin 1536 auf Durchreise war, bedrängte Farel ihn, zu bleiben. Mit Erfolg: Calvin und Farel wurden die Motoren der Genfer Kirchenneuordnung. Farel erwies sich als noch eifernder und rigoroser als Calvin und machte sich daher in Genf viele Feinde. Beim Prozess gegen →Michael Servet versuchte er, den Angeklagten zum Widerruf seiner vermeintlichen Ketzereien zu bringen – erfolglos. In seinen letzten Lebensjahren missionierte Farel in vielen französischen Städten.

Orte: Paris, Neuenburg, Basel, Straßburg, Genf.

Zitat: »Möchte doch die Heilige Schrift für die Kirche die alleinige Autorität sein, die Heilige Schrift ohne menschliche Zusätze und Abkürzungen, ohne Abschwächung und Vermengung.«

Zitat über ihn: »Da spannte dann Farel in dem verzehrenden Eifer um die Ausbreitung des Evangeliums, der ihn immer auszeichnete, alle seine Kräfte an, mich zurückzuhalten.« (Johannes Calvin über seine erste Begegnung mit Farel 1536)

Zum Weiterlesen: Willem van't Spijker: Calvin, Göttingen 2001.

Auch das noch: Farel wird im Genfer Reformationsdenkmal gewürdigt, wo er neben Calvin zu sehen ist.

Hille Feicken

*ca. 1493 in Wirdum
†1534 Bervergern

Gemeinsam mit ihrem Mann hatte sie sich in ihrer niederländischen Heimat zum evangelischen Glauben bekehrt und ihr gesamtes Hab und Gut den Armen geschenkt.

Anfang 1534 war sie ihrem Mann nach Münster gefolgt und hoffte auf die endzeitlichen Verheißungen des dortigen Täuferreichs. Tatkräftig half sie zusammen mit anderen Frauen bei der Befestigung der Stadt und ersann einen Plan, wie die gegnerischen Truppen geschwächt werden könnten. Ihr Vorbild: Judith, jene hübsche Witwe, die in einer Geschichte des Alten Testaments den Feindeshauptmann Holofernes erst betört und dann ermordet (Judit 10). Genau so könnte sie, Hille Feicken, es doch tun!

Euphorisch unterrichtete sie die Führer des Täuferreiches von ihrer Idee; ob diese sie unterstützt haben, ist nicht bekannt, in jedem Fall redeten sie ihr das Vorhaben nicht aus.

Also stand Hille Feicken eines Tages im Jahr 1534 hübsch aufgemacht vor dem Lager des Fürstbischofs → Franz von Waldeck in Telgte und stellte sich als abtrünnige Täuferin aus Münster vor; sie wolle nun die Seiten wechseln und könnte dem Bischof wichtige Interna aus der Täuferhauptstadt erzählen.

Was sie nicht wusste: Ihr Plan war von einem echten Überläufer verraten worden. Die Wache des Bischofs nahm Hille Feicken sofort fest. Verhöre und Folterungen folgten, dann wurde sie enthauptet.

Zum Weiterlesen: Marion Kobelt-Groch: Aufsässige Töchter Gottes. Frauen im Bauernkrieg und in den Täuferbewegungen, Frankfurt / New York 1993.

Auch das noch: Unklar ist, wie Hille Feicken den Bischof umbringen wollte. Der Legende nach hatte sie ein vergiftetes Hemd an.

Matthias Flacius

* 03. März 1520 in Albona
† 11. März 1575 in Frankfurt a. M.

Streitbarer Lutheraner

Eigentlich wollte der in Venedig humanistisch gebildete Flacius Franziskanermönch werden. Doch deren Ordensoberer, ein Onkel des Flacius', schwärmte ihm von → Luthers Lehren vor und schickte ihn nach Wittenberg. Seine Reise führte ihn also 1539 über Basel und Tübingen in die Lutherstadt, wo er ab 1541 bei eben diesem und → Philipp Melanchthon studierte. Von 1545 bis 1549 lehrte er Hebräisch und erwarb nebenbei den Magistergrad. 1546 trat er der philosophischen Fakultät bei. Nach Inkrafttreten des Augsburger Interims verfasste Flacius mehrere Streitschriften gegen Melanchthon, den Verfasser der Leipziger Artikel. Mit → Kaspar Schwenckfeld stritt er über den Stellenwert der Bibel. Außerdem verfasste er historische Schriften.

1557 wurde er Professor und später Superintendent an der streng lutherischen Universität in Jena. Mit seinen Kollegen kämpfte er gegen die Vorstellung von einer Mitwirkung des menschlichen Willens an der Rechtfertigung. Als Viktorin

Strigel, ein Vertreter dieser Einstellung, an die Jenaer Universität kam, sorgte Flacius für dessen Verhaftung, konnte aber keine Verurteilung erreichen.

1561 musste Flacius seine Stelle in Jena verlassen und floh über Regensburg und Antwerpen nach Straßburg, wo es wieder zu heftigen Auseinandersetzungen kam und er der Stadt verwiesen wurde. Wegen seiner Überzeugung, die Erbsünde gehöre zum menschlichen Wesen, wurde er nun auch von anderen Gnesiolutheranern angegriffen und fand bis zu seinem Tod keine feste Bleibe mehr. Matthias Flacius starb 1557 in Frankfurt a. M.

Familiäres: 1545 heiratete Matthias Flacius seine erste Frau Elisabeth Fraust, mit ihr bekam er 12 Kinder. Nach dem Tod seiner ersten Frau heiratete er 1564 Magdalena Ilbeck, das Paar bekam sechs Kinder.

Orte: Basel, Tübingen, Wittenberg, Köln, Regensburg, Antwerpen, Straßburg.

Wichtiges Werk: *Catalogus testium veritatis, qui ante nostram aetatem reclamarunt Papae*, 1556.

Zitat über ihn: »Ein Mann von entschiedener Tapferkeit und unbesiegbarer Geisteskraft, von starkem Willen und reichem Wissen, von einer Scharfsinnigkeit, die selten zu finden ist. Seine allumfassenden Anschauungen und sein unternehmerischer Geist zeichnen ihn vor anderen aus.« (Wilhelm Preger, 1878)

Zum Weiterlesen: Martina Hartmann: Humanismus und Kirchenkritik. Matthias Flacius als Erforscher des Mittelalters, Stuttgart 2001.

Sebastian Franck

* 20. Januar 1499 in Donauwörth
† 1542 oder 1543 in Basel

Theologe, Publizist und mystischer Schriftsteller

Sebastian Franck wurde 1499 als Sohn eines Feinwebers in Donauwörth geboren. In Ingolstadt und Heidelberg studierte er Theologie. Anschließend wirkte er als Priester im Bistum Augsburg. Von → Luthers Lehren begeistert, schloss er sich der protestantischen Bewegung an und wirkte in diesem Sinn 1526 als Pfarrer in Büchenbach bei Nürnberg und ein Jahr später in Gustenfeld. Als zunächst überzeugter Lutheraner gab er eine Schrift Andreas Althammers heraus, die er mit einem Vorwort versah.

1528 zog er nach Nürnberg. 1529 ging er nach Straßburg, wo er mit Vertretern der entstehenden Täuferbewegung, mit Spiritualisten und anderen Freigeistern in Kontakt kam, unter anderen mit → Kaspar Schwenckfeld und → Michael Servet. Hier verfasste er zudem die *Chronika*, in deren Abschnitt über Ketzer er → Erasmus von Rotterdam aufführte, woraufhin der Klage erhob, Franck 1531 aus Straßburg vertreiben und die Verbreitung seiner Chronik verbieten ließ.

Im Lauf der Zeit sagte er sich von konfessionellen Grenzen immer mehr los, lehnte Dogmen aller Art und vor allem Streitigkeiten darüber ab. So heißt es in seinem Lied »*Von vier zwieträchtigen Kirchen, deren jede die andere verhasset und verdammet*«: »*Ich will und mag nit Bäpstlich sein. Ich will und mag nit Lutherisch sein. Ich will und mag nit Zwinglisch sein. Kein Wiedertäufer will ich sein.*« Dennoch stand er den Täufern noch am nächsten und meinte, sie seien »näher bei Gott denn ander all drei Haufen«. An Stelle der verhassten Dogmen stand für ihn das innerliche Wirken des Heiligen Geistes. Luthers Rechtfertigungslehre lehnte er ab, weil sie zur Untätigkeit und allerlei Lastern führe, da Christus dieser Lehre gemäß ja schon alles für uns erwirkt habe. Nur wer sich nachahmend auf Christus einlasse, könne bei sich und in der Welt etwas bewegen, betonte er. Sakramente oder konfessionelle Spitzfindigkeiten seien dagegen unwesentlich auf dem Weg zum Heil.

Franck ging nach Esslingen und arbeitete für eine Weile als Seifensieder, bis er 1533 nach Ulm zog, wo er als Verleger und Buchdrucker wirkte und 1534 das Bürgerrecht bekam. Doch seine Gegner, zu denen auch →Philipp Melanchthon, →Martin Bucer und Landgraf→Philipp von Hessen gehörten, gaben nicht auf und so wurde Franck 1539 zusammen mit →Kaspar Schwenckfeld auch aus Ulm vertrieben und ein Jahr darauf bei einem Konvent in Schmalkalden als Spiritualist verdammt. Franck kam in Heilbronn und dann in Basel unter, wo er als Drucker und Verleger tätig war. Er starb wenige Jahre später in Basel. Sebastian Franck war einer der meistgelesenen Autoren seiner Zeit. Seine Gedanken prägten den Spiritualismus des 16. und des 17. Jahrhunderts wesentlich mit.

Familiäres: Am 17. März 1528 heiratete Sebastian Franck Ottilie Behaim in Nürnberg.

Orte: Büchenbach, Gustenfeld, Nürnberg, Straßburg, Esslingen, Ulm, Basel.

Zitat: »Ich will und mag nit Bäpstlich sein. Ich will und mag nit Lutherisch sein. Ich will und mag nit Zwinglisch sein. Kein Wiedertäufer will ich sein.«

Wichtiges Werk: *Chronika, Zeitbuch und Geschichtbibel mit Ketzerchronik*, 1531.

Zum Weiterlesen: Will-Erich Peuckert: Sebastian Franck. Ein deutscher Sucher, München 1943.

Auch das noch: Der Schriftsteller Hans Franck verfasste 1950 einen Roman über Sebastian Franck: Sebastian. Gottsucher-Roman, Gütersloh 1950.

Franz I.

* 12. September 1494 auf Burg Cognac
† 31. März 1547 in Rambouillet

Renaissancekönig von Frankreich

1515 wurde er zum französischen König gewählt – und schaffte es durch geschickte Diplomatie, seine Macht auch im Gegenüber zu Kaiser → Karl V. zu festigen. Er schloss ein Konkordat mit dem Papst, das ihm weitreichende Zugriffsrechte auf die französische Kirche verlieh. Dass er protestantische Bestrebungen im Keim ersticken wollte, hat wohl weniger theologische als politische Gründe, zumal er der Reformation in Deutschland aus machtpolitischen Gründen eher wohlwollend gegenüberstand. Mit seiner bildungsbeflissenen Schwester → Margarethe von Navarra verband ihn die große Liebe zum humanistischen Gedankengut.

Familiäres: Franz I. pflegte mehrere Liebschaften, unter anderem mit Maria Boleyn, der Schwester der Frau des englischen Königs Heinrich VIII.

Zitat: »Die ganze verfluchte lutherische Sekte soll aus unserem Königreich ausgerottet werden.«

Zum Weiterlesen: Gerd Treffer: *Franz I. von Frankreich, Herrscher und Mäzen.* Regensburg 1993.

Friedrich der Weise

* 17. Januar 1463 in Torgau
† 5. Mai 1525 in Lochau

Kurfürst von Sachsen, Beschützer → Luthers

Friedrich III. war 23 Jahre alt, als er 1486 gemeinsam mit seinem jüngeren Bruder die Regierungsverantwortung im Kurfürstentum Sachsen übernahm. Infolge der erst ein Jahr zuvor vollzogenen »Leipziger Teilung« des Hauses Wettin in die Linien der Ernestiner und Albertiner war der kurfürstliche Territorialbesitz stark zersplittert, aber durch verschiedene Einkünfte recht einträglich.

Friedrich III. war einer der ranghöchsten Fürsten im Reich, dennoch hatte er nicht das typische Naturell eines Herrschers; als umseitig gebildeter Landesvater korrespondierte er lieber mit Gelehrten und Künstlern wie → Erasmus von Rotterdam und → Albrecht Dürer. 1502 gründete er die Universität von Wittenberg, die später durch → Martin Luther und → Philipp Melanchthon zum geistigen Zentrum der Reformation in Deutschland werden sollte. 1507 wurde er zum Generalstatthalter des Reiches ernannt, doch nach dem Tod Kaiser → Maximilians I. 1519 verzichtete er trotz guter Aussichten auf die Kandidatur für die Kaiserkrone und unterstützte → Karl V.

Obwohl Friedrich sich nie offen zur Reformation bekannte und sogar mit großer Leidenschaft die von Luther verachteten Reliquien sammelte, setzte er sich doch für den Reformator ein; anfangs möglicherweise nur, weil er ein Landeskind war, später aber auch, weil er dessen Schriften schätzte. 1521 vermittelte er dem Wittenberger Kirchenkritiker das freie Geleit zum Reichstag in Worms und ließ ihn anschließend auf der

Wartburg bei Eisenach verstecken, um ihn vor den Folgen des Wormser Ediktes zu schützen. Dennoch ist Friedrich III. nie mit Luther zusammengetroffen, auch blieb er bis an sein Lebensende der römisch-katholischen Kirche treu.

Familiäres: Friedrich der Weise war der Schwager von Johann I., dem König von Dänemark, Norwegen und Schweden, den seine zwei Jahre ältere Schwester Christina 1478 geheiratet hatte; er selbst war nie vermählt.

Orte: Torgau, Kurfürstentum Sachsen.

Zum Weiterlesen: Ingetraut Ludolphy: Friedrich der Weise, Kurfürst von Sachsen 1463–1525, Leipzig 2007.

Auch das noch: Der Gedenktag Friedrichs des Weisen im Evangelischen Namenkalender ist der 6. Mai.

Christoph Froschauer

* um 1490 wahrscheinlich in Kastl
† 01. April 1564 in Zürich

Buchdrucker, publizierte die Zürcher Bibel

Christoph Froschauer lernte das Druckerhandwerk bei seinem Onkel Hans in Augsburg. 1515 zog er nach Zürich. Hier gründete er als Angestellter Hans Rüeggers eine Druckerei. Nach dessen Tod heiratete er dessen Witwe und bekam 1519 das Bürgerrecht. Nun war er selbst Eigentümer der Druckerei und druckte unter anderem Schriften der Stadt Zürich, deutsche Ausgaben der Werke → Erasmus von Rotterdams, → Martin Luthers und → Ulrich Zwinglis, darunter 1524 das Neue Testament in Luthers Übersetzung, ein Jahr darauf das Alte Testament. 1530 ging die von → Hans Holbein d. J. reich illustrierte Zürcher Bibel in Druck, an deren Übersetzung neben Zwingli vor allem → Leo Jud mitgearbeitet hatte.

Das sogenannte »Züricher Wurstessen«, bei dem auch Zwingli anwesend war – er aß allerdings keine Wurst –, fand 1522 in Froschauers Haus statt. Reformatorisch gesinnte Bürger und Geistliche der Stadt verstießen dabei demonstrativ gegen die Fastengebote. Daraufhin setzte der Rat der Stadt (als weltliche Behörde!) eine Untersuchung über das Geschehen an. Zwingli nahm in einer Predigt Stellung zur Streitfrage. Unter dem Titel *Vom Erkiesen und Fryheit der Spysen* wurde sie umgehend bei Froschauer gedruckt. Letztlich entschied der Rat, nur noch dem zu folgen, was in der Bibel zum Thema geschrieben sei, ein Jahr darauf wurden die Fastengebote aufgehoben. Eine der wichtigsten Forderungen der Reformation, die Orientierung an der Schrift, hatte sich durchgesetzt.

Christoph Froschauer starb 1564 in Zürich an der Pest. Sein Neffe Christoph Froschauer d. J. übernahm die Druckerei.

Familiäres: Christoph Froschauer war zweimal verheiratet. Zunächst mit Elise Rüegger-Zimmermann, nach deren Tod mit Dorothea Locher. Beide Ehen blieben kinderlos.

Ort: Zürich.

Wichtiges Werk: Die gantze Bibel der ursprünglichen ebraischen und griechischen Waarheyt nach auffs aller treüwlichest verteütschet, gedruckt von Christoph Froschauer, 1531.

Zum Weiterlesen: Paul Leemann van Elck: Die Offizin Froschauer. Zürichs berühmte Druckerei im 16. Jahrhundert. Ein Beitrag zur Geschichte der Buchdruckerkunst anlässlich der Halbjahrtausendfeier ihrer Erfindung, Zürich 1940.

Sebastian Fröschel

* 24. Februar 1497 in Amberg
† 20. Dezember 1570 in Wittenberg

Volksnaher Wittenberger Theologe

Sebastian Fröschel entstammte einer Amberger Bürgerfamilie. 1514 begann er ein Studium an der Universität Leipzig, das er 1519 mit dem Magister Artium abschloss. Im gleichen Jahr erlebte er die Leipziger Disputation zwischen → Martin Luther und → Johannes Eck mit. Schnell begeisterte er sich für die Gedanken der Reformation. Nachdem er 1521 zum Priester geweiht worden war, stieß er dieser Haltung wegen immer wieder auf Kritik, sodass er 1522 nach Wittenberg zog. Dort schloss er sich dem Kreis um Luther an und wirkte unter anderem an Luthers Gottesdienstreform mit. 1523 wurde er von seinen Leipziger Freunden gebeten, in ihrer Stadt zu predigen. Doch als ihm vor der zweiten Predigt die Kirchentür nicht mehr geöffnet wurde und es deshalb zu Unruhen kam, ließ Herzog Georg von Sachsen ihn verhaften und des Landes verweisen, da er sich in der Wittenberger »Ketzergrube voll Gift gesogen« habe »und zur Kröte geworden« sei, die die Kirchen und Schulen Leipzigs habe vergiften wollen.

Fröschel ging zunächst nach Halle und kehrte 1525 nach Wittenberg zurück. Hier war er seit 1528 unter anderem zusammen mit → Johannes Bugenhagen als dritter Diakon und beliebter Prediger und Seelsorger an der Stadtkirche tätig. Er wirkte weniger durch theologische Eigenständigkeit als durch die volksnahe Sprache seiner Predigten und durch praktisches Tun. Die theologischen Grundlagen für seine Predigten lieferte ihm jahrelang → Philipp Melanchthon, manchmal sogar so ausgearbeitet, dass Fröschels Predigten über das Matthäusevangelium zu den Werken Melanchthons gezählt werden.

1542 wurde er Archidiakon. Obwohl Luther den zuweilen wohl etwas oberflächlichen Predigten Fröschels auch kritisch gegenüberstand, verkehrte Fröschel oft in Luthers Haus, und Luther setzte ihn gelegentlich sogar als Vertreter ein. Sebastian Fröschel starb 1570 in Wittenberg.

Orte: Leipzig, Wittenberg.

Zitat: Er wirft den Predigern vor, dass sie ihre Predigten zu komplex hielten und »darauf denn das arme, gemeine, ungelehrte Volk der Laien, von Bürgern und Bürgerinnen, so verstutzt waren, dass sie nicht wussten, was sie tun sollten«.

Wichtiges Werk: *Vom Königreich Christi*, 1566.

Prista Frühbottin

* um 1490 in Wittenberg
† 29.06.1540 in Wittenberg

Als Hexe verurteilte Wittenbergerin

Prista Frühbottin lebte in Wittenberg. Da ihre Familie Kontakte zum Scharfrichter, zu Abdeckern und anderen gesellschaftlich am Rand stehenden Personen pflegte, ließen böse Gerüchte nicht lange auf sich warten. Ihr jüngster Sohn Klaus stand schon 1526 unschuldig vor Gericht. Während des Dürrejahres 1540 war →Lucas Cranach d. Ä. Bürgermeister von Wittenberg. Der heiße Sommer brachte Wassermangel und Brände mit sich, die Felder vertrockneten und das Vieh starb. Wie überall im Land suchte man auch in Wittenberg nach Schuldigen für die Katastrophe. Prista Frühbottin und ihre Söhne wurden beschuldigt, ein Zauberpulver auf die Weiden gestreut zu haben, um das Vieh zu vergiften und es dann enthäuten zu können. Die inzwischen fünfzigjährige Prista und ihr Sohn Dictus flohen nach Belzig, wurden dort aber gefangen genommen und nach Wittenberg zurückgebracht, wo ihnen unter dem Stadtrichter Ambrosius Reuther der Prozess gemacht wurde. Man befand sie für schuldig. Am 29. Juni 1540 wurden sie zusammen mit zwei weiteren Personen auf besonders grausame Weise hingerichtet: An einen Pfahl gebunden ließ man ihre Körper im Feuer nicht gleich verbrennen, sondern langsam rösten.

Ein weiterer Sohn, Peter Frühbott, wurde wenige Tage später in Zerbst aufgegriffen und dort ebenfalls hingerichtet, der jüngste Sohn Klaus wurde des Landes verwiesen.

Martin Luther hatte in Wittenberg die Hatz auf vermeintliche Hexen und »Zauberer« angefacht. 1526 predigte er in Wittenberg: »Es ist ein überaus gerechtes Gesetz, dass die Zauberinnen getötet werden, denn sie richten viel Schaden an, was bisweilen ignoriert wird ... Wenn du solche Frauen siehst: Sie haben teuflische Gestalten, ich habe einige gesehen. Deswegen sind sie zu töten.« Auch die mit Luther befreundete Bürgermeisterfamilie Cranach befürwortete den Prozess gegen Prista Frühbottin.

Familiäres: Prista Frühbottin hatte mehrere Kinder. Drei ihrer Söhne wurden ebenfalls der Hexerei angeklagt, zwei wurden hingerichtet.

Ort: Wittenberg.

Zitat über sie: »Das Weib, welches mit dem Teufel gebuhlet etliche Jahre, Zauberei getrieben, Wetter gemacht und aufgehalten und zu vieler armer Leute Schaden vergiftetes Pulver gemacht, auch dasselbige andere zu machen gelehret damit allerlei Viehweide durch sie und ihre drei Mithelfer vergiftet, dadurch eine Menge Viehes von Ochsen, Kühen, Schweinen etc. an vielen Orten niedergefällt, welche sie danach geschunden und abgedeckt durch ihren boshaftigen, verzweifelten Geiz um eines kleinen Nutz willen.« (Bildunterschrift zu einem Holzschnitt Cranachs des Jüngeren, der die Hinrichtung Prista Frühbottins zeigt)

Zum Weiterlesen: Monika Lücke, Dietrich Lücke: Ihrer Zauberei halber verbrannt. Hexenverfolgungen in der Frühen Neuzeit auf dem Gebiet Sachsen-Anhalts, Halle/Saale 2011.

Auch das noch: Der Rat der Lutherstadt Wittenberg hat am 30. Oktober 2013 eine sozialethische Rehabilitation der Opfer der Hexenverfolgung ausgesprochen.

Jakob Fugger

* 6. März 1459 in Augsburg
† 30. Dezember 1525 in Augsburg

Mächtiger Kaufmann und Bankier

Jakob Fugger erblickte 1459 als Spross einer bedeutenden Kaufmannsfamilie in Augsburg das Licht der Welt. Schon seine Vorfahren hatten es mit Webwaren zu hohem Ansehen gebracht und den Grundstock für das spätere Vermögen gelegt, das Jakob zum reichsten Mann Europas machte und ihm den Beinamen »der Reiche« eintrug. Als er 1473 als 14-Jähriger von der Familie nach Venedig geschickt wurde, um dort im Haus der deutschen Kaufleute sein Wissen zu mehren, führten sein Vater und sein älterer Bruder Ulrich in der Heimat bereits einen Großbetrieb. Doch Jakob Fugger erkannte die Zeichen des Umbruchs. Geld wurde als Machtinstrument immer wichtiger. Nach heutigen Maßstäben war er der erste *Global Player* der Geschichte. Er investierte überall, wo eine gute Rendite lockte. Dazu gehörten der Abbau von und der internationale Handel mit Edelmetallen ebenso wie Waren- und Bankgeschäfte. Dabei halfen ihm seine guten Beziehungen zum Hause Habsburg über manche Hürde hinweg. Abbaurechte sicherte er sich wie ein moderner Finanzjongleur gegen großzügige Kredite. Die hatten viele Adelige bitter nötig, um ihren Lebensstandard aufrechterhalten oder auch um kriegerische Auseinandersetzungen finanzieren zu können. Dabei war Jakob Fugger durchaus klar, dass ein Teil dieser Kredite niemals würde zurückgezahlt werden können. Aber er war nicht kleinlich. Er nahm auch Ländereien, ganze Grafschaften oder Privilegien aller Art. Mit dem ebenfalls bei ihm verschuldeten Klerus verdiente er am Ablasshandel mit. Schließlich verfügte Fugger, der 1511 selbst in den Adelsstand erhoben worden war, über ein so gewaltiges Vermögen, dass er selbst den europäischen Hochadel nach seinen Interessen beeinflussen konnte. Als Kaiser Maximilian I., dessen Aufstieg Jakob Fugger bereits unterstützt hatte, 1519 starb, verhalf er auch dessen Enkel →Karl zum Kaiserthron. Von den Wahlgeldern, die Karl an die Kurfürsten verteilte, um ihre Stimme zu erhalten, steuerte Jakob Fugger rund zwei Drittel als Darlehen bei. In den folgenden Jahren weitete er die geschäftlichen Verbindungen des Hauses Fugger mit dem Kaiser aus. In Spanien sicherte er sich Zinnober- und Quecksilbergruben. Kurz vor seinem Tod regelte er die Nachfolge und bestimmte seinen Neffen Anton zum alleinigen »Regierer und Schaffierer«.

Familiäres: Jakob Fugger heirate die 20 Jahre jüngere Sibylle Artzt. Die Ehe blieb kinderlos.

Orte: Augsburg, Venedig.

Zum Weiterlesen: Martin Kluger: Die Fugger in Augsburg. Kaufherrn, Montanunternehmer, Bankiers und Stifter, Augsburg 2013.

Auch das noch: Mit der noch heute bestehenden Fuggerei realisierte Jakob Fugger das erste soziale Wohnprojekt der Welt.

Michael Gaismair

* 1490 bei Sterzing
† 15. April 1532 in Padua

Bauernführer

Die Begriffe Not, Hunger und Entbehrung waren für den jungen Michael Gaismair zunächst Fremdworte. Er wuchs gut behütet als Spross einer wohlhabenden Familie auf. Sein Vater war Landwirt und besaß ein Bergbauunternehmen. So konnte der Sohn die Lateinschule besuchen, bevor er sein Jurastudium aufnahm. Der Weg in eine erfolgreiche berufliche Zukunft war frei. Nachdem er einige Zeit als Schreiber im Bergbau gearbeitet hatte, führte ihn der nächste Schritt in die Dienste des Landeshauptmanns Leonard von Völs nach Tirol. Dort arbeitete er für die Landesverwaltung und wurde 1924 in den Rang eines Hauptmanns befördert – ein Zeichen für die hohe Wertschätzung, die man ihm dort entgegenbrachte. Doch während er selbst steil Karriere machte, wurde Gaismair immer häufiger mit dem Leid der Bauernfamilien konfrontiert. Obwohl ihr Leben ohnehin schon hart und entbehrungsreich verlief, wurden sie von einem mitleidslosen Landeshauptmann noch weiter unterdrückt und ausgebeutet. An Gaismair muss diese Diskrepanz zwischen dem Elend der einfachen Leute und seinem eigenen Leben tiefe Spuren hinterlassen haben. Sein beruflicher Höhenflug in der Landesverwaltung endete abrupt. In der Folgezeit arbeitete er als Schreiber für den Erzbischof von Brixen. Als dort ein Fischer hingerichtet werden sollte, der sich gegen das gegen ihn verhängte Fangverbot aufgelehnt hatte, kam es zum bewaffneten Aufstand der Bauern. Sie befreiten den Fischer und zogen raubend und plündernd durch die Stadt. Gaismair beteiligte sich an dem Aufstand und wurde zum Anführer gewählt. In dieser Funktion rang er dem Tiroler Regenten Erzherzog Ferdinand I. einige wichtige Zugeständnisse an die Bauern ab. Wenig später änderte Ferdinand seine Ansicht und ließ Gaismair inhaftieren. Gaismair konnte fliehen und traf in Zürich auf den Reformator → Ulrich Zwingli. Die Begegnung muss ihn nachhaltig geprägt haben, denn in der von ihm erarbeiteten Landesordnung für Tirol sind die Ansätze Zwinglis deutlich zu erkennen: Privilegien sollte es nicht mehr geben, Adel und Klerus abgeschafft werden. Doch so weit kam es nicht. Nachdem er nach weiteren Kämpfen mit seinen Getreuen in die Republik Venedig fliehen musste, fiel er am 15. April 1532 einem von mehreren Anschlägen zum Opfer, die auf ihn verübt worden waren, nachdem Ferdinand I. ein Kopfgeld auf ihn ausgesetzt hatte.

Familiäres: Gaismair hatte vier Kinder mit seiner Frau Magdalena.

Orte: Sterzing, Tirol, Brixen, Innsbruck, Salzburg, Zürich, Radstadt, Venedig, Padua.

Zitat: »Im Land (Tirol) soll niemand Kaufmannschaft treiben, auf dass sich niemand mit der Sünde des Wucherns beflecke … Man soll von allen Kirchen und Gotteshäusern alle Kelche und Kleinodien nehmen und sie zur Behebung der Not auf dem Lande veräußern.«

Zum Weiterlesen: Ralf Höller: Eine Leiche in Habsburgs Keller – Der Rebell Michael Gaismair und sein Kampf für eine gerechtere Welt, Salzburg / Wien 2011.

Wessel Gansfort

Johann Wessel, Johann Basileus

* um 1419 in Groningen
† 4. Oktober 1489 in Groningen

Humanistischer Wegbereiter der deutschen Reformation

Gansfort wurde als Sohn eines Bäckers in Groningen geboren. Früh verlor er seine Eltern, wohnte von da an im »Konvikt der Brüder vom gemeinsamen Leben« und besuchte die Schule

in Zwolle. Er traf auf den Mystiker Thomas von Kempen, mit dessen Ideen er sich intensiv auseinandersetzte. Ab 1449 studierte er in Köln, ab 1456 in Heidelberg, wo er auch als Dozent wirkte, ebenso wie in Paris, wohin er nach seiner Lehrtätigkeit in Heidelberg ging. Im sogenannten Universalienstreit stand Gansfort zunächst auf der Seite der Realisten, ließ sich dann jedoch von den Argumenten der Nominalisten überzeugen. Auch die papstkritische Haltung der Nominalisten übernahm er im Lauf der Zeit. Als der Nominalismus verboten wurde, wandte Gansfort sich wieder ganz dem Humanismus zu.

Auch wenn →Martin Luther im Vorwort zu einer Sammlung von Gansforts sehr an der Bibel orientierten Schriften die Gemeinsamkeiten im Denken betonte, war Gansfort doch in vielen Aspekten des Glaubens, zum Beispiel in der Rechtfertigungslehre, noch ganz den mittelalterlichen Ansichten verhaftet.

Nachdem er 16 Jahre lang in Paris gelebt hatte, zog er über Anger, Rom und Venedig nach Basel. Dort lernte er →Johannes Reuchlin und Rudolf Agricola kennen, mit denen er in regem Austausch stand. 1474 kehrte er nach Groningen zurück und lebte dort in unterschiedlichen Klöstern. Wessel Gansfort starb 1489 in Groningen und wurde im dortigen Klarissenkloster beigesetzt. Heute befinden sich sein Grabstein und ein Epitaph in der Martinkerk.

Orte: Heidelberg, Paris, Angers, Rom, Venedig, Basel, Köln.

Zitat: »Ich kenne niemand als Jesus, den Gekreuzigten.«

Wichtiges Werk: *Farrago rerum theologicarum uberrima*, 1522. Viele seiner Schriften wurden durch die Inquisition vernichtet.

Zitat über ihn: »Wenn ich den Wessel zuvor gelesen hätte, so ließen meine Widersacher sich dünken, Luther habe alles Wessel entnommen, also stimmt unser beider Geist zusammen.« Martin Luther

Zum Weiterlesen: Fokke Akkermann u. a. (Hrsg.): Wessel Gansfort (1419–1489) and Northern Humanism, Leiden 1993.

Gerhard Geldenhauer

* 1482 in Nimwegen
† 10. Januar 1542 in Marburg

Toleranter Theologe und Humanist

Der Mönch Gerhard Geldenhauer studierte in Löwen und wurde Anhänger der humanistischen Gedanken des →Erasmus von Rotterdam. Er arbeitete als Sekretär Kaiser →Karls V., später für Philipp von Burgund in Utrecht. Nach dessen Tod ging Geldenhauer nach Wittenberg, wo er →Martin Luther und →Philipp Melanchthon kennenlernte und sich von den reformatorischen Gedanken begeistern ließ. Zurück in der Heimat versuchte er, diese auch in den Niederlanden zu verbreiten und musste seine Stelle als Pfarrer in Tiel daraufhin verlassen.

Er reiste unter anderem nach Straßburg, wo er auf →Martin Bucer traf, der ihm zu einer Stelle an der Marburger Universität verhalf. Geldenhauer war für seine tolerante Einstellung unter anderem den Täufern gegenüber bekannt. Er unterschrieb die Schmalkaldischen Artikel und nahm an den Religionsgesprächen in Hagenau und Worms teil. Gerhard Geldenhauer starb 1542 in Marburg.

Familiäres: Gerhard Geldenhauer war verheiratet. Sein Sohn Gerhard Eobanus war ebenfalls Theologe.

Orte: Utrecht, Wittenberg, Tiel, Straßburg, Marburg.

Wichtiges Werk: *Historia Batavica. Ex Optimis Quibusqve Autoribus*, 1541.

Georg III.

* 15. August 1507 in Dessau
† 17. Oktober 1553 in Dessau

Einziger fürstlicher Reformator

Er war der Sohn des Fürsten Ernst von Anhalt und seiner Frau Margarethe von Münsterberg. Früh verlor er den Vater und wurde von seiner frommen Mutter katholisch erzogen. Schon 1518 wurde er Kanonikus und Domherr in Merseburg und studierte in Leipzig. Nach seiner Priesterweihe 1524 ging er als Domprobst nach Magdeburg. Zusammen mit →Albrecht von Brandenburg kämpfte er gegen die beginnende Reformation.

Solange seine Mutter lebte, blieb sein Gebiet streng katholisch. Erst als sie 1530 starb, konnte Georg, der schon länger mit →Martin Luther und →Philipp Melanchthon befreundet war, sich um die Einführung der Reformation in Anhalt-Dessau und später auch in Brandenburg bemühen. Er nahm am Regensburger Religionsgespräch teil und ging 1545 nach Merseburg, wo ihn Luther selbst zum Bischof weihte. Nach der Niederlage im Schmalkaldischen Krieg, in dessen Folge er sein Amt aufgeben musste, zog er auf das Schloss Warmsdorf. Er starb 1553 in Dessau. An seiner Beerdigung in der Marienkirche nahm auch Melanchthon teil.

Familiäres: Georg III. von Anhalt-Plötzkau war nie verheiratet.

Orte: Merseburg, Magdeburg, Warmsdorf.

Wichtiges Werk: *Predigten und andere Schriften*, Zerbst 1555.

Zitat über ihn: »Fürst Georg ist frömmer denn ich, wo der nicht in den Himmel kommt, werd ich wohl heraus bleiben.« (Martin Luther)

Zum Weiterlesen: Achim Detmers (Hrsg.): Georg III. von Anhalt (1507–1553) – Reichsfürst, Reformator und Bischof: Ausgewählte Schriften, 2007.

Konrad Grebel

* um 1489 in Grüningen (Kanton Zürich)

† 1526 in Maienfeld (Kanton Graubünden)

Mitbegründer der Täuferbewegung

Konrad Grebels Vater war Kaufmann und Ratsherr in Zürich. Der Sohn studierte ab 1514 zuerst in Basel, danach in Wien und Paris, machte allerdings nie einen universitären Abschluss. Wegen seines ausschweifenden Studentenlebens forderte der Vater ihn auf, nach Zürich zurückzukehren. Hier stieß er zu einem Lesekreis, zu dem auch die Reformatoren → Ulrich Zwingli und → Felix Manz gehörten. Letzterer wurde ein enger Freund. 1522 heiratete Grebel eine ehemalige Novizin eines dominikanischen Klosters. Das Paar bekam drei Kinder.

Im selben Jahr begann er, öffentlich für die Reformation einzutreten. Grebel stellte sich gegen Messfeiern und Heiligenverehrung. Mit Zwingli kam es zum Bruch, weil dieser nach Grebels Ansicht dem Rat der Stadt zu viele Zugeständnisse machte. Auch die Ablehnung der Kindertaufe, wie Gebel sie vertrat, war ein Streitpunkt. Der Rat verfügte im Januar 1525, dass alle, die die Taufe ihrer Kinder verweigerten, die Stadt verlassen mussten. Grebel, der sein jüngstes Kind nicht hatte taufen lassen, gehörte dazu. Am selben Abend, als dieses Mandat des Rates bekannt wurde, traf er sich mit Freunden, und aus dem Gefühl der Bedrohung heraus tauften sie sich gegenseitig. So soll es zu den ersten Erwachsenentaufen der nun entstehenden Täuferbewegung gekommen sein. Grebel floh nach St. Gallen und ins Züricher Oberland und verbreitete auch hier seine täuferische Botschaft. Unter aufständischen Bauern warb er für eine Reformation, die die gesamte Gesellschaft veränderte. Im Oktober 1525 wurde er gefangen genommen. Im März 1526 gelang ihm die Flucht, doch viel Zeit blieb ihm nicht mehr. Grebel steckte sich mit der Pest an und starb im selben Jahr.

Familiäres: 1526 wurde sein Vater Hans Jakob Grebel hingerichtet, vermutlich zu Unrecht. Eine Schwester war mit Joachim Vadian verheiratet, einem Humanisten und Reformator in St. Gallen, der lange Zeit sein Lehrer und väterlicher Freund gewesen war.

Ort: Zürich.

Zitat: »Man soll auch das Evangelium und seine Anhänger nicht mit dem Schwert schirmen, und sie sollen es auch selbst nicht tun.«

Zum Weiterlesen: Hans-Jürgen Goertz: Konrad Grebel. Kritiker des frommen Scheins. Eine biographische Skizze, Bolanden / Hamburg 1998.

Auch das noch: Nach Grebel ist das Conrad Grebel University College der University of Waterloo in Ontario in Kanada benannt.

Argula von Grumbach

Reichsfreiin von Stauff

* 1492 in Burg Ehrenfels bei Beratzhausen
† 1554 (?) Zeilitzheim

Bayerische Reformatorin und Publizistin

Ihre Eltern – Reichsfreiherr Bernhardin von Stauff und Katharina von Toerring zu Seefeld – legten Wert auf Bildung, auch für ihre Tochter Argula. Im Alter von zehn Jahren soll der

Vater ihr eine Bibel geschenkt haben. Prägend wird ihre Zeit in München, wo sie als Hofdame bei Erzherzogin Kunigunde lebt, einer belesenen Frau mit eigener Bibliothek. 1509 sterben Argulas Eltern an der Pest; im Jahr darauf heiratet sie den Adligen Friedrich von Grumbach und zieht mit ihm nach Lenting nahe Ingolstadt. Der erste Sohn wird geboren, Friedrich wird Pfleger (etwa gleichbedeutend einem Kreisverwalter) in Dietfurt, die Familie zieht erneut um. Argula hilft ihrem Mann, die Ländereien der Grumbachfamilie zu verwalten. Doch ihr eigentliches Interesse gilt geistlichen Dingen. Wissbegierig nimmt sie die Gedanken der Reformatoren auf, die sich 1521 in der Region durchsetzen. Sie schreibt wichtigen Männern dieser neuen Glaubensrichtung: → Georg Spalatin, dem Nürnberger Reformator, → Andreas Osiander und sogar → Martin Luther. Als im Sommer 1523 der aus München stammende 18-jährige Student → Arsacius Seehofer von der Ingolstädter Universität gedrängt wird, seinen evangelischen Glauben zu widerrufen, geht Argula in die Öffentlichkeit. Empört schreibt sie Protestbriefe, unter anderem an die Professorenschaft und an den bayerischen Herzog Wilhelm. Darin beweist sie anhand der Bibel, dass sich die derzeitige Kirche von ihrem eigentlichen Auftrag entfernt habe. Zölibat, Heiligenverehrung, Papsttum und klerikaler Luxus stehe dem Evangelium im Weg. Ihre Sendbriefe werden in mehreren Auflagen gedruckt und entwickeln sich zu Bestsellern ihrer Zeit. Argulas Ehemann Friedrich teilt das selbstbewusste Engagement Argulas nicht; andererseits gelingt es ihm nicht, ihr öffentliches Wirken zu beenden. 1524 wird er deswegen seines Amtes enthoben; daraus entsteht eine finanziell schwierige Situation für die Familie. Argula schreibt keine Briefe mehr, beteiligt sich aber weiter am evangelischen Netzwerk und hofft auf Antworten. Die einzige Reaktion ist jedoch ein anonymes Spottgedicht gegen sie, in dem es heißt: »*Frau Argel, arg ist euer Name, / viel ärger aber, dass ihr ohne Scham / und alle weibliche Zucht missachtend / so frevelhaft handelt und so vermessen, / dass ihr euren Fürsten und Herrn / einen neuen Glauben lehren wollt / und euch dazu aufwerft, / eine ganze Universität / zu kritisieren und zu bestrafen.*« Argula fordert den Verfasser auf, sich zu erkennen zu geben und mit ihr zu diskutieren – doch der scheut sich genauso wie die Professoren und Politiker, die sie angeschrieben hatte. 1530 erfährt sie, dass Martin Luther sich in der Nähe aufhält; sie besucht ihn auf der

Veste Coburg und spricht mit ihm über Kirchliches und Privates. Danach fährt sie nach Augsburg, wo der Reichstag über das evangelische Bekenntnis berät. Fortan wird es still um Argula; betrübt durch viele Todesfälle in ihrer Familie zieht sie sich nach Zeilitzheim zurück, wo sie 1554 stirbt.

Familiäres: Mit dem Pfleger Friedrich von Grumbach hat sie vier Kinder; nach dessen Tod 1529 heiratet sie 1533 den böhmischen Grafen von Schlick († 1535).

Orte: Beratzhausen, München, Dietfurt, Ingolstadt, Zeilitzheim.

Zitat: »Das Wort Gottes muss unsere Waffe sein – nicht mit Waffen dreinzuschlagen, sondern den Nächsten zu lieben und Frieden untereinander zu haben.«

Zitat über sie: »Sie ist ein einzigartiges Werkzeug Christi. Auf dass Christus durch dieses schwache Gefäß vernichte die Mächtigen und Herrlichen!« (Martin Luther)

Wichtiges Werk: *Wie eine christliche Frau des Adels in Bayern durch ihren in der göttlichen Schrift wohlbegründeten Sendbrief die Hohe Schule zu Ingolstadt darum, weil sie einen evangelischen Jüngling zum Widerruf des Gotteswortes gedrängt hat, zurechtweist,* 1523.

Zum Weiterlesen: Uwe Birnstein: Argula von Grumbach. Das Leben der bayerischen Reformatorin, Schwarzenfeld 2014.

Auch das noch: Die Schriftstellerin Louise Otto-Peters, eine der Begründerinnen der deutschen Frauenbewegung, schrieb 1893 ein Gedicht für Argula, in dem sie ihre Verehrung für die bayerische Reformatorin zeigt.

Hadrian VI.

* 2. März 1459 in Utrecht
† 14. September 1523 in Rom

Papst von 1522–1523

Hadrian VI. wurde unter seinem bürgerlichen Namen Adriaen Floriszoon Boeiens als Sohn eines Zimmermanns geboren. Als sein Vater starb, schickte ihn seine Mutter nach Zwolle in die Obhut eines Ordens. Derart bereits in jungen Jahren vorgeprägt, studierte er später an der Universität Löwen Philosophie, Theologie und Kirchenrecht. Ab 1493 lehrte er dieses Fach. Als Erzieher Karls V., dem späteren Kaiser, konnte er wichtige Kontakte zur Herrscherdynastie knüpfen. Im Alter von 57 Jahren ernannte ihn Papst → Leo X., ein Spross der einflussreichen florentinischen Medici-Familie, zum Kardinal. In den Folgejahren war er als Inquisitor in mehreren Regionen Spaniens eingesetzt. Am 1. Dezember 1521 starb Leo X. Wenige Wochen später, am 9. Januar 1522, wählte das Konklave Adriaen zu seinem Nachfolger. Der nahm für die Zeit seines Pontifikats den Namen Hadrian VI. an. Die Umstände hätten für ihn kaum ungünstiger sein können. Wenige Jahre zuvor hatte → Martin Luther mit der Veröffentlichung seiner Thesen die Reformationsbewegung ausgelöst, die sich seither wie ein Flächenbrand ausgebreitet hatte. Hadrians Handlungsspielraum war begrenzt. Der Versuch, die katholische Kirche durch eine Reform von innen heraus zu festigen und die Trennung zu den Reformern zu überwinden, zeigte nicht die erhoffte Wirkung. Zu groß war die Kluft zwischen den verschiedenen Gruppierungen. Die Spaltung der Kirche war allerdings nur eine der großen Herausforderungen, mit denen sich Hadrian während

seiner kurzen Amtszeit konfrontiert sah. Sorgen bereiteten ihm auch die zunehmenden Angriffe muslimischer Türken unter → Süleyman dem Prächtigen auf europäisches Gebiet. 1521 hatte der bereits Belgrad erobert, ein Jahr später fiel auch Rhodos in seine Hände. Doch statt sich dieser nicht nur für den Vatikan großen Gefahr gemeinsam zu stellen, waren die europäischen Herrscherhäuser damit beschäftigt, sich gegenseitig das Leben schwer zu machen. Dass Süleymans Vormarsch nur wenige Jahre später erst vor den Toren Wiens gestoppt werden konnte, erlebte Hadrian nicht mehr. Nur eineinhalb Jahre nach seinem Amtsantritt starb der glücklose Papst.

Orte: Utrecht, Zwolle, Löwen, Aragón, Navarra, León, Kastilien, Rom.

Zum Weiterlesen: Markus Graulich: Hadrian VI.: Ein deutscher Papst am Vorabend der Reformation, Paderborn 2013.

Berchtold Haller

* 1492 in Aldingen bei Rottweil (Neckar)

† 1536 in Bern

Reformator in Bern

Der Sohn eines Bauern ging in Pforzheim zur Schule, wo er Freundschaft mit → Philipp Melanchthon schloss. Mit 18 Jahren begann Haller ein Theologiestudium in Köln und wurde im Anschluss Lehrer in Rottweil und Bern. Dort ernannte man ihn später zum Chorherrn und Leutpriester am Münster. Er suchte die Bekanntschaft → Ulrich Zwinglis und besuchte ihn 1521; Zwingli wurde sein Freund und Berater. Ab 1523 begann er in Bern reformatorisch zu wirken: Er ging nach Zwinglis Vorbild dazu über, in seinen Predigten biblische Schriften fortlaufend auszulegen und hielt ab 1525 keine Messen mehr. Doch lange Zeit erfuhr er keine Unterstützung. Erst langsam kam es zu Veränderungen in der Stadt. Im Januar 1528 wurde zu einem großen Religionsgespräch eingeladen, an dem Zwingli, → Bullinger, → Oekolampad, → Bucer, → Capito und mehrere Hundert andere Geistliche teilnahmen. Haller und sein Freund Franz Kolb hatten die zu diskutierenden Thesen verfasst. Haller verteidigte sie und hielt auch die Eröffnungsrede. Der Erfolg war groß: Im April erging ein Religionsedikt, nach dem die neue Lehre im ganzen Kanton einzuführen war. 1532 wurde er oberster Dekan in Bern und damit Leiter der Berner reformierten Kirche. Durch seinen engen Kontakt sowohl zu →Guillaume Farel im Westen der Schweiz wie zu →Heinrich Bullinger in Zürich konnte er zwischen der calvinistischen und Zürcher Reformation vermitteln.

Haller, der schon seit Langem an vielen Krankheiten gelitten hatte, starb am 25. Februar 1536 mit gerade einmal 44 Jahren.

Familiäres: Erst im August 1530 hatte er geheiratet. Die Ehe blieb kinderlos.

Orte: Bern, Köln, Rottweil.

Zitat: »Es gebühre sich in diesen jämmerlichen Zeiten viel mehr, dass ich das Evangelium predige, als dass ich in irgendeinem Winkel meine Studien treibe, und das so lange, bis ich unter dem Beistand des Herrn, der seinem Wort viel Kraft verleihen kann, Christum, ihn, der durch Mönchsgeschwätz so weit von uns weggekommen, ja beinahe in die Verbannung geschickt worden, nach meinem besten Vermögen wiederum werde eingesetzt haben.«

Wichtiges Werk: Zusammen mit →Wolfgang Capito verfasste er den *Berner Synodus*, die Kirchenordnung für Bern (1532).

Zum Weiterlesen: Donald Hasler u.a.: Berchtold Haller 1494–1536, Bern 1994.

Patrick Hamilton

* 1504 in Kincavill

† 29. Februar 1528 in St. Andrews

Schottischer Theologe, Märtyrer

Schon mit 13 Jahren verfügte Patrick Hamilton über eine kirchliche Pfründe. Er studierte in Paris, wo er mit humanistischen und reformatorischen Gedanken in Berührung kam. An der Sorbonne promovierte er zum Magister.

1523 wechselte er an die Universität St. Andrews und 1527 nach Marburg, wo er bei → Franz Lambert von Avignon studierte. Der ermutigte Hamilton, Kernthesen des evangelischen Glaubens schriftlich festzuhalten. Diese Schrift wurde 1530 von John Frith in Antwerpen unter dem Namen *Patrick's Places* als Anhang eines seiner eigenen Werke gedruckt.

Im Laufe der Jahre folgten viele Nachdrucke der Schrift, die in der englischen und schottischen Kirche eine ähnliche Bedeutung bekam wie in Deutschland → Martin Luthers *Kleiner Katechismus*.

Schon Ende 1527 war Hamilton nach Schottland zurückgekehrt und begann dort in reformatorischem Sinn zu wirken. Daraufhin wurde er von seinen Gegnern der Ketzerei angeklagt und in einem kurzen Prozess zum Tod auf dem Scheiterhaufen verurteilt.

Patrick Hamilton starb am 29. 02. 1528 in St. Andrews den Feuertod.

Familiäres: Patrick Hamilton war vermutlich verheiratet, eine Notiz berichtet von einer Hofdame Namens »Isobell Hamilton, Tochter von Patrick, Abt von Fearn«.

Orte: Marburg, St Andrews.

Wichtiges Werk: *Patrikes Places*, ca.1530.

Zum Weiterlesen: Rainer Haas: Franz Lambert und Patrick Hamilton in ihrer Bedeutung für die Evangelische Bewegung auf den Britischen Inseln, Dissertation, Marburg 1973.

Jakob Heerbrand

* 12. August 1521 in Giengen
† 22. Mai 1600 in Tübingen

Theologe, der gegen den Hexenwahn antrat

Jakob Heerbrand wurde als Sohn eines Teppichwebers im württembergischen Giengen geboren. Er besuchte seit 1536 die Ulmer Lateinschule und begann 1538 in Wittenberg Theologie und Philosophie zu studieren. Dort lernte er bei → Martin Luther und → Philipp Melanchthon. Anschließend ging er als Vikar an die Stiftskirche in Tübingen. Gemeinsam mit → Johannes Brenz nahm er am Konzil von Trient teil, wo er mit den Altgläubigen über das Verhältnis der Kirchen zueinander verhandeln sollte. Nach dem Schmalkaldischen Krieg musste er jedoch 1548 sein Amt niederlegen, da er das Augsburger Interim ablehnte.

1550 promovierte er in Tübingen zum Doktor der Theologie, heiratete seine Frau Margarete und wurde Pfarrer in Herrenberg, ein Jahr später gehörte er zu den Unterzeichnern der »Confessio Virtembergica«.

1552 nahm er an Verhandlungen über die von → Andreas Osiander ausgelösten Streitigkeiten um die Rechtfertigung durch die Gerechtigkeit Christi teil. Unter Karl II. von Baden trieb er seit 1556 die Reformation in Baden und Pforzheim voran und wurde ein Jahr darauf für 40 Jahre Theologieprofessor an der Universität Tübingen, deren Rektor er mehrfach war. Außerdem wirkte der angesehene Lutheraner ab 1561 als Dekan und ab 1590 als Probst an der Stiftskirche. 1570 diskutierte er mit Nikolaus Falck über die Frage der Hexerei. Ähnlich wie → Matthäus Alber, → Johannes Brenz und andere

Tübinger Theologen stand er dem Hexenglauben kritisch gegenüber, hielt Schadenzauber für unmöglich und war der Ansicht, Hexen könnten höchstens für den Abfall vom Glauben bestraft werden.

Heerbrands 1571 erschienenes *Compendium theologiae* wurde eines der bekanntesten Lehrbücher der lutherischen Kirche dieser Zeit. Jakob Heerbrand starb 1600 in Tübingen.

Familiäres: Jakob Heerbrand heiratete 1547 Margarete Stammler.

Orte: Tübingen, Herrenberg, Pforzheim.

Wichtiges Werk: *Compendium theologiae methodi quaestionibus tractatum*, 1573.

Auch das noch: Heerbrand ist ein Vorfahre des Schriftstellers Johann Gottfried Herder.

Kaspar Heidenreich

* um 1510 in Freiberg
† 30. Januar 1586 in Torgau

Theologe, hielt Luthers Tischreden schriftlich fest

Über Kaspar Heidenreichs erste Lebensjahre und seine Familie ist nichts überliefert. Um 1528 studierte er an der Universität Wittenberg, zog dann nach Böhmen und wirkte 1540 als Schulrektor in Jáchymov. Danach setzte er sein Studium in Wittenberg fort und schloss es mit dem Grad des Magisters ab. Während dieser Zeit war er Tischgenosse bei → Martin Luther und hielt dessen Tischreden schriftlich fest. 1543 wurde er Prediger am Hof der Herzogin Katharina. Zehn Jahre später wechselte er auf eine Stelle als Pfarrer und Superintendent nach Torgau. 1571 kam es zu einem Streit mit seinem Kurfürsten, weil Heidenreich einige Punkte des neuen Wittenberger Katechismus öffentlich kritisierte. Kaspar Heidenreich starb 1586 in Torgau.

Familiäres: Kaspar Heidenreich heiratete 1560 seine Frau Klara, die Tochter des Torgauer Bürgermeisters Andreas Schulze.

Orte: Jáchymov in Böhmen, Wittenberg, Torgau.

Wichtiges Werk: *Synodalis sonicio. Eine Sendtpredigt M. Caspari Heiderichs Gehalten in der Pfarr zu Thorgaw bey seinen Superintendentz vorwanten. Acto. VI. Wir Prediger wollen anhalten am Gebet unnd am Ampt des Worts Gottes*, 1564.

Zum Weiterlesen: Johannes Hund: »Das Wort ward Fleisch«. Eine systematisch-theologische Untersuchung zur Debatte um die Wittenberger Christologie und Abendmahlslehre in den Jahren 1537 bis 1574, Göttingen 2006.

Auch das noch: Die von Heidenreich mitgesammelten Tischreden Luthers hat der Schauspieler Uwe Ochsenknecht im Jahr 2013 auf CD veröffentlicht.

Heinrich VIII.

* 28. Juni 1491 in Greenwich
† 28. Januar 1547 in London

König von England, Begründer der anglikanischen Kirche von England

Heinrich VIII. war 17 Jahre alt, als er 1509 infolge des frühen Tods seines Bruders den Thron bestieg und dessen Witwe Katharina von Aragón heiratete. Weil Katharina nicht den ersehnten männlichen Thronfolger gebar, reifte in ihm der Entschluss, seine Ehe annullieren zu lassen, um das seit 1527 bestehende Verhältnis zu seiner Mätresse → Anna Boleyn zu legitimieren – ein Vorhaben, das schließlich zur Abspaltung der Englischen Kirche von Rom führte. Papst → Clemens VII. verweigerte nämlich unter dem Druck des Kaisers seine Zustimmung, woraufhin Heinrich seine Ehe durch den Erzbischof von Canterbury 1533 auflösen ließ und sich selbst durch die Suprematsakte von 1534 zum Oberhaupt der Englischen Kirche erklärte. Sein früherer Kanzler Thomas Morus, der den Suprematseid aus Gewissensgründen verweigerte, war einer der ersten Menschen aus seinem engen Umfeld, den Heinrich VIII. 1535 hinrichten ließ.

Nachdem er auch Anna Boleyn, mit der er drei Jahre verheiratet war, hatte köpfen lassen (1536) und ihre Nachfolgerin Johanna Seymour im Kindbett gestorben war (1537), heiratete er – inzwischen vom Papst gebannt – 1540 Anna von Cleve, von der er sich nach einem halben Jahr wieder scheiden ließ. → Thomas Cromwell, der die Ehe angebahnt hatte, starb auf dem Schafott. Unmittelbar nach der Scheidung ehelichte Heinrich Katharina Howard, doch auch seine fünfte Gattin endete 1542 wegen angeblicher ehelicher Untreue auf dem Richtblock. Seine letzte Gemahlin → Catharine Parr, mit der er seit 1543 verheiratet war, überlebte ihn.

Als Staatsmann legte Heinrich VIII. die Grundlage für einen modernen, zentralistischen Staat, sein Führungsstil wurde mit zunehmendem Lebensalter immer mehr der eines herrschsüchtigen und skrupellosen Autokraten.

Ort: London.

Zitat über ihn: »Geschieden, geköpft, gestorben, geschieden, geköpft, überlebt.« Abzählreim über die Frauen des Monarchen.

Zum Weiterlesen: Dieter Berg: Heinrich VIII. von England: Leben – Herrschaft – Wirkung, Stuttgart 2013.

Auch das noch: Mit Heinrich VIII. beschäftigte sich nicht nur Shakespeare in seinem gleichnamigen Historiendrama, das Leben des exzentrischen Königs und seiner Frauen wurde auch vielfach literarisch und cineastisch verarbeitet, zuletzt 2008 in dem Kinofilm *Die Schwester der Königin* mit Natalie Portman und Scarlett Johansson.

Johannes Hergot

* unklar, vermutlich in Nürnberg
† 20. Mai 1527 in Leipzig

Buchdrucker und Sozialrevolutionär

Über das Leben Hergots ist wenig bekannt, erst ein Nürnberger Dokument von Oktober 1524 erwähnt ihn als wandernden Buchhändler und -drucker. Mindestens 75 Drucke lassen sich auf ihn zurückführen, darunter Schriften von → Luther, → Melanchthon, → Bugenhagen und → Müntzer. Diese Nachdrucke waren nicht autorisiert, wurden aber von den Autoren gebilligt, lediglich Luther beschwerte sich 1525 beim Nürnberger Rat über »das Herrgöttlein«.

Hergot gehörte zum sozialrevolutionären Flügel der reformatorischen Strömung und sympathisierte mit den aufständischen Bauern. Anfang 1527 gelangte seine sozialutopische Schrift *Von der neuen Wandlung eines christlichen Lebens* in Umlauf. Als Verfasser dieses »aufrührisch Büchleins« wurde er verhaftet, zum Tode verurteilt und öffentlich enthauptet.

Ort: Nürnberg.

Wichtiges Werk: *Von der neuen Wandlung eines christlichen Lebens*, 1527.

Zum Weiterlesen: Johannes Seibt: Die Reformation des »Armen Mannes«, in: Hans-Jürgen Goertz (Hrsg.): Radikale Reformatoren. 21 biographische Skizzen, München 1978.

Philipp von Hessen

* 1504 in Marburg
† 1567 in Kassel

Bedeutender Landesfürst und politischer Führer im Zeitalter der Reformation

Als Landgraf Wilhelm II. 1509 starb, war sein Sohn und Nachfolger Philipp noch minderjährig, und seine Mutter übernahm die Regentschaft. Mit 13 Jahren wurde er selbst zum Herrscher. 17-jährig nahm er am Reichstag zu Worms teil, auf dem → Luther vor dem Kaiser seine Lehre verteidigte. Noch 1523 ließ Philipp lutherische Prediger aus seinem Herrschaftsgebiet ausweisen, doch ein Jahr später bekannte er sich öffentlich zum Protestantismus und führte die Reformation 1526 nach der Synode von Homberg in Hessen ein. Die Klöster wurden teilweise zu Hospitälern, denn Philipp, der den Beinamen »der Großmütige« trug, hatte die Armen- und Krankenfürsorge zu seiner Sache gemacht. In Marburg entstand unter ihm die erste evangelische Universität. 1529 lud er Martin Luther und → Ulrich Zwingli dorthin zu einem Religionsgespräch ein, das zu einer Verständigung der beiden Reformatoren trotz einiger Unterschiede in ihren Lehren führen sollte. Bis auf ihre bleibenden Differenzen in der Lehre vom Abendmahl gelang dies auch.

1531 wurde Philipp zum Mitbegründer des Schmalkaldischen Bundes, in dem sich evangelische Fürsten und Städte gegen den katholischen Kaiser → Karl V. zusammentaten. Militärisch besiegt, kam Philipp fünf Jahre lang in Gefangenschaft. Der kaiserliche Versuch, die Reformation in Hessen rückgängig zu machen, scheiterte jedoch am Widerstand der evangelischen Gemeinden. In seinen letzten Lebensjahren war Philipp vor allem damit beschäftigt, die Verwaltung seines Fürstentums zu modernisieren, den Protestantismus zu festigen und die Erbfolge unter seinen zahlreichen Nachkommen zu klären.

Familiäres: Philipp von Hessen war ein Bigamist. Zu seiner ersten Ehefrau → Christina von Sachsen ehelichte er 1540 noch das Hoffräulein → Margarethe von der Saale. Martin Luther und → Philipp Melanchthon hatte er zuvor um Rat gefragt und der hatte – wohl auch weil er seinen Verbündeten nicht verlieren wollte – nach einigen Bedenken beschieden, dass Bigamie letztlich besser sei als Scheidung. Mit beiden Frauen hatte Philipp insgesamt 19 Kinder.

Orte: Kassel, Marburg.

Zum Weiterlesen: Gury Schneider-Ludorff: Der fürstliche Reformator. Theologische Aspekte im Wirken Philipps von Hessen von der Homberger Synode bis zum Interim, Leipzig 2006.

Melchior Hofmann

* 1495 in Schwäbisch Hall
† wahrscheinlich 1543 in Straßburg

Einer der bekanntesten Führer der Täuferbewegung

Melchior Hofmann war das Kind einfacher Leute. Er war gelernter Kürschner und übte dieses Handwerk sein Leben lang aus. Schon früh interessierte er sich für die Schriften der Mystiker und Reformatoren. 1523 ging er nach Livland. Hier hatte sich die Reformation bereits durchgesetzt, und Melchior Hofmann wurde evangelischer Prediger in Wolmar (heute Lettland). Nachdem er hier ins Gefängnis geworfen worden war, zog er weiter nach Dorpat (heute Estland), wo seine Predigten der Auslöser für einen Bildersturm waren.

In Wittenberg suchte er →Martin Luther auf, der ihm ein Empfehlungsschreiben mitgab. Doch bei seiner zweiten Reise nach Dorpat wurde er der Ketzerei bezichtigt und musste fliehen.

1525 zog er nach Schweden. Stockholm war damals einer der wichtigsten Umschlageplätze für Pelze, sodass er hier vermutlich sein Auskommen fand. Er wurde Prediger in der dortigen deutschen Gemeinde und heiratete, musste aber mit Frau und Kind ein Jahr später Stockholm schon wieder verlassen, und so ging er nach Lübeck. Auch von dort musste er fliehen. Er reiste erneut nach Wittenberg, wurde aber dieses Mal von Martin Luther abgewiesen und geriet in Streit mit →Nikolaus von Amsdorff. In Magdeburg kam er erneut ins Gefängnis. König Friedrich I. von Dänemark fand allerdings Gefallen an seinen Predigten und verschaffte ihm in Kiel eine Stelle als Hilfsprediger. Auch dort kam es bald zu Auseinandersetzungen mit den Lutheranern, etwa über das Abendmahlsverständnis. Hofmann leugnete die Realpräsenz Christi beim Abendmahl, während Luther an ihr festhielt. Der König lud, um den Konflikt zu lösen, zu einer Disputation ein, bei der → Johannes Bugenhagen die lutherische Position vertrat. Nachdem Hofmann unterlag, wurde er mit seiner Familie des Landes verwiesen. Gemeinsam mit → Andreas Bodenstein, genannt Karlstadt, ging Hoffmann zuerst nach Ostfriesland und dann nach Straßburg, wo er Zuflucht suchte, weil dort zu der damaligen Zeit eine relativ große Religionsfreiheit herrschte. Er kam in Kontakt mit den Täufern, die glaubten, dass Gott sich ihnen unmittelbar in Träumen und Visionen offenbarte. Nachdem er für die Täufer eine eigene Kirche verlangt hatte, musste er wiederum aus der Stadt fliehen und brachte in der Folge die Wiedertaufe in den Norden. So taufte er 1530 in Emden 300 Menschen, die sich dann zu einer Gemeinde zusammenfanden. Dieser gab Hofmann eine hierarchische Ordnung, an deren Spitze apostolische Sendboten standen, zu denen er sich selbst zählte. Es folgten sogenannte Propheten und Pastoren. 1531 reiste er weiter nach Amsterdam, wo er schnell eine große Anhängerschaft um sich sammelte und die Täuferbewegung in ganz Holland verbreitete.

Anfang 1553 ging er nach Straßburg zurück, weil er annahm, dort würde der von ihm für jenes Jahr vorhergesehene Endkampf zwischen Gut und Böse stattfinden und das Neue Jerusalem entstehen. → Martin Bucer und der Rat der Stadt fürchteten, Hofmann könne einen Umsturz planen, und verurteilten ihn als Ketzer zu lebenslänglicher Haft. Nach zehn Jahren starb er im Gefängnis. Seine Schriften hatten einen großen Einfluss auf Bernt Rothmann, den Anführer des Münsterischen Täuferreiches.

Orte: Schwäbisch Hall, Emden, Magdeburg, Stockholm, Amsterdam, Straßburg.

Wichtige Werke: *Ordonnantie Gottes* (1530), die *Wahrhaftige Erklärung* (1531) und eine umfangreiche Auslegung des Römerbriefs (1533).

Zum Weiterlesen: Klaus Deppermann: Melchior Hofman. Soziale Unruhen und apokalyptische Visionen im Zeitalter der Reformation, Göttingen 1979.

Auch das noch: Hofmann gründete in Kiel die erste Druckerei. Er nutzte sie, um Schriften zur Verteidigung seiner Apokalyptik und seines Abendmahlsverständnisses zu veröffentlichen.

Sebastian Hofmeister

* 1476 in Schaffhausen
† 1533 in Zofingen

Schweizer reformierter Theologe

Sebastian Hofmeister wurde um 1404 in Schaffhausen als Sohn eines Wagners (Stellmachers) geboren und trat früh in das dortige Barfüßerkloster ein. Er studierte in Paris und erlangte den Doktortitel. 1520 ging er nach Zürich, wo er → Ulrich Zwingli kennenlernte, mit dem er sein Leben lang in Kontakt blieb. Eine Zeit lang arbeitete er in Konstanz und nahm von dort aus Kontakt zu anderen Reformatoren auf, u.a. zu → Martin Luther und → Oswald Myconius. 1522 zog er nach Luzern, musste aber kurz darauf fliehen, da er vom Bischof von Konstanz wegen seiner reformatorischen Predigten der Ketzerei angeklagt wurde. Er kehrte ins Barfüßerkloster in Schaffhausen zurück und begann, gegen die Messe und die Heiligenverehrung zu predigen und gegen alles, was er sonst als kirchliche Missstände betrachtete. Das brachte ihm nicht nur viele Anhänger, sondern auch viele Gegner ein.

Hofmeister nahm 1523 an den ersten beiden Zürcher Disputationen teil, bei der zweiten Disputation hatte er am ersten Tag den Vorsitz inne. 1524 wurde er Leutpriester an St. Johann in Schaffhausen. Von den in der Stadt weilenden Täufern um → Konrad Grebel und → Felix Manz ließ sich Hofmeister nicht beeinflussen. Dennoch bezichtigte man ihn 1525 während des Bauernkrieges, den Aufstand der Rebleute angezettelt zu haben. Nach langem Ringen mit dem katholischen Rat der Stadt wurde über ihn der Bann ausgesprochen, und Hofmeister zog nach Zürich, wo er am Fraumünster predigte. Bei den Täufergesprächen in Zürich übernahm er eine leitende Rolle, ebenso beim Religionsgespräch von Ilanz. Auch an der Berner Disputation 1528 nahm er teil. Kurzzeitig wirkte er als Hebräischprofessor in Bern, dann wurde er Prediger in Zofingen. Auch hier hatte er mit Täufern und Altgläubigen zu ringen. Nach Schaffhausen durfte er nie zurückkehren. 1533 erlitt Sebastian Hofmeister während einer Predigt einen Schlaganfall, an dessen Folgen er einen Tag später starb.

Orte: Zürich, Konstanz, Luzern, Schaffhausen, Bern, Zofingen.

Wichtiges Werk: *Ein treuwe Ermanung an die Eidgenossen, daß sie nit durch ire falschen propheten verfürt, sich wider die lere Christi setzend*, 1523.

Zum Weiterlesen: Jakob Wipf: Sebastian Wagner, »Der Reformator von Schaffhausen«, Schaffhausen 1918.

Hans Holbein der Jüngere

* 1497 oder 1498 in Augsburg
† 29. November 1543 in London

Maler zur Zeit der Reformation, porträtierte unter anderen Erasmus von Rotterdam

Hans Holbein wurde als Sohn des gleichnamigen angesehenen Malers in Augsburg geboren. Zusammen mit seinem Bruder Ambrosius durchlief er die Ausbildung in der Werkstatt des Vaters. 1515 zogen sie gemeinsam nach Basel, hier wirkte Holbein als Maler und entwarf Holzschnitte zur Buchillustration. 1517 arbeitete er für einige Zeit in Luzern, kehrte aber bald wieder nach Basel zurück. Um 1519 starb sein Bruder Ambrosius. Holbein heiratete die Witwe eines Gerbers. Das ermöglichte ihm, der Malerzunft beizutreten und 1520 Bürger von Basel zu werden.

In dieser Zeit schuf er einige größere Auftragsarbeiten, unter anderem wurde er mit der Bemalung des Großratssaals im Basler Rathaus betraut.

1523 lernte er → Erasmus von Rotterdam kennen, der schon länger in Basel lebte, und freundete sich mit ihm an. Holbein porträtierte Erasmus mehrfach und illustrierte dessen kirchenkritische Schrift *Lob der Torheit*. Ende 1523 ging er für einige Zeit nach Frankreich und arbeitete im herzoglichen Palast Saint Chapelle in Bourges. Drei Jahre später reiste er nach England, wo er auf Empfehlung des Erasmus in London bei Thomas Morus wohnte, den er gemeinsam mit dessen Familie porträtierte und dessen Werk *Utopia* er illustrierte.

1528 kehrte Holbein noch einmal nach Basel zurück, wo er zwei Häuser erwarb. Das Verbot religiöser Darstellungen nach

dem Bildersturm führte allerdings zu einer so schlechten Auftragslage, dass er 1532 endgültig nach England auswanderte. Ein Angebot vom Rat der Stadt Basel, für ein Jahresgehalt von 50 Gulden in den Dienst der Stadt zu treten, lehnte er ab.

Doch auch in England war der Bedarf an religiösen Bildern drastisch gesunken, sodass es neue Themen zu finden galt. Morus machte ihn unter anderem mit König → Heinrich VIII. bekannt. Für dessen Hochzeit mit → Anne Boleyn 1533 entwarf Holbein die Dekoration. 1536 stellte der König ihn als Hofmaler an. Holbein porträtierte Mitglieder der Königsfamilie, aber auch andere Adelige, Wissenschaftler und reiche Kaufleute. Seine schlichte Darstellungsweise unterscheidet ihn von zeitgenössischen Kollegen wie etwa → Lucas Cranach.

Heinrich VIII. hatte uneingeschränktes Vertrauen in seinen Hofmaler und schickte ihn, als er 1539 wieder einmal auf Brautsuche war, aufs Festland, um Christina von Dänemark und die beiden Töchter Herzog Johanns III. zu porträtieren. Das Bild der Anna von Cleve gefiel dem König so gut, dass er sie heiratete, ohne sie gesehen zu haben. Ein Fehler, wie sich bald herausstellte, denn die lebendige Anna erschien ihm weit weniger attraktiv als das Gemälde. Schon ein halbes Jahr später ließ er die Ehe annullieren. Auch Holbein sank nach diesem Vorfall beträchtlich in der Gunst des Königs. Der Hofmaler durfte nie wieder ein königliches Familienmitglied malen. Ende 1543 starb Hans Holbein in London an der Pest.

Familiäres: Um 1519 heiratete Hans Holbein Elsbeth Binsenstock, die Witwe eines Basler Gerbers. Das Paar bekam vier Kinder: Philipp, Katharina, Johannes und Küngold. 1528 porträtierte Holbein seine Frau und die beiden älteren Kinder, das Bild ist heute im Kunstmuseum Basel zu sehen.

Orte: Basel, Luzern, Bourges, London.

Wichtiges Werk: *Schreibender Erasmus von Rotterdam*, 1523.

Zitat über ihn: »Wisset, dass ich aus sieben Bauern in einer Minute sieben Lords, wie ihr es seid, machen kann, dass ich aber aus sieben Lords von Eurem Schlage nicht einen einzigen Holbein machen kann.« (König Heinrich VIII. vor dem Vorfall um das Porträt der Anna von Cleve)

Zum Weiterlesen: Oskar Bätschmann: Hans Holbein d. J., München 2010.

Auch das noch: Der Schweizer Schriftsteller Emanuel Stickelberger schuf in den 1940er-Jahren eine Romantrilogie über Hans Holbein.

Jakob Hoogstraten

* 1460 in Hoogstraten (Provinz Antwerpen)
† 1527 in Köln

Dominikaner und päpstlicher Inquisitor

Nachdem Jakob Hoogstraten in Löwen studiert hatte, dem Dominikanerorden beigetreten und 1496 zum Priester geweiht worden war, ging er nach Köln.

Hier machte er seinen Doktor der Theologie und wurde erst Regens des Kölner Ordensstudiums, 1510 auch Prior des Kölner Konvents und somit Inquisitor für die Kirchenprovinz Mainz, Köln und Trier.

Erstmals öffentlich in Erscheinung trat er durch einen Briefwechsel mit dem Juristen Petrus von Ravenna, demgegenüber er das Vorgehen deutscher Behörden, die Leichen von Hingerichteten am Galgen hängen zu lassen, entschieden verteidigte.

Als Inquisitor wurde er im sogenannten Reuchlin-Streit tätig. Einem kaiserlichen Dekret folgend verordnete er, dass die Juden ihre talmudischen Schriften abliefern mussten, damit diese vernichtet werden konnten. Humanisten bekämpften dieses Vorgehen. Mit → Johannes Reuchlin kam es schließlich zum Prozess, der 1514 in erster Instanz in Speyer zugunsten Reuchlins endete. Erst 1520 entschied der Papst für Hoogstraten. Unter Humanisten war der Kölner Inquisitor inzwischen so unbeliebt, dass er von ihnen öffentlich verspottet wurde.

Ab 1521 stellte sich Hoogstraten gegen → Martin Luther und veröffentlichte einige entschiedene Streitschriften gegen ihn.

Ort: Köln.

Zitat über ihn: »Von Hoogstraten wird gesagt, er habe im Tod mit ziemlich vielen Worten ein zu wenig reines Gewissen verraten.« (Erasmus von Rotterdam)

John Hooper

* um 1495 in Somerset
† 1555 in Gloucester

Englischer Theologe und Reformator

Das genaue Geburtsdatum von Hooper ist nicht bekannt. Sein Vater war wohlhabend. Früh studierte er in Oxford, dann trat er in ein Kloster in Gloucester ein. Er las die Schriften von →Ulrich Zwingli und →Heinrich Bullinger und begeisterte sich zunehmend für die reformatorische Theologie. Da er in Verdacht geriet, ein Häretiker zu sein, floh er 1539 nach Paris, kehrte kurz nach England zurück und reiste dann über Frankreich in die Schweiz. Bis 1549 lebte er in Zürich. In dieser Zeit hatte er engen Kontakt zu Bullinger. Als die Reformation in England Fuß gefaßt hatte, kehrte Hooper zurück und wurde einer ihrer wichtigsten Prediger. Er sollte zum Bischof geweiht werden, lehnte es aber ab, da er sich gegen Ordination und bischöfliche Kleidung wandte. Nachdem er deswegen im Gefängnis war, änderte er seine Meinung. 1551 wurde er zum Bischof von Gloucester und Worcester. 1555 wurde er im Zuge der Rekatholisierung gefangen genommen und starb auf dem Scheiterhaufen.

Familiäres: 1546 heiratete er in Straßburg die Belgierin Anna de Teserelas.

Ort: Gloucester.

Johann Horn

Jan Roh

* um 1490 in Taus
† 11. Februar 1547 in Jungbunzlau

Bischof der Böhmischen Brüder

Johann Horn besuchte Schulen der Böhmischen Brüder und wurde Leinenweber. Ohne theologische Ausbildung wurde er 1518 zum Priester geweiht und übernahm die Leitung der Brüdergemeinde in Weißwasser. Später lebte er in Leitomischl. Durch den aus Breslau vertriebenen → Michael Weiße lernte er → Martin Luthers Ideen und bei Wittenbergreisen 1522 und 1524 auch ihn persönlich kennen. Auf der Synode 1528 wurde Horn zum Bischof gewählt, vier Jahre später stieg er zum leitenden Bischof auf. Er bemühte sich um einen Konsens mit den deutschen Reformatoren, schaffte 1534 die Wiedertaufe ab und fasste mit Jan Augusta die Lehren der Brüder zu einer neuen *Confessio* zusammen, zu der Luther das Vorwort verfasste.

1544 gab er eine neue Auflage des Gesangbuchs heraus, das Weiße 1531 zusammengestellt hatte. Es enthielt 32 neue Lieder und wurde der Luther angenäherten Lehre angepasst.

Orte: Leitomischl, Weißwasser, Jungbunzlau.

Wichtiges Werk: Als Herausgeber: *Gesangbuch Der Brüder in Behemen und Merherrn, die man auß haß und neid Pickharden, Waldenses [et]c. nennet: Von jnen auff ein neues (sonderlich vom Sacrament des Nachtmals) gebessert, und etliche schöne neue Geseng hinzu gethan*, Nürnberg 1544.

Balthasar Hubmaier

* um 1485 in Friedberg
† 1528 in Wien

Täufer und Märtyrer

Als Hubmaier 1503 mit dem Studium an der Universität Freiburg begann, hatte er zuvor bereits niedere Weihen erhalten. Er studierte bei → Johannes Eck, der später ein entschiedener Gegner der Reformation war, Theologie und folgte diesem an die Universität Ingolstadt. 1512 promovierte Hubmaier zum Doktor der Theologie und war als Universitätsdozent tätig. 1516 ging er nach Regensburg, um Domprediger zu werden. Hier hatte er wesentlichen Anteil daran, dass 1519 die Juden der Stadt verfolgt wurden.

1523 wechselte er als Prediger in das vorderösterreichische Waldshut. Er wandte sich langsam der reformatorischen Theologie zu und suchte Kontakt zu → Johannes Oekolampad in Basel, → Sebastian Hofmeister in Schaffhausen und → Ulrich Zwingli in Zürich. Hubmaier wurde eingeladen, an der zweiten Züricher Disputation teilzunehmen, in der er sich gegen Bilderverehrung und die katholische Messe wandte.

1524 nahm die Stadt die reformatorische Lehre an. Er las die Schriften von → Thomas Müntzer und → Andreas Bodenstein (Karlstadt), traf → Wilhelm Reublin und begann, sich mit der Tauffrage zu beschäftigen. Ein Jahr später ließ er sich von Reublin taufen und taufte danach selbst an die 300 Erwachsenen in Waldshut.

Im Zuge der Bauernkriege kamen österreichische Truppen in die Stadt und wollten den Katholizismus gewaltsam wieder einführen. Hubmaier floh nach Zürich. Nachdem er eine

Schrift veröffentlich hatte, in der er sich klar zum Täufertum bekannte, wurde er verhaftet. Er widerrief und kam frei. Seit 1526 wirkte er in Nikolsburg (Mähren) und taufte dort Erwachsene. Ein Jahr später gelang es der österreichischen Regierung, ihn festzusetzen. Am 10. März 1528 starb er auf dem Scheiterhaufen in Wien. Hubmaier war unter den Anführern der Täuferbewegung der theologisch gebildetste.

Familiäres: Anfang 1525 heiratete er Elsbeth Hügline, die ebenfalls zur Täuferbewegung gehörte. Bis zum Ende stand sie zu ihrem Mann und ihrem gemeinsamen Bekenntnis und wurde drei Tage nach seinem Tod in der Donau ertränkt.

Orte: Waldshut, Nikolsburg.

Zum Weiterlesen: Hans-Jürgen Goertz (Hrsg.): Radikale Reformatoren. 21 biografische Skizzen von Thomas Müntzer bis Paracelsus, München 1978.

Jan Hus

* um 1369 in Husinec (Südböhmen)
† 6. Juli 1415 in Konstanz

Tschechischer Theologe und Reformator

Nach einem Studium an der Prager Universität legte Jan Hus 1396 sein Magisterexamen ab, 1400 empfing er die Priesterweihe. Er hielt Vorlesungen an der Prager Universität, an der er 1401 Dekan der philosophischen Fakultät und 1402 Rektor wurde; überdies wirkte er als Beichtvater am Hof König Wenzels IV. 1402 wurde er außerdem Prediger an der Prager Bethlehemkapelle, wo er statt auf Latein auf Tschechisch sprach, weil er der festen Überzeugung war, dass auch einfache Menschen ohne Lateinkenntnisse in der Lage seien, den Sinn der biblischen Botschaft zu verstehen. Tausende Menschen kamen, um seine Predigten zu hören.

Durch Hieronymus von Prag und tschechische Adelige, die in Oxford studiert hatten, lernte Jan Hus die Werke von → John Wyclif kennen, mit denen er sich sehr identifizierte. Er teilte die Kritik an der Korruption in der Kirche und am Ablasshandel und betrachtete wie Wyclif die Bibel als einzige Autorität in religiösen Fragen.

Hus genoss anfangs noch das Vertrauen des Erzbischofs Sbynko von Hasenburg. Das änderte sich zunehmend, je energischer er den Klerus an den Pranger stellte. Beschwerden über den streitbaren Theologen führten dazu, dass Erzbischof Sbynko Hus 1408 seiner Stellung als Synodalprediger enthob und immer mehr zu dessen Gegner wurde. Um der Prager Reformbewegung Herr zu werden, erbat Sbynko von Papst Alexander V., einem der drei Gegenpäpste, eine Bulle. Diese wurde im März 1410 veröffentlicht, sie verurteilte Wyclifs Schriften. Hus appellierte an den Papst und setzte seine Predigten fort, Sbynko antwortete damit, dass er im Juli 1410 über Wyclif und seine Anhänger den Bann aussprach. Über Hus wurde ein Predigtverbot verhängt, das der allerdings ignorierte.

Als Johann XXIII. ab 1412 in Böhmen Ablässe verkaufen ließ, um sich gegen seine Kontrahenten zu rüsten, entfachte Hus eine so leidenschaftliche Agitation gegen diesen Gegenpapst und das Papsttum als solches, dass einige seiner früheren Sympathisanten zunehmend von ihm abrückten, während viele seiner wichtigsten Unterstützer ihre Stellungen verloren. Vom Papst mit dem Bann belegt, musste Jan Hus aus Prag fliehen. Er zog sich auf die Burg adeliger Freunde zurück, wo er 1513 sein Hauptwerk *Über die Kirche* verfasste.

König Sigismund, seit 1410 Herrscher des Römischen Reiches, forderte den tschechischen Prediger auf, nach Konstanz zu reisen, um auf dem dortigen Reformkonzil (1414–1418) seine Thesen zu rechtfertigen. Aufgrund einer königlichen Zusage auf freies Geleit hoffte Hus, sicher zu sein, wurde aber – trotz des Versprechens – festgenommen.

Bei seiner Vorladung lehnte er es ab, die Lehrautorität des Konzils anzuerkennen und verweigerte den Widerruf seiner kirchenkritischen Schrift. Das Konzil gab ihm keine Gelegenheit zu einer eingehenden Rechtfertigung seiner Thesen, sondern verlangte schlicht den öffentlichen Widerruf und die Abschwörung. Weil er bei seiner Überzeugung blieb, dass die Kirche eine nichthierarchische Versammlung der durch Prädestination Erwählten sei, als deren Haupt er nur Christus anerkennen könne, wurde Jan Hus als Ketzer zum Feuertod verurteilt und am 6. Juli 1415 auf dem Scheiterhaufen verbrannt. Seine Hinrichtung löste 1419 die verheerenden, langjährigen Hussitenkriege zwischen den tschechischen Protestanten und kaiserlichen Truppen aus.

Familiäres: Jan Hus stammte aus einfachen Verhältnissen, sein Vater war ein Fuhrmann.

Orte: Prag, Konstanz.

Zitat: »Die Bibel ist ganz wahr und hinreichend zur Seligkeit des Menschengeschlechts.«

Wichtiges Werk: *De Ecclesia* (Über die Kirche), 1413.

Zum Weiterlesen: Peter Hilsch: Johannes Hus. Prediger Gottes und Ketzer, Regensburg 1999.

Auch das noch: Zum Auftakt des Heiligen Jahres 2000 bat Papst Johannes Paul II. um Vergebung für die Leiden, die der Reformator und seine Anhänger erdulden mussten, und würdigte den »sittlichen Mut« von Jan Hus. Sein Todestag (6. Juli) ist seit 1925 tschechischer Nationalfeiertag.

Ulrich von Hutten

* 21. April 1488 Burg Steckelberg (bei Schlüchtern)
† 29. August 1523 auf der Insel Ufenau

Deutscher Ritter, Dichter, Kirchenkritiker und Humanist

Von den Eltern für den geistlichen Stand bestimmt, entfloh Hutten 1505 mit 17 Jahren der Enge des Klosters, um ein freies Leben zu führen. Als mittelloser junger Mann zog er in den folgenden Jahren von Universität zu Universität, erst in Deutschland (u.a. Köln, Leipzig und Wittenberg), ab 1512 dann in Italien (Venedig, Padua, Bologna). Geistig fühlte er sich stark zum Humanismus hingezogen.

Nachdem der Humanist → Johannes Reuchlin eine öffentliche Stellungnahme für das jüdische Schrifttum abgegeben und damit den jahrelangen »Reuchlinistenstreit« mit den Kölner Dominikanern ausgelöst hatte – die den Talmud und andere jüdische Schriften am liebsten verbrennen wollten –, ergriff Hutten leidenschaftlich Partei für Reuchlin. Wenig später hatte er großen Anteil an den beißend ironischen *Dunkelmännerbriefen* (1515–1517), einer Sammlung fingierter Briefe, die die Heuchelei und Unwissenheit der alten Scholastiker lächerlich machten. 1516 konnte Hutten dank der Unterstützung des Erzbischofs Albrecht II. von Mainz seine Studien in Italien fortsetzen, am 12. Juli 1517 wurde er von Kaiser → Maximilian in Augsburg zum Dichter gekrönt und konnte am Hof Albrechts eine festbesoldete Stellung annehmen. Trotz seiner literarischen Tätigkeit gelang es ihm nicht, sich aus weltlichen Geschäften herauszuhalten, wie ihm Willibald Pirckheimer geraten hatte. In einem Brief an den Freund vom Oktober 1518 verwies Hutten entschuldigend auf seine ritterliche Herkunft.

Mit → Erasmus von Rotterdam, mit dem er sich ebenfalls angefreundet hatte, teilte Hutten die Abneigung gegen die kirchlichen Missstände, die sich zunehmend verschärfte. Seine Forderung nach kirchlichen Reformen war nicht neu, aber nie zuvor hatte sie jemand mit solcher Leidenschaft vorgetragen. Als seine Stellung am Hof des Mainzer Erzbischofs aufgrund seiner Angriffe auf die Kirche 1519 unhaltbar wurde, suchte er Zuflucht auf der Burg seines Freundes Franz von Sickingen und polemisierte von dort aus gegen Papst und Klerus. In scharfen Streitschriften rief er die Stände des Reiches unaufhörlich dazu auf, sich eingedenk der alten deutschen Freiheit der römischen Herrschaft zu entledigen. Was ihm vorschwebte, war aber keineswegs eine Restitution des mittelalterlichen Universalreiches, sondern ein Reich deutscher Nation.

Durch seine vehemente Kritik an der römischen Kirche geriet Hutten vorübergehend in die Nähe → Luthers, doch schon bald stellte sich heraus, dass sie nicht um dieselbe Sache stritten. Während es Luther um theologisch grundsätzliche Fragen ging, war Huttens Ruf nach einer Kirchenreform primär von politischen Wünschen getragen. Als alle seine Rufe verhallt waren, ohne dass Kaiser, Fürsten oder Städte sich gegen Rom erhoben hätten, griff er zur Selbsthilfe und begann einen eigenmächtigen »Pfaffenkrieg« am Mittelrhein, der sich kaum von gewöhnlichen Raubritterüberfällen unterschied. Von der Kirche gebannt und von allen einstigen Gefährten verlassen, fand er schließlich Zuflucht bei → Ulrich Zwingli in Zürich. Wenig später starb er, erst 36 Jahre alt, auf der Insel Ufenau im Zürichsee.

Familiäres: Der Spross eines fränkischen Rittergeschlechts wurde von den Eltern für den geistlichen Stand bestimmt und deshalb früh der Klosterschule Fulda übergeben.

Orte: Köln, Frankfurt (Main), Mainz, Leipzig, Greifswald, Wittenberg, Mainz, Zürich, Wien, Venedig, Bologna.

Zitat: »O Jahrhundert, o Wissenschaften! Es ist eine Lust zu leben, die Studien blühen, nimm den Strick Barbarei und geh ins Exil!«

Wichtige Werke: *Querelae* (1510); *Exhoratio* (1512); *Aula* (1518); *Klag und Vormanung gegen den übermäßigen unchristlichen Gewalt des Bapsts zu Rom*, 1520; *Vermahnungen an die Freien und Reichstädte deutscher Nation*, 1522.

Zum Weiterlesen: Eckhard Bernstein: Ulrich von Hutten, Hamburg 1999.

Auch das noch: Die Lebensgeschichte des Ulrich von Hutten wurde von vielen Dichtern und Literaten aufgegriffen, so von Georg Herwegh, Ferdinand Freiligrath und Conrad Ferdinand Meyer.

Jakob Hutter

* 1500 in Moos, in der Nähe von St. Lorenzen (Südtirol)
† 1536 in Innsbruck

Anführer der Tiroler Täuferbewegung

Jakob Hutter erlernte das Handwerk des Hutmachers, danach zog er einige Jahre als Geselle durch die Welt. In Welsberg wurde er zum Vorsteher einer Täufergemeinde. Nachdem → Jörg Blaurock hingerichtet worden war, wurde Hutter zum Anführer der Täufer in Tirol. Dort hatten sich im Gebirge bedrängte Täufer aus der Schweiz, Bayern und Salzburg niedergelassen, weil sie sich dort mehr Sicherheit und die Möglichkeit, ihren Glauben zu praktizieren, erhofften.

Doch auch in Tirol wurden sie hart verfolgt. Hutter ging 1529 nach Mähren, wo zu jener Zeit eine gewisse religiöse Toleranz herrschte, um zu erkunden, ob sie dort in Frieden würden leben können. Nach seiner Rückkehr veranlasste er eine Gruppe nach der anderen, die Heimat zu verlassen und sich in Mähren anzusiedeln. Mit einigen Mitstreitern organisierte er die Flucht der Täufer über Bergpässe und Flüsse. Er selbst war von 1531 bis 1535 immer wieder in Mähren und baute verschiedene Siedlungen mit den sogenannten Bruderhöfen auf, auf denen die Menschen genossenschaftlich lebten und arbeiteten. Gütergemeinschaft wurde praktiziert, Gemeindeordnungen regelten den Tagesablauf und das soziale Leben.

Trotzdem kam es zu Streitigkeiten unter den Glaubensflüchtlingen, die Hutter zu schlichten suchte. Die vielen Neuankömmlinge mussten in die bestehenden Höfe, auf denen bis zu 400 Menschen lebten, integriert werden. Das ging nicht ohne Reibereien. Da Anhänger verschiedener Täufergruppen dort Zuflucht suchten, kam es zu Konflikten über die rechte Lehre. Doch Hutter konnte eine Spaltung verhindern und die Einheit der Täufer in Mähren wahren. Auch darüber, wer die Gemeinschaften leiten sollte, gab es Streit. Die einen waren für Jakob Hutter als Bischof, die anderen für Simon Schützinger. Der Machtkampf ging zugunsten von Hutter aus, doch als der erneut nach Tirol aufbrach, legte er die Führung in die Hände von Schützinger.

1535 verfügt ein kaiserliches Edikt, dass alle Täufer aus Mähren auszuweisen seien. Sie siedelten sich daraufhin in den umliegenden Ländern an. Hutter kehrte endgültig nach Tirol zurück. König Ferdinand I. war schon lange bemüht, ihn gefangen zu nehmen. Zeitweise gehörte Hutter zu den steckbrieflich meistgesuchten Menschen in Österreich. Nun zog sich das Netz immer enger um Hutter. Spitzel hatten seine Ankunft bereits angekündigt, er wurde verfolgt und gejagt. Hutter hatte sich als Kaufmann verkleidet, um noch einmal die Gemeinden besuchen zu können. Doch Ende 1535 gab es kein Entkommen mehr – er wurde gefasst und nach Innsbruck überführt. Durch Folter sollte er zum Widerruf gebracht werden, doch er blieb standhaft und verriet auch keine seiner Glaubensbrüder und -schwestern. Im Februar 1526 wurde er auf dem Scheiterhaufen verbrannt.

Familiäres: Auch seine Frau Katharina gehörte zur Täuferbewegung und begleitete ihn auf vielen seiner Reisen. Als sie mit ihm gefangen genommen wurde, war sie hochschwanger. Sie konnte aus dem Gefängnis entkommen, wurde aber zwei Jahre später erneut gefasst und hingerichtet.

Orte: Tirol und Mähren.

Zitat: Hutter auf dem Gang zum Scheiterhaufen: »Nun kommt her, ihr Widersprecher. Lasset uns den Glauben im Feuer probieren. Dieses Feuer schadet meiner Seele so wenig wie der brennende Ofen dem Sadrach, Massach und Abednego.«

Wichtiges Werk: Acht *Sendbriefe* sind von ihm erhalten, die er im Stil apostolischer Schreiben an die Urgemeinden verfasste.

Zum Weiterlesen: Werner O. Packull: Die Hutterer in Tirol – frühes Täufertum in der Schweiz, Tirol und Mähren, Innsbruck 2000.

Auch das noch: Hutter gilt als Begründer der Hutterer, die heute noch in den USA und Kanada leben. Immer noch wird gemeinschaftlich gewirtschaftet. Es gibt rund 400 Kolonien, auf den Höfen leben bis zu 100 Menschen zusammen.

Matthias von Jagow

* 1490 in Aulosen
† 1544 in Ziesar

Reformator in Brandenburg

Matthias von Jagow studierte Jura und Theologie in Leipzig, Frankfurt (Oder) und Bologna. Zunächst wurde er Propst des Benediktinerklosters in Spandau, 1532 dann Bischof von Brandenburg, ohne jedoch die ihm noch fehlenden Weihen nachgeholt zu haben.

Er ließ sich in Ziesar nieder, wo er anscheinend ein so zügelloses Leben führte, dass Kurfürst → Joachim II. sich 1537 beim Magdeburger Erzbischof über ihn beschwerte, der Matthias von Jagow ermahnte.

Jagow hielt sich mit Reformen zurück. Erst nachdem sich eine Versammlung der Ritterschaft 1539 der evangelischen Lehre zugewandt hatte, teilte er dem Kurfürsten im Beisein der Ritterschaft das Abendmahl in beiden Formen aus, am folgenden Tag auch der Bürgerschaft. Den Fortgang der Reformation beobachtete er allerdings aus der Distanz, ohne selbst aktiv zu werden. Nachdem er vom Kurfürsten und vom Generalsuperintendenten – vermutlich wegen seines früheren zügellosen Lebenswandels – zu einer Heirat gedrängt worden war, nahm er 1541 Katharina von Rochow zur Frau. Der Kurfürst finanzierte die Hochzeit und gab ihm das Dorf Wachow zur weiteren Aufbesserung seines Lebensunterhalts. Größeren Einsatz zeigte der Bischof allerdings auch weiterhin nicht. Matthias von Jagow starb 1544 in Ziesar.

Familiäres: Matthias von Jagow war seit 1541 verheiratet mit Katharina von Rochow.

Orte: Spandau, Ziesar.

Zitat über ihn: Luther, der zunächst einen positiven Eindruck von Jagow gewonnen hatte, nannte ihn später »initiativlos und selbstsüchtig«.

Auch das noch: Der Bildhauer Harro Magnussen schuf im 19. Jahrhundert als Nebenfigur zur Statue von Joachim II. eine Büste von Jagows für die Berliner Siegesallee.

Jacob ben Jechiel Loans

* Anfang des 15. Jahrhunderts
† 1506 in Linz

Jüdischer Arzt, Hebräischlehrer Johannes Reuchlins

Über sein Leben ist nur wenig bekannt. Seine Familie war zu Beginn des 15. Jahrhunderts aus Louhans in Burgund vertrieben worden. Jacob ben Jechieal Loans war Leibarzt Kaiser Friedrichs III., der ihn aus Dankbarkeit für seinen treuen Dienst in den Ritterstand erhob. Auch für Friedrichs Sohn und Nachfolger → Maximilian I. soll er als Leibarzt gewirkt haben. Als → Johannes Reuchlin 1492 mit seinem Landesfürsten Herzog Eberhard von Württemberg an den kaiserlichen Hof kam, traf er auf Jacob Loans und fand in ihm einen geschätzten Hebräischlehrer, bei dem er seine Sprachstudien fortsetzen konnte. Johannes Reuchlin soll Jacob ben Jechiel Loans in seiner Schrift *De verbo mirifico* von 1494 in der Figur des jüdischen Gelehrten Simon verewigt haben.

Familiäres: Jacob ben Jechiel Loans soll ein Vorfahre Josels von Rosheim gewesen sein.

Zitat über ihn: »Humanissimus praeceptor mens homo excellens.« (Johannes Reuchlin)

Joachim II.

*13. Januar 1505 in Cölln (heute Berlin)
† 3. Januar 1571 in Köpenick

Führte die Reformation in seinem Teil der Mark Brandenburg rigoros durch, gleichzeitig öffnete er sein Gebiet wieder zur Ansiedlung für Juden

Nach dem Tod seines Vaters, Joachim I. von Brandenburg, übernahm Joachim Hector im Jahr 1535 die Regierung. Der Bruder seines Vaters, Albrecht von Brandenburg, hatte als Erzbischof von Mainz großen Einfluss auf die Haltung des Hauses zur Kirche. Joachim II. blieb zunächst der alten Kirche treu, erwarb eine Menge kostbarer Reliquien und ließ sich nach seinem Regierungsantritt vom Maler → Lukas Cranach d. Ä. mit dem Rosenkranz in der Hand porträtieren – als Zeichen seiner Treue zur Kirche.

Bereits vier Jahre später führte er jedoch die Reformation in Brandenburg ein. Schon im Jahr darauf ließ er über vierzig Klöster auflösen und führte eine neue Kirchenordnung ein. Das Gebiet wurde in Kirchenkreise eingeteilt, an der Spitze stand ein Konsistorium, das die Landeskirche leitete. Joachim zählte in den 35 Jahren seine Regierung zu den ausgeglichenen, auf Verständigung bedachten protestantischen Fürsten. Etwa zeitgleich revidierte er das Verbot gegen Juden, sich in der Mark niederzulassen.

Unter Joachims Regierung blühte die Kunst in Brandenburg auf. Das hing mit seinem persönlichen Hang zu Luxus und Repräsentation zusammen. Er ließ das Berliner Stadtschloss erneuern. Zum neu erbauten Jagdschloss »Zum grünen Walde« ließ er einen Dammweg vom Berliner Schloss aus bauen, später wurde daraus der berühmte Kurfürstendamm. Bei seinem Tod am 3. Januar 1571 hinterließ Joachim einen riesigen Schuldenberg von über zweieinhalb Millionen Gulden.

Familiäres: Joachim heiratete 1524 Magdalene von Sachsen, mit der er vier Töchter und drei Söhne hatte, 1535 Hedwig von Polen, mit der er drei Töchter und zwei Söhne hatte, und nahm sich 1549 zusätzlich eine Mätresse, Anna Dieterich, die Frau eines Berliner Geschützgießers (»die schöne Gießerin«). Mit ihr hatte er drei Kinder.

Orte: Berlin, Brandenburg, Spandau.

Zum Weiterlesen: Uta Lehnert: Der Kaiser und die Siegesallee, Berlin 1998.

Auch das noch: Den sogenannten Knüppelkrieg, ein vom Kurfürsten inszeniertes Lustgefecht in Spandau, schildert Theodor Fontane in den *Wanderungen durch die Mark Brandenburg* unter dem Titel »Die Seeschlacht in der Malche«.

Johann der Beständige

* 13. Juni 1468 in Meißen

† 16. August 1532 auf Schloss Schweinitz

Herzog und Kurfürst von Sachsen

Johann der Beständige wurde gemeinsam mit seinem Bruder →Friedrich dem Weisen nach dem Tod ihres Vaters 1486 die Herrschaft über das Kurfürstentum Sachsen und die ernestinischen Teile Thüringens übertragen. Nach der Vermählung mit seiner zweiten Frau Margarete von Anhalt ließ er sich in Weimar nieder. Im Jahr 1525 verstarb sein Bruder, und er übernahm die alleinige Verwaltung des Kurfürstentums, ließ sich dabei von korrupten Beamten ausnehmen. Wie sein Bruder war er der Reformation gegenüber positiv eingestellt

und fällte seine Entscheidungen stets im Blick auf christliche Glaubensgrundsätze. Zum Reichstag von Speyer erschien er als einer der wenigen fürstlichen Vertreter des Protestantismus. Ebenso nahm er am Augsburger Reichstag teil und unterstützte →Martin Luther, mit dem er eine fast freundschaftliche Beziehung pflegte. Gemeinsam mit →Phillipp von Hessen übernahm er die Führung des Schmalkaldischen Bundes.

Nach seinem Tod am 16. August 1532 wurde er wie sein Bruder in der Schlosskirche zu Wittenberg beigesetzt und hinterließ das Kurfürstentum seinem Sohn Johann Friedrich.

Familiäres: In erster Ehe mit Sophie von Mecklenburg verheiratet, nach ihrem Tod vermählte er sich mit Margarete von Anhalt.

Orte: Torgau, Weimar.

Zitat über ihn: »Ich glaube gewiß, daß der Kurfürst Johann von Sachsen den Heiligen Geist gehabt hat. Das hat er in Augsburg durch sein Bekenntnis trefflich bewiesen.« (Martin Luther)

Zum Weiterlesen: Volker Leppin, Georg Schmidt, Sabine Wefers (Hrsg.): Johann Friedrich I. – der lutherische Kurfürst, Gütersloh 2006.

Auch das noch: Neben seinem Bruder Friedrich und seinem Sohn und Nachfolger →Johann Friedrich I. findet er in Forschung und Literatur nur wenig Beachtung. Die Evangelische Kirche in Deutschland würdigt ihn aber mit einem Gedenktag im Evangelischen Namenskalender am 16. August.

Johann Friedrich I.

* 30. Juni 1503 in Torgau
† 3. März 1554 in Weimar

Großer Gönner Martin Luthers, führender Kopf der protestantischen Fürsten im Schmalkaldischen Bund

Der Sohn des → Johann von Sachsen (»der Beständige«) genoss eine ausgezeichnete Ausbildung in Torgau und Weimar. Als Jugendlicher lernte er → Martin Luther kennen, 17-jährig setzte er sich bei seinem Onkel für Luther ein, als dieser 1520 von der Bannbulle des Papstes → Leo X. bedroht war. Er nannte Luther seinen »gaystlichen Vater«.

Mit 29 Jahren trat er die Nachfolge seines Vaters an. Er verschaffte der protestantischen Kirche in Sachsen eine neue Ordnung, richtete ein Konsistorium ein und verlieh der Universität Wittenberg eine Stipendiatenordnung. Auf ihn geht die Gründung der Universität Jena zurück, die 1557 von Kaiser Ferdinand I. anerkannt wurde.

Das politische Schicksal von Johann Friedrich stand unter einem ungünstigen Stern. Sein Einsatz für die Reformation führte zu unklugen Maßnahmen. So griff er die katholischen Gebiete von Braunschweig-Wolfenbüttel an. Daraufhin verhängte Kaiser → Karl V. im Jahr 1546 die Reichsacht über ihn und beauftragte Moritz von Sachsen mit deren Vollzug. 1547 wurde Johann in der Schlacht bei Mühlberg besiegt und gefangen genommen. Das zunächst verhängte Todesurteil wandelte der Kaiser in lebenslange Haft um, doch Friedrich verlor die Kurwürde an Moritz von Sachsen und büßte einen großen Teil seines Gebietes ein.

Erst 1552, als Moritz sich gegen den Kaiser wandte, kam Johann Friedrich frei. Im Vertrag von Naumburg erhielt er 1554 einige seiner Gebiete zurück und durfte sich fortan »geborener Kurfürst« nennen. Die Kurwürde allerdings verblieb bei Moritz von Sachsen.

Legendär ist die Leibesfülle Johann Friedrichs. Er liebte Wein und üppige Festmahle und war so dick, dass dem Vernehmen nach nur ein friesischer Hengst in der Lage war, ihn zu tragen. Mit 51 Jahren verstarb Johann in Weimar.

Familiäres: Seit 1527 mit → Sibylle von Cleve verheiratet, mit der er vier Söhne hatte, einer von ihnen starb kurz nach der Geburt.

Orte: Torgau, Weimar, Mühlberg, Jena, Naumburg.

Zum Weiterlesen: Joachim Bauer, Birgitt Hellmann (Hrsg.): Verlust und Gewinn. Johann Friedrich I., Kurfürst von Sachsen, Jena 2003.

Auch das noch: Heinrich von Kleist zeichnet in seiner 1810 veröffentlichten Novelle *Michael Kohlhaas* den Kurfürsten als Gegenspieler von Hans Kohlhase nach.

Justus Jonas der Ältere

Jobst Koch

* 1493 in Nordhausen

† 1555 in Eisfeld

Jurist und lutherischer Theologe

Als Jobst Koch geboren, nahm er später den Vornamen seines Vaters Justus an und latinisierte seinen Vornamen. Sein Vater war als Bürgermeister in Nordhausen wohlhabend und einflussreich. Justus Jonas studierte in Erfurt und Wittenberg Jura. Hier kam er mit humanistischen Kreisen in Berührung. 1516 wurde er zum Priester geweiht und hielt an der Universität Erfurt Vorlesungen über Kirchenrecht. Zwei Jahre später wurde er Doktor der Rechte, 1519 übernahm er eine Professur an der juristischen Fakultät.

1521 kam er als Propst an der Schlosskirche nach Wittenberg. Inzwischen von den Rechten weniger fasziniert als von der Theologie, promovierte er nun auch in diesem Fach und wurde Theologieprofessor. In den folgenden Jahren entwickelte sich ein enges Verhältnis zu → Martin Luther. Er übersetzte zahlreiche seiner Texte aus dem Lateinischen ins Deutsche und gehörte beim Reichstag in Worms und Augsburg sowie bei den Religionsgesprächen in Marburg zu seinen Begleitern. Auch unterstützte er ihn bei seiner Bibelübersetzung und arbeitet an der *Confessio Augustana* mit.

Justus Jonas setzte sich an vielen Orten für die Reformation ein und wirkte kirchenpolitisch an ihrer Durchsetzung mit, so in Leipzig, Halle, Naumburg, Hildesheim, Coburg, Regensburg und Eisfeld. Für Zerbst entwickelte Justus Jonas eine Kirchenordnung, die später für die ganze evangelische Kirche in Anhalt prägend wurde. 1541 wurde er von Kurfürst → Johann Friedrich von Sachsen nach Halle entsandt, um dort die lutherische Lehre durchzusetzen. Kurze Zeit war er Hofprediger in Coburg, dann wurde er Superintendent in Eisfeld, wo er mit 62 Jahren verstarb.

Familiäres: Schon früh setzte sich Justus Jonas für die Priesterehe ein und heiratete selbst. Seine erste Frau Katharina starb bei der Geburt des 13. Kindes. Die zweite verlor er nach nur sechs Jahren Ehe. Seine dritte Frau pflegte ihn schließlich bis zu seinem Tod.

Orte: Erfurt und Wittenberg.

Zitat: »Die Theologie ist diejenige Lehre, durch die man in der Erkenntnis der Weisheit und des Willens Gottes lehrt und lernt … Sie ist nicht eine solche geringe Erkenntnis, die nur dem zeitlichen Leben Magddienste leistet, wie die übrigen Künste, obwohl diese, so lange dieses Leben währt, ihren Ruhm haben, sondern sie ist jene von oben stammende Weisheit, zu deren Erkenntnis der Mensch von Anfang an geschaffen und mit jenem Geist aus dem Geiste Gottes begabt ist … Mag immerhin die Theologie, weil sie auf irdischen Erwerb nicht Jagd macht und jenen Wind und Rauch weltlichen Ruhmes nicht hat, vor den Menschen verachtet sein, aber welch ein unermesslicher Schatz ist sie in den Augen Gottes!«

Auch das noch: Justus Jonas war auch ein Dichter von Kirchenliedern. Sechs sind heute noch bekannt, eines davon im Evangelischen Gesangbuch: *Wo Gott der Herr nicht bei uns hält* (EG 297)

Leo Jud

Leo Keller

* 1482 in Guémar

† 19. Juni 1542 in Zürich

Schweizer Reformator

Der Sohn eines Priesters lernte an der Lateinschule in Schlettstadt. Seit 1499 studierte er in Basel und dann in Freiburg im Breisgau Medizin. 1505 kehrte er nach Basel zurück, wo er sich mit → Ulrich Zwingli anfreundete und ein Theologiestudium begann. Er wurde Diakon an St. Theodor und beendete sein Studium 1512 mit dem Magistergrad. Dann ging er als Leutpriester nach St. Hippolyte, 1519 zog er als Nachfolger Zwinglis nach Einsiedeln. Hier begann er mit seiner Übersetzung der Bibel. 1523 zog er nach Zürich, wirkte an St. Peter und wurde der engste Mitarbeiter Zwinglis. Er begleitete ihn zur Zürcher Disputation, übersetzte mit ihm die Bibel, arbeitete als Prediger, Dozent, Eherichter und Liederdichter und erstellte zusammen mit → Heinrich Bullinger die Zürcher Kirchenordnung. Nach Zwinglis Tod ließ er Bullinger den Vortritt bei dessen Nachfolge. Leo Jud starb 1542 in Zürich.

Familiäres: 1523 heiratete Leo Jud die ehemalige Nonne Katharina Gmünder aus Einsiedeln.

Orte: Basel, Hippolyte, Einsiedeln, Zürich, Guémar.

Wichtige Werke: *Des Leidens Jesu Christi Historia*, 1534; *Christliche Widerfechtung*, 1523; *Erasmus und Luthers Meinung vom Nachtmahl*, 1526.

Zum Weiterlesen: Karl-Heinz Wyss: Leo Jud. Seine Entwicklung zum Reformator 1519–1523, Bern 1976.

Leonhard Kaiser

* um 1480 in Rab bei Schärding
† 16. August 1527 in Schärding

Theologe, evangelischer Märtyrer

Leonhard Kaiser studierte seit 1502 in Leipzig. 1517 ging er als Vikar nach Waitzenkirchen, wo er in lutherischem Sinn predigte, weswegen er angeklagt und 1524 zum Widerruf gezwungen wurde. Kurz darauf verließ er Waitzenkirchen und begann 1525 ein Studium an der Universität Wittenberg. Hier stand er in engem Kontakt zu → Martin Luther und schickte Bücher und Briefe in seine Heimat, um die protestantischen Gedanken auch dorthin zu tragen.

1526 reiste er in die Heimat, um seinen im Sterben liegenden Vater zu besuchen. Hier traf er unter anderen auf → Michael Stifel und versuchte weiterhin, reformatorisch zu wirken. Herzog Ernst von Bayern ließ ihn daher am 10. März 1527 wegen Ketzerei verhaften und in ein Gefängnis nahe Passau bringen. Der von Stifel benachrichtigte Luther schrieb Leonhard Kaiser einen Trostbrief mit der Aufforderung, er – der Angeklagte – möge, was auch geschehe, »den väterlichen Willen Gottes an ihm erkennen, tragen, lieben und loben mit gutem Herzen«.

Da Kaiser unbeirrt an seinen Überzeugungen festhielt, konnten auch einflussreiche Fürsprecher nichts ausrichten. Die Gerichtsverhandlung, an der auch der Herzog selbst und → Johannes Eck teilnahmen, fand statt und Kaiser wurde letztlich durch den Herzog zum Tod auf dem Scheiterhaufen verurteilt, unter anderem mit der Begründung, er habe sich als durch und durch lutherisch erwiesen, da er sich in seinen Ausführungen allein auf die Schrift berufe. Am 16.08.1527 starb Lenonhard Kaiser in Schärding den Feuertod.

Orte: Rab, Wittenberg, Waitzenkirchen.

Zum Weiterlesen: Hans Karl Grossing: Leonhard Kaiser, der österreichische Prediger und Märtyrer des Evangeliums, in: Menschen vor Gott, hrsg. von Alfred Ringwald, 1970.

Auch das noch: Vor den Toren Schärdings befindet sich heute ein Gedenkstein, auf dem zu lesen ist: »Leonhard Kaiser, Prediger und Märtyrer des Evangeliums Christi; verbrannt am ›Gries‹ bei Schärding am 16. August 1527. Selig sind, die um der Gerechtigkeit willen verfolgt werden, denn das Himmelreich ist ihr, Matth. 5, V. 10.«

Karl V.

* 24. Februar 1500 in Gent

† 21. September 1558 in San Geronimo de Yuste

Kaiser des Heiligen Römischen Reichs 1530–1555

Karl wurde als Enkel Kaiser Maximilians I. und Sohn von König Philipp I. und Johanna von Kastilien in eine europaweit verzweigte Adelsdynastie hineingeboren. Brüder, Schwestern und andere nahe Mitglieder der Familie waren mit den ver-

schiedensten europäischen Herrscherhäusern verwandt. So war seine älteste Schwester in erster Ehe mit König Manuel I. von Portugal und später mit König Franz I. von Frankreich verheiratet. Eine unbeschwerte Kindheit hatte der junge Karl dennoch nicht. Sein Vater starb, als er acht Jahre alt war, die

Mutter litt an einer schweren psychischen Störung und konnte sich nicht um ihre Kinder kümmern. Ihre Erkrankung, bei der es sich wahrscheinlich um eine Form der Schizophrenie handelte, trug ihr den wenig schmeichelhaften Beinamen »die Wahnsinnige« ein. Karl sah sie erst als fast erwachsener Mann wieder. An seinem vorbestimmten Weg änderte das nichts. Für die Erziehung waren vor allem seine Tante Margarete und der spätere Papst → Hadrian VI. verantwortlich. Bereits mit 15 Jahren wurde Karl für volljährig erklärt, um zunächst die Herrschaft über Burgund und nur ein Jahr später auch über Spanien zu übernehmen. 1519 wurde er nach einem Wahlkampf, der keinen Vergleich mit modernen Maßstäben zu scheuen braucht, römisch-deutscher König. Zu diesem Zeitpunkt war der Mann, der über ein Reich herrschte, »in dem die Sonne nicht untergeht«, alles andere als unumstritten. Tatsächlich bewarben sich weitere ernst zu nehmende Gegner um die Königskrone, allen voran der französische Herrscher Franz I. In ihren Ansichten lagen die beiden gar nicht so weit auseinander: Beide wollten ein geeintes Reich unter einer starken Führung. Die Entscheidung brachte letztendlich neben den taktischen Erwägungen aller Beteiligten vor allem das Geld der Fugger. Die Augsburger Kaufmannsfamilie, deren Reichtum mehr als einmal politische Entwicklungen beeinflusst hat, unterstützte Karls Bestrebungen mit mehr als einer halben Million Gulden. Eine für damalige Verhältnisse kaum vorstellbare Summe. Allerdings war die Unterstützung von → Jakob Fugger nicht umsonst. Im Gegenzug für das Darlehen sicherte er sich langfristige Privilegien im gesamten Reich. Elf weitere Jahre vergingen, bis Papst → Clemens VII. Karl 1530 zum Kaiser krönte. Es war das letzte Mal, dass ein Papst die Rechtmäßigkeit einer Herrschaft bestätigte.

Karls Regentschaft begann, wie sie 36 Jahre später endete: Mit einem kaum zu kalkulierenden Konfliktpotenzial, dass das Riesenreich zu sprengen drohte. → Martin Luther war zunächst keine große Aufregung wert. Seine Exkommunikation durch den Papst war für die Kirche eine Routineangelegenheit. Eine politische Dimension erhielt der Vorgang jedoch durch Kurfürst → Friedrich den Weisen, als dieser Luther unter seinen Schutz stellte und eine Untersuchung nach den Gesetzen des Reiches statt nach Kirchenrecht forderte. Mit seinem Alleingang forderte er den König und den Papst heraus. Die Entscheidung über Luther sollte auf dem Reichstag in Worms fallen. Doch durch den Einfluss der Reichsstände erhielt Luther freies Geleit, ohne dass der Kaiser die Reichsacht gegen ihn verhängen konnte. Als er diesen Schritt schließlich nachholte, war Luther längst auf der Wartburg in Sicherheit und die Verbreitung seiner Ideen nicht mehr aufzuhalten. Auch mit den anderen Herausforderungen seiner Zeit tat Karl sich schwer. So wie es ihm nicht gelang, die religiöse Einheit im Reich wiederherzustellen, scheiterten auch seine Versuche, die Einheit der National- und Territorialstaaten zu verwirklichen. Außerdem stellten die Osmanen während seiner Regierungszeit eine starke Bedrohung dar, als sie 1529 bis vor die Tore Wiens vorgedrungen waren. Nach 36 Jahren auf dem Thron resignierte Karl V. schließlich und dankte zugunsten seines Sohnes Phillip II. und seines Bruders Ferdinand I. ab. Ein Jahr zuvor war durch den Augsburger Religionsfrieden die Glaubensspaltung endgültig besiegelt worden. Während sein Bruder fortan als Kaiser das Reich regierte, lenkte sein Sohn die Geschicke in den Niederlanden, Spanien und Neapel. Zwei Jahre nach seiner Abdankung starb Karl V. im Alter von 58 Jahren an Malaria.

Familiäres: Karl hatte außer mit seiner Frau Isabella auch Kinder aus außerehelichen Beziehungen.

Orte: Karl war der letzte Kaiser ohne festen Herrschaftssitz und zog mit großem Gefolge durch sein Riesenreich.

Zitat: »Große Hoffnung hatte ich – nur wenige haben sich erfüllt, und nur wenige bleiben mir: und um den Preis welcher Mühen!«

Zitat über ihn: »Was sollte nun dieser rechtschaffene Kaiser unter so viel Schälken und Bösewichten vermögen, besonders gegen den Erzbösewicht Papst Klemens, der aller Schalkheit voll steckt und sie bisher auch redlich am Kaiser bewiesen hat?« (Martin Luther)

Zum Weiterlesen: Alfred Kohler: Karl V. 1500–1558. Eine Biographie, München 2001.

Auch das noch: Im deutschen Film *Martin Luther* (1983) spielt Jörg Pleva Kaiser Karl V.

John Knox

* um 1514 in Gifford Gate
† 24. November 1572 in Edinburgh

Schottischer Reformator und Mitbegründer der Presbyterianischen Kirchen

Nach dem Studium der Theologie und Rechtswissenschaft an der Universität St. Andrews wurde Knox 1530 zum katholischen Priester geweiht. Da es viele Priester und wenige Gemeinden gab, arbeitete er zunächst als Hauslehrer in verschiedenen Grafenfamilien. Nachdem er Georg Wishart kennengelernt hatte, einen Anhänger →Calvins, begann Knox sich mit Eifer für die Reformation in Schottland einzusetzen. Knox wurde einer der Anführer des Aufstandes gegen Kardinal David Beaton, der Wishart hatte hinrichten lassen und die Protestanten verfolgte. Der Volksaufstand wurde mithilfe französischer Truppen niedergeschlagen, denen auch Knox schließlich in die Hände fiel. Zwei Jahre lang war er daraufhin im Dienst Frankreichs Gefangener auf Galeeren.

1549 ging Knox als Prediger nach England. Hier lernte er seine Frau Marjorie kennen. Ihm wurde das Bistum Rochester angeboten, was er aber ablehnte, da ihm die anglikanische Kirche zu gefällig gegenüber Rom war. Nachdem der protestantische König Eduard VI. gestorben war und seine katholische Schwester Mary ihm auf den Thron folgte, ging Knox 1554 nach Genf und traf dort Johannes Calvin, der ihn fortan stark beeinflusste. Zwischenzeitlich war er Prediger in Frankfurt am Main, kehrte dann aber bald nach Genf zurück, wo er die englische Flüchtlingsgemeinde betreute. Knox arbeitete in dieser Zeit gemeinsam mit anderen an einer englischen Bibelübersetzung, die unter dem Namen *Genfer Bibel* bekannt wurde. Deren Anmerkungen waren allerdings so puritanisch, dass König James später eine neue Übersetzung in Auftrag gab. Knox' Söhne Nathaniel und Eleazar wurden ebenfalls in der Schweiz geboren.

Nach Schottland kehrte er 1559 zurück, wo er zu einem Wortführer der reformatorischen Bewegung wurde. Während die schottische Regentin ihn ächtete, nahm die Bevölkerung ihn begeistert auf. Die Reformation breitete sich in ganz Schottland aus. Zu Unruhen und Kirchenstürmungen kam es, nachdem Knox in Perth eine Predigt gegen die katholische Bilderverehrung gehalten hatte; sie endeten erst, als 1560 das Parlament das *Schottische Bekenntnis*, an dem Knox maßgeblich mitgearbeitet hatte, annahm. Die schottische Kirche wurde presbyterianisch. Als die katholische Königin Maria Stuart die nun abgeschaffte Messe an ihrem Hof wieder einführen wollte, stellte Knox sich gegen sie, und es kam zu einem Konflikt, in dessen Folge er des Hochverrates angeklagt wurde. Später wurde er freigesprochen. Ein gegen ihn geplantes Attentat überlebte er.

An der Gefangensetzung der Königin und ihrer Absetzung durch protestantische Adlige war Knox wesentlich beteiligt. Am Ende seines Lebens zog er sich aus der Öffentlichkeit zurück und ging nach St. Andrews. Erst kurz vor seinem Tod lebte er wieder in Edinburgh.

Familiäres: Über die Familie von John Knox ist wenig bekannt. Sie stammt wohl aus einer niederen sozialen Schicht, sein Vater Wilhelm war vermutlich ein freier Bauer. Sein Bruder war ein Kaufmann. Über seine Mutter ist nichts weiter bekannt, außer ihrem Mädchennamen Sinclair, den Knox später gelegentlich als Pseudonym verwendete.

Orte: Edinburgh, Genf.

Zitat: »Ein Mann mit Gott ist immer in der Mehrheit.«

Zitat über ihn: »Hier liegt ein Mann, der nie das Angesicht eines anderen Mannes fürchtete.« (Der schottische Regent James Douglas, 4. Earl of Morton, bei der Beerdigung von Knox)

Zum Weiterlesen: Andreas Pecar: Macht der Schrift: Politischer Biblizismus in Schottland und England zwischen Reformation und Bürgerkrieg (1534–1642), Berlin 2010.

Auch das noch: John Knox Grab liebt heute unter einem Parkplatz südlich der St. Giles' Kathedrale. Die Evangelische Kirche in Deutschland erinnert mit einem Gedenktag am 24. November – seinem Todestag – an ihn.

Nikolaus Kopernikus

*19. Februar 1473 in Thorn
† 24. Mai 1543 in Frauenburg

Jurist und Astronom, der das Sonnensystem entdeckte

In Krakau, Bologna, Padua und Ferrara studierte er Rechtswissenschaften und Medizin. Durch den mehrjährigen Aufenthalt in Italien vom Geist der Renaissance fasziniert, kehrte er 1503 zurück ins Ermland (heute Polen), wurde Arzt in Frauenland, »dem hintersten Winkel der Welt«, wie schrieb. Als Kanzler des Domkapitels war er in die Auseinandersetzungen zwischen dem Deutschen Orden und Polen verwickelt. Seine Leidenschaft gehörte jedoch der Astronomie. Schon 1509 entwickelte er eine bahnbrechende Theorie: Nicht die Erde könnte Mittelpunkt des Kosmos sein, wie bisher unhinterfragt angenommen, sondern die Erde könnte mit anderen Planeten die Sonne umkreisen. In den darauffolgenden Jahren sammelte er mathematische und astronomische Belege für seine Idee; 1539 ließ er sich überreden, sie zu veröffentlichen. *De revolutionibus orbium coelestium* (Über die Umschwünge der himmlischen Kreise) erschien 1543 und versetzt die Fachwelt in Aufruhr und leitete einen fundamentalen Umdenkungsprozess ein. Das bisherige ptolemäische Weltbild wurde reformiert und durch das sogenannte heliozentrische Weltsystem ersetzt, in dem die Sonne im Mittelpunkt steht und somit die Erde quasi degradiert. Auch → Martin Luther und → Philipp Melanchthon bezeichneten die Erkenntnisse des Kopernikus als unseriös und nicht mit der Bibel zu vereinbaren.

Zitat: »So lenkt die Sonne, gleichsam auf königlichem Thron sitzend, in der Tat die sie umkreisende Familie der Gestirne. Auch wird die Erde keineswegs der Dienste des Mondes beraubt, sondern der Mond hat mit der Erde die nächste Verwandtschaft. Indessen empfängt die Erde von der Sonne und wird mit jährlicher Frucht gesegnet.«

Zitat über ihn: »Der Narr will mir die ganze Kunst Astronomia umkehren! Aber wie die Heilige Schrift zeigt, hieß Josua die Sonne stillstehen und nicht die Erde!« (Martin Luther)

Zum Weiterlesen: Dava Sobel: Und die Sonne stand still: Wie Kopernikus unser Weltbild revolutionierte, Berlin 2012.

Auch das noch: Im Jahr 1616 setzte der Papst Kopernikus' Werk auf die Liste der verbotenen Bücher, erst 1835 wurde es wieder freigegeben.

Johann Lachmann

* 1491 in Heilbronn
† Dezember 1538 in Heilbronn

Begründer des Heilbronner Katechismus

Als Sohn eines Heilbronner Ratsherrn, der in zweiter Ehe verheiratet war, wuchs Lachmann in wirtschaftlich gesicherten Verhältnissen auf. Im Anschluss an die Lateinschule besuchte er die Universität Heidelberg, die er 1508 mit der Magisterprüfung erfolgreich abschloss. Nach einer Anstellung als Pfarrverweser übertrug ihm der Rat der Stadt Heidelberg 1521 das Predigeramt. Im gleichen Jahr erhielt er die Doktorwürde. Wann genau Lachmann mit der Verbreitung reformatorischer Ideen begann, ist nicht genau bekannt. Ab 1524 sind erste lutherische Predigten überliefert. Vermutlich hatte der Prozess jedoch schon in den Jahren zuvor eingesetzt. In Heilbronn brodelte es im 16. Jahrhundert bereits in der ersten Hälfte der 20er-Jahre zwischen den Reformatoren und den konservativen Kräften. Auch Lachmanns Halbbrüder müssen von dieser Welle der Erneuerung erfasst worden sein. Die Glockengießer ersetzten auf einer Glocke die Inschrift mit dem Hinweis auf die Jungfrau Maria durch einen Hinweis auf Jesus.

Doch zunächst war Lachmanns Überzeugungskraft während des Bauernkriegs von 1525 gefordert. Er vermittelte so geschickt zwischen den Anführern der Aufständischen und den Städten Heidelberg und Wimpfen, dass beide Orte im Gegensatz zu zahlreichen anderen Gemeinden ohne große Schäden davonkamen. Nach der Zerschlagung der Bauernarmee wurde ihm deshalb vorgeworfen, ein Unterstützer der Aufständischen gewesen zu sein. 1526 heiratete Lachmann und wurde dafür heftig vom Würzburger Bischof kritisiert. Doch der Heilbronner Rat stellte sich vor ihn. 1528 vollendete Kaspar Graeter den von Lachmann begonnenen Heilbronner Katechismus. Wenig später führte Lachmann nach dem protestantischen Abendmahl auch die deutsche Taufe in Heilbronn ein. Trotz des noch immer in der Stadt tobenden Religionsstreits blieb Lachmann immer auf Ausgleich bedacht. Damit hatte er maßgeblichen Anteil daran, dass die Heilbronner Bevölkerung sich nicht entzweite, sondern schließlich im lutherischen Glauben geeint blieb.

Familiäres: Johann Lachmann wohnte einige Zeit im heute »Käthchenhaus« genannten Gebäude am Marktplatz. Die Gestaltung des Erkers soll auf ihn zurückgehen.

Ort: Heilbronn.

Wichtigste Werke: *Drei christliche Ermahnungen an die Bauernschaft, ehe sie vor Weinsberg gezogen, von ihrem Fürnehmen abzustehen*, 1525.

Anna Laminit

* um 1480 in Augsburg
† 1518 Freiburg/Saale

Geistliche Betrügerin

Als 17-Jährige trat sie den Beginen bei, einer karitiativen frommen Frauengemeinschaft. Sie gab vor, keine Nahrung zu sich zu nehmen und folgerichtig seit Jahren auch keine Ausscheidungen mehr zu haben. Mit ihrem vermeintlich asketisch-wundersamen Leben beeindruckte sie unzählige Menschen bis in die höchsten Schichten hinein. Sie sammelte viel Geld für wohltätige Zwecke, unterschlug es jedoch und scheffelte ein beachtliches privates Vermögen. Sogar → Martin Luther war auf seiner Rückreise aus Rom der Anna Laminit begegnet. »Es war mit ihr lauter Bescheißerei« und teuflisches Werk, beschreibt er später die Betrügerin in einer Tischrede. Anna Laminits Beziehung zu einem reichen Augsburger und einem Pfarrer kratzten ihren Ruf an. Belegt werden konnten ihre Betrügereien erst 1512 durch Erzherzogin Kunigunde. Sie lud die vermeintliche Heilige zu sich ins Münchener Kloster ein und beobachtete durch ein Loch in der Wand zum Gästezimmer, wie sie heimlich aß und ihre Exkremente entsorgte. 1518 wird ihr der Prozess gemacht, in dem viele Betrügereien aufgedeckt werden. Die Todesstrafe wird durch Ertränken in der Saale vollstreckt.

Zitat über sie: »Nicht nur das dumme Volk, der ungebildete Pöbel, glaubte dies, sondern auch unsere heiligmäßigen Gelehrten, die neuen Theologieprofessoren.« (Johannes Aventinus)

Zum Weiterlesen: Sylvia Weigelt: Der Männer Lust und Freude sein, Frauen um Luther. Weimar 2011.

Johann Lange

* um 1487 in Erfurt
† 02. April 1548 in Erfurt

Reformator Erfurts

Ab 1500 studierte Johann Lange an der Erfurter Universität. 1506 trat er in das dortige Augustinerkloster ein, wo er 1509 → Martin Luther kennenlernte, dem er später nach Wittenberg folgte. Dort studierte er Theologie und wirkte ab 1512 als Dozent an der Universität. 1516 wurde er Prior des Erfurter Klosters. Gemeinsam mit Luther nahm er an der Heidelberger Disputation teil. Lange promovierte 1519 zum Doktor der Theologie. 1522 trat er aus dem Kloster aus und bemühte sich weiterhin, die Reformation in Erfurt auch gegen Widerstände durchzusetzen. 1525 schuf er eine neue Gottesdienstordnung. Außerdem gab er einen um die »Christlichen Fragstücke« erweiterten Katechismus heraus.

Familiäres: Johann Lange war zweimal verheiratet, zunächst mit einer deutlich älteren, wohlhabenden Rastherrenwitwe, nach deren Tod mit einer sehr viel jüngeren Frau. Mit ihr bekam er drei Kinder.

Orte: Wittenberg, Erfurt.

Wichtiges Werk: *Das heilige Evangelium Matthei aus Kriechsersprach un bisweilen aus des hochgelerte hern Erasmi vo Roterdam translacion durch den wirdigen doctore Johane Langiu vo Erffurt Augustiner ordes yns deutsch gebracht*, 1521.

Zum Weiterlesen: Martin Burgdorf: Johann Lange, Der Reformator Erfurts. Dissertation, Rostock 1911.

Johannes a Lasco

* 1499 in Łask
† 08. Januar 1560 in Pińczów

Polnischer Calvinist und Reformator Ostfrieslands

Der in Polen geborene Johannes a Lasco studierte in Bologna und Padua, kehrte nach Polen zurück, wurde 1521 zum Priester geweiht, ging als Domkaplan nach Gnesen und wirkte als Sekretär am Königshof. 1524 reiste er nach Paris und nach Basel, wo er auf → Erasmus von Rotterdam traf und sich intensiv mit ihm austauschte. Außerdem knüpfte er Kontakte zu → Ulrich Zwingli und → Johannes Oekolampad. Nach einer diplomatischen Italienreise kehrte er 1525 nach Gnesen zurück. Nachdem er 1537 in Leipzig mit → Philipp Melanchthon in Kontakt getreten war, ging er nach Löwen, heiratete und brach damit als erster polnischer Geistlicher öffentlich den Zölibat. 1538 wurde er Archidiakon von Warschau. Aus Angst vor der Inquisition zog er 1540 nach Emden, wo er 1542 Superintendent wurde. Er kämpfte gegen den Widerstand der Altgläubigen und der Täufer. Außerdem setzte er sich, durch die schweizerische Reformation geprägt, für die Abschaffung der Bilder in Kirchen ein. Er gestaltete das ostfriesische Kirchenwesen neu, wobei er den Kirchenrat und die Kirchenzucht einführte. Nach Meinungsverschiedenheiten mit dem Interim 1549 musste er seine Stelle verlassen. Johannes a Lasco ging nach London, betreute dort eine Flüchtlingsgemeinde und wirkte an Reformen mit. Die einsetzende Rekatholisierung trieb ihn erneut zur Flucht, er kehrte nach Emden zurück. Nach einem Streit um seinen Katechismus und die Abendmahlslehre zog er nach Frankfurt, wo er als Superintendent der Flüchtlingsgemeinde wirkte. 1557 ging er zurück nach Polen. Als Superintendent der reformierten Gemeinde versuchte er hier, Calvinisten, Lutheraner und Böhmische Brüder durch eine gemeinsame Organisation und Kirchenzucht zu einen, was jedoch nicht gelang.

Familiäres: 1540 heiratete Johannes a Lasco seine Frau Barbara, die aus einfachen Verhältnissen stammte.

Orte: Gnesen, Löwen, Emden, London, Frankfurt a. M., Pińczów.

Zitat: »Gott lässt seine Sonne aufgehn über alle ohne Ausnahme, um allen gleich zu leuchten, lässt regnen über alle ohne Ausnahme und den heilbringenden Samen seines Gotteswortes über jederlei Acker streuen; seine Schuld ist es nicht, wenn der allenthalben hin gestreute Same des ewigen Lebens hier erstickt, da zertreten wird und dort verdorrt.«

Wichtiges Werk: *Defensio verae semperque in ecclesia receptae doctrinae de Christi Domini incarnatione, adversus Mennonem Simonis anabaptistarum doctorem, per I. à L. Bonnae,* 1545.

Zitat über ihn: Er »war nicht nur ein Mann der Kirche und Theologe, sondern auch Humanist, Moralist, Politiker und Diplomat, endlich – Mäzen, Verteidiger und Beschützer aller um des Glaubens willen Bedrängten.« (Oskar Bartel)

Zum Weiterlesen: Henning P. Jürgens: Johannes a Lasco in Ostfriesland. Der Werdegang eines europäischen Reformators, Tübingen 2020.

Leo X.

* 11. Dezember 1475 in Florenz
† 1. Dezember 1521 in Rom

Papst und Widersacher → Luthers (1513–1521)

Leo wuchs unter dem bürgerlichen Namen Giovanni de Medici sorgenfrei als Sohn des Großkaufmanns in Florenz auf. Seine Mutter war eine geborene Orsini und gehörte zu einem alten römischen Adelsgeschlecht. Sein Vater Lorenzo der Prächtige gehörte als Statthalter von Florenz zu den einflussreichsten Männern seiner Zeit. Als zweitältester männlicher Nachkomme Lorenzos war seine theologische Laufbahn vorbestimmt. Die begann bereits im Kindesalter. Schon früh wurden ihm erste Pfründe zugesprochen, auch Klöster gehörten dazu. Mit 14 Jahren wurde Giovanni von Papst Innozenz VIII. zum Kardinal ernannt. Damit entsprach er nach jahrelangem Zögern dem Wunsch Lorenzo de Medicis. Allerdings nicht ohne Hintergedanken: Im Gegenzug verheiratete er seinen Sohn Francesco mit einer Tochter aus dem Hause Medici.

Als 17-Jähriger stimmte Giovanni bei seinem ersten Konklave gegen Rodrigo Borgia, der als Papst Alexander VI. in die

Geschichte einging. Als Vorsichtsmaßnahme verließ er nach der Wahl Rom und kehrte zu seiner Familie zurück. Doch auch in Florenz erwarteten ihn unruhige Zeiten. Sein Vater war tot, und sein älterer Bruder Piero stand den Medicis vor – mit wenig Glück. Dem Aufstand, den der »schwarze Mönch« Girolamo Savonarola in Florenz mit seinen Hasspredigten ausgelöst hatte, konnte sich Piero nicht erwehren. Die Medicis mussten vorübergehend aus Florenz flüchten. Erst nach der Hinrichtung Savonarolas und dem Tod Alexanders gelang es Giovanni mit der Unterstützung von Papst → Clemens VII., Florenz 1512 für die Familie zurückerobern. Gut drei Wochen nach dem Tod von Clemens wurde Giovanni am 11. März 1513 zum Papst gewählt. Auch wenn man im Vatikan schon einiges erlebt hatte, folgte unter Leo X. eine Phase der Verschwendung, die letztendlich der Reformation Tür und Tor geöffnet hat. Sein größtes Vorhaben, der Bau des Petersdoms, verschlang so viel Geld, dass Leo X. den Ablasshandel fördern musste und zu einer bedeutenden Einnahmequelle für die Kirche machte. Vor allem mit dieser Form der Buße zog er sich den Zorn Luthers zu. Doch Luther war für Leo kaum mehr als ein Querulant. 1520 verurteile er Luthers Schriften in einer Bulle, ein halbes Jahr später im Januar 1521 exkommunizierte er den Mönch. Als er am 1. Dezember 1521 plötzlich verstarb, hinterließ er außer hohen Schulden eine riesige Baustelle in Rom, auf der erst viele Jahrzehnte später der Petersdom vollendet werden sollte.

Familiäres: Sein Onkel Giuliano kam bei einer Verschwörung gegen die Medici, an der auch Papst Sixtus IV. beteiligt war, ums Leben.

Orte: Florenz, Pisa, Rom.

ZITAT: »Wir gebieten diesem Martinus von jetzt an, dass er inzwischen von jeder Predigt und dem Predigtamt überhaupt absehe.« Bannandrohungsbulle *Exsurge Domini*, 1520.

ZITAT ÜBER IHN: »Darum bitte ich, heiliger Vater Leo, Du wollest Dir diese meine Entschuldigung gefallen lassen und mich gewiss für den halten, der wider Deine Person nie etwas Böses vorgenommen habe, und der so gesinnet sei, der Dir das Allerbeste wünsche und gönne, der auch keinen Hader noch Zank mit jemand um jemandes bösen Lebens willen, sondern allein um des göttlichen Worts Wahrheit willen haben wolle.« (Martin Luther im Sendbrief an den Papst Leo X. 1520)

ZUM WEITERLESEN: Götz-Rüdiger Tewes (Hrsg.): Der Medici-Papst Leo X. und Frankreich. Politik, Kultur und Familiengeschäfte in der europäischen Renaissance, Tübingen 2002.

AUCH DAS NOCH: Im Film *Luther* (2003) wurde Papst Leo X. von dem Schauspieler Uwe Ochsenknecht dargestellt.

Elias Levita

Elijah Levita, Elija ben Asher ha Levi

* 13. Februar 1469 in Ipsheim oder Neustadt an der Aisch
† 28. Januar 1549 in Venedig

Jüdischer Humanist und Schriftsteller

In Venedig und Padua wirkte Levita als Hebräischlehrer. Daneben verfasste er Ritterromane und übersetzte die Psalmen. 1509 zog er nach Rom und unterrichtete dort Kardinal Ägidius de Viterbo in Hebräisch. 1527 ging er zurück nach Venedig, um in der Werkstatt des Verlegers Daniel Bomberg als Korrektor zu arbeiten. 1540 zog Levita nach Isny. Dort lernte er → Paul Fagius kennen, der später einige der Werke Levitas herausgab. Fagius lernte bei ihm Hebräisch. Anschließend lebte Levita zwei Jahre lang in Konstanz, bevor er nach Venedig zurückkehrte. Trotz der Kritik von orthodox-jüdischer Seite stand Levita zeitlebens in engem Kontakt mit christlichen Humanisten wie → Sebastian Münster und → Andreas Osiander. Auch → Philipp Melanchthon schätzte seine Schriften. Neben → Johannes Reuchlin war er einer der wichtigsten Initiatoren der Hebraistik auch für das christliche Theologiestudium.

Orte: Venedig, Padua, Rom, Isny, Konstanz.

Wichtiges Werk: *Shemot Devarim*, 1542.

Auch das noch: Ein direkter Nachfahre Elias Levitas ist der britische Premierminister David Cameron.

Jan van Leyden

Jan Beuckelszoon

* 2. Februar 1509 nahe Leiden
† 22. Januar 1536 in Münster/Westfalen

Führende Persönlichkeit der Täuferbewegung

Der gelernte Schneider Jan van Leyden führte zunächst ein unstetes Leben, arbeitete unter anderem in Flandern und England. Der uneheliche Sohn eines Dorfschulzen und einer aus Darup bei Coesfeld im Münsterland stammenden Dienstmagd betrieb zeitweise eine Gastwirtschaft in seiner Heimatstadt, versuchte sich auch als Dichter, Sänger und Schauspieler. Schon früh interessierte er sich für die christliche Bewegung der Täufer. Die Täufer, die von ihren Feinden Wiedertäufer genannt wurden, waren radikal und revolutionär, sie lehnten die Kindstaufe ab, weil sie nicht in der Bibel erwähnt wird. An ihre Stelle tritt die Erwachsenentaufe. Mit ihren Ansichten stellten sie das gesamte vorherrschende Kirchensystem in Frage – noch radikaler als → Martin Luther. Ihre Prediger betonten die unmittelbare Bedeutung der Bibelworte und stellten sich gegen jede kirchlich-theologische Vermittlung. Jan van Leyden lernte im Alter von 24 Jahren den Täufer Jan Matthys kennen, der den jungen Mann taufte und als sogenannten Apostel ins westfälische Münster schickte. Dort, wo die Reformation zwischen die Räder des lutherisch gesinnten Rates und der radikalen Prediger um Bernhard Rothmann, Kaplan am Chorherrenstift St. Moritz, geraten war, fiel das radikale und apokalyptische Gedankengut der Täufer auf fruchtbaren Boden. Bei der Ratswahl im Februar 1534 setzten sich die Täufer durch.

Viele Katholiken und den lutherischen Ideen wohlwollend gegenüberstehende Bürger verließen die Stadt.

Jan van Leyden, der schon bald als Anführer der Täufer das Kommando übernahm, errichtete eine kompromisslose und brutale Herrschaft. Unter ihm vertrieben die Täufer die »Gottlosen« aus dem »Neuen Jerusalem« Münster, ordneten die (Wieder-)Taufe aller Bürger an und führten die Gütergemeinschaft ein. Privateigentum wurde verboten. Zudem beschlossen die Herrschenden die Einführung der Polygamie, der Vielehe für Männer. Jan van Leyden selbst ehelichte 16 Frauen. Nach Ansicht des charismatischen Anführers gehörte all dies zur Vorbereitung für das unmittelbar bevorstehende Königreich Christi. In der Realität gab es unter ihm viel Willkür und Blutvergießen. Van Leyden war radikal, scheute sich nicht, Hinrichtungen eigenhändig zu vollstrecken. Die Münsteraner Täufer gingen im Verlauf ihrer kurzen Herrschaft immer kompromissloser zu Werke, um ihr »Reich« zu errichten.

Dem Täuferreich unter Jan van Leyden war letztlich nur eine kurze Zeit beschieden. Die Gegner formierten sich rasch und setzten zum militärischen Schlag an. Im Jahr 1535 eroberte Bischof → Franz von Waldeck gemeinsam mit dem Landgrafen → Philipp von Hessen seine Stadt Münster zurück. Jan van Leyden, der sich zum »König« erklärt hatte, wurde gemeinsam mit seinen Gefährten gefangen genommen und gefoltert. Am 22. Januar 1536 wurden er, sein Statthalter Bernd Knipperdolling sowie »Reichskanzler« Bernd Krechting mit glühenden Zangen gemartert und schließlich erdolcht. Die verstümmelten Leichname der drei Täufer wurden in Eisenkäfigen hoch oben am Turm der Lambertikirche in Münster aufgehängt. Noch heute sind sie dort zu sehen, die Folterinstrumente lagern im Stadtmusem.

Orte: Leiden, Lübeck, Lissabon, Münster/Westfalen.

Zum Weiterlesen: Hubertus Lutterbach: Das Täuferreich von Münster: Wurzeln und Eigenarten eines religiösen Aufbruchs, Münster 2007.

Auch das noch: Der deutsch-tschechische Spielfim *König der Täufer* (Deutschland 1993) schildert die Verführbarkeit der Menschen in Massen für die Ideen der Täufer. Jan van Leyden wird darin von Christoph Waltz gespielt.

Kaspar Löner

* um 1494 in Markt Erlbach
† 06. Januar 1546 in Nördlingen

Theologe und Kirchenliedkomponist

Kaspar Löner besuchte die Schule des Klosters Heilbronn und studierte ab 1508 in Erfurt. 1520 wurde er Vikar in Nesselbach, wo er Gottesdienste in deutscher Sprache hielt, woraufhin er nach Hof versetzt wurde. Hier wirkte er ebenfalls reformatorisch und versuchte während des Bauernkrieges die Aufständischen zu beschwichtigen. Dennoch musste er seine Stelle verlassen, zog 1526 nach Wittenberg und 1527 nach Oelsnitz, konnte jedoch 1528 nach Hof zurückkehren und begann, an der Michaeliskirche die Reformation voranzutreiben. Er verfasste einen Katechismus und stellte ein Gesangbuch zusammen. Auf Druck seiner Gegner musste er Hof erneut verlassen und wurde 1533 Superintendent in Oelsnitz, 1542 Prediger am Naumburger Dom und 1544 Superintendent in Nördlingen. Auch für Nördlingen entwarf er eine Gottesdienstordnung, ein Gesangbuch und einen Katechismus.

Familiäres: Kaspar Löner heiratete in Hof Margarethe Fleitscher, die Tochter des Bürgermeisters. Er war der Urgroßvater des Kirchenlieddichters Josua Stegmann.

Orte: Nesselbach, Hof, Wittenberg, Oelsnitz, Naumburg, Nördlingen.

Wichtiges Werk: *Unterricht des Glaubens oder christlicher Kinderzucht in 72 Fragen und Antworten verfasst*, 1529.

Melchior Lotter der Jüngere

* um 1490 in Leipzig
† um 1542 in Leipzig

Buchdrucker, publizierte zahlreiche Reformationsschriften

Als Sohn von Melchior Lotter d. Ä., ebenfalls Buchdrucker, und seiner Frau Dorothea wurde Melchior Lotter d. J. in Leipzig geboren. Ab 1510 betrieb er eine eigene Werkstatt in Leipzig. 1519 wurde diese in das Wittenberger Haus → Lucas Cranachs d. Ä. verlegt. Wie sein Vater druckte Lotter gemeinsam mit seinem Bruder Michael zahlreiche Reformationsschriften, darunter → Luthers Übersetzung des Neuen Testaments. In Leipzig hatte er sich griechische Lettern anfertigen lassen. So konnte er auch griechische Texte drucken und damit zur Verbreitung der griechischen Sprache beitragen, was → Philipp Melanchthons Forderung nach einem Studium der Ursprungstexte entsprach.

Wegen eines Streits mit den Verlegern – er soll einen Buchbinder gefoltert haben – ging er 1525 nach Leipzig zurück, wo er als einer der ersten die Psalmen in beweglichen Lettern druckte.

Orte: Leipzig, Wittenberg.

Wichtiges Werk: *Das Newe Testament Deutzsch, gedruckt bei: Melchior Lotter d. J.,* 1522.

Sebastian Lotzer

* um 1490 in Horb am Neckar
† nach 1525

Laientheologe, gilt als Verfasser
der *Zwölf Artikel der Bauernschaft*

Sebastian Lotzer wurde um 1490 als Sohn eines gleichnamigen Kirchenbeamten in Horb geboren. Er wurde Kürschner und zog nach Memmingen, wo er →Christoph Schappeler kennenlernte. Ab 1523 verfasste er mehrere reformatorische Flugschriften, dazu sollen auch die 1525 gedruckten *Zwölf Artikel der Bauernschaft* gehört haben, in denen unter anderem die Abschaffung von Leibeigenschaft, überhöhten Abgaben und willkürlichen Bestrafungen gefordert wurde. Die *Zwölf Artikel der Bauernschaft* gelten bis heute als erste schriftliche Formulierung von Menschen- und Freiheitsrechten in Europa. Während des Bauernaufstandes versuchte Lotzer, den Konflikt friedlich zu lösen, konnte sich damit aber nicht durchsetzen. Nach der Niederlage der Bauern floh Lotzer 1525 aus Memmingen. Einige Zeit lebte er in Sankt Gallen. Über sein weiteres Leben ist nichts bekannt.

Familiäres: Sebastian Lotzer heiratete in Memmingen die Tochter des Kramers Weigelin.

Orte: Memmingen, Sankt Gallen.

Zitat: »Darumb erfindt sich mit der geschryfft das wir frey seien und wollen sein.«

Wichtiges Werk: *Die Zwölf Artikel der Bauern*, 1525.

Zum Weiterlesen: Peter Blickle: Der Bauernkrieg. Die Revolution des Gemeinen Mannes, München 2002.

Auch das noch: In Horb befindet sich Sebastian Lotzer zu Ehren ein lanzenspitzenförmiges Denkmal des Bildhauers Markus Wolf, auf dem zu lesen ist: »Sebastian Lotzer von Horb schuf im März 1525 mit den Zwölf Artikeln ein Monument in der Geschichte der Menschen- und Freiheitsrechte. Nach der Niederschlagung der Erhebung des Gemeinen Mannes floh er nach St. Gallen, wo sich seine Spur im Nichts verliert.«

Ignatius von Loyola

* 31. Mai 1491 auf Schloss Loyola (Baskenland)
† 31. Juli 1556 in Rom

Mitbegründer des Jesuitenordens

Der Sohn einer Landadligenfamilie kam mit 15 Jahren an den spanischen Hof, als Soldat führte er ein ausschweifendes Leben. Nach einer Kriegsverletzung änderte er sich radikal:

Er beschloss, sein weltliches Leben aufzugeben, pilgerte nach Jerusalem und studierte in Salamanca und Paris Theologie, »um den Seelen zu helfen«. Am 15. August 1534 legte er zusammen mit fünf Freunden auf dem Montmartre in Paris das Gelübde ab, von nun an keusch und in Armut zu leben. Sie nannten sich »Societas Jesu«, Gesellschaft Jesu, weil sie nur

Jesus als ihr Oberhaupt anerkennen wollten. Rasch gewannen sie Anhänger und lebten militärisch organisiert. Am 27. September 1540 wurde der neue Orden der Jesuiten von Papst Paul III. anerkannt. Bis zu seinem Tod blieb Ignatius Ordensgeneral.

Orte: Loyola, Pamplona, Salamanca, Paris, Rom.

Zitat: »Alles zur größeren Ehre Gottes!«

Wichtiges Werk: *Der Bericht des Pilgers*, 1572.

Zitat über ihn: »Seine wunderbare Umwandlung zum tapferen Herold des Evangeliums muss gerechterweise der Kraft der Exerzitien zugeordnet werden.« (Papst Pius XI.)

Zum Weiterlesen: Helmut Feld: Ignatius von Loyola. Gründer des Jesuitenordens, Köln 2006.

Auch das noch: Nach seinem Sterbetag (31. Juli) richtet sich eine Bauernregel: »So wie Ignaz stellt sich ein, wird der nächste Januar sein.«

Hans Lufft

Johannes Lufft

* um 1495 in Amberg
† 2. September 1584 in Wittenberg

Buchdrucker, bekannt als »Bibeldrucker«

Hans Lufft lernte in Leipzig das Druckerhandwerk. 1515 ging er nach Wittenberg, wo er zunächst in der Druckerei Johann Gronenbergs arbeitete, danach in der Druckerei →Melchior Lotters d. J. Nachdem Lotter die Stadt verlassen hatte, übernahm Lufft dessen Druckerei und war von nun an zuständig für den Druck der Bibelausgaben und zahlreicher anderer Schriften der Wittenberger Reformatoren, die unter anderem von Christian Döring, aber auch von Lufft selbst verlegt wurden. Auch die erste Gesamtausgabe der Lutherbibel von 1534 stammt aus seiner Werkstatt. So kam er zu Wohlstand und konnte 1526 das Bürgerrecht der Stadt erwerben. Zwei Jahre später kaufte er zwei Häuser in Wittenberg, die er ausbaute. 1542 wurde er Ratsmitglied, später unter anderem mehrfach Stadtrichter und Bürgermeister.

Familiäres: 1519 heiratete Lufft seine erste Frau Dorothea, die 1561 verstarb. 1562 heiratete er erneut, diesmal Margarethe, die Tochter des Matthias Moschwitz aus Torgau.

Orte: Leipzig, Wittenberg.

Wichtiges Werk: *Martin Luther, Biblia das ist die gantze Heilige Schrifft Deutsch, Gedruckt von Hans Lufft*, Wittenberg 1534.

Auch das noch: Im Historienfilm *Luther – Ein Film der deutschen Reformation* (1927) übernahm der russische Schauspieler Alexander Murski die Rolle Hans Luffts.

Martin Luther

* 10. November 1483 in Eisleben

† 18. Februar 1546 in Eisleben

Initiator der Reformation, verwarf zahlreiche Fehlentwicklungen der Kirche, lehnte das Papsttum ab, übersetzte die Bibel in die deutsche Sprache, schrieb deutsche Kirchenlieder und schuf neue Gottesdienstordnungen

Der Sohn von Hans Luther, Hüttenmeister im Kupferbergbau, und seiner Frau Margarethe wuchs in Mansfeld auf. Er besuchte zunächst die dortige Stadtschule, wechselte 1497 in die Magdeburger Domschule. 1501 begann Luther an der Universität in Erfurt mit dem Studium der Freien Künste (Artistenfakultät), das er 1505 mit dem Magisterexamen abschloss. Dem Wunsch seines Vaters folgend, begann er dann Jura zu studieren, geriet jedoch in eine tiefe seelische Krise. In einem schweren Gewitter legte er das Gelübde ab, Mönch zu werden, und trat bald darauf in das Erfurter Kloster der Augustinereremiten ein. Schon zwei Jahre später wurde er zum Priester geweiht, 1508 empfahl sein Beichtvater Johann Staupitz ihn für das Theologiestudium in Wittenberg. In dessen Auftrag reiste er 1511 nach Rom, vermutlich um Richtungsstreitigkeiten innerhalb des Ordens zu regeln. Die Pracht der Papstresidenz beeindruckte ihn tief.

1512 promovierte Luther in Theologie und übernahm eine Professur für biblische Lektüre, die er bis zu seinem Lebensende innehatte. Er entwickelte ein stark von Augustinus und Paulus beeinflusstes Denken und wandte sich schließlich von der scholastisch geprägten Theologie ab. Wann er zur sogenannten reformatorischen Entdeckung kam, ist nicht sicher datierbar. Vermutlich kam er 1517 während der Vorlesung des Paulusbriefes an die Römer zu der Erkenntnis, dass die Gerechtigkeit Gottes nicht in dessen Gericht mündet, sondern darin, den Sünder von aller Schuld zu erlösen.

Seine darauffolgende öffentliche Kritik des Ablasswesens (95 Thesen, 1517) wurde in der Öffentlichkeit als Angriff auf den Papst gewertet und führte zu seiner Exkommunikation. Als er sich 1521 auf dem Reichstag in Worms weigerte zu widerrufen, wurde die Reichsacht über ihn und seine Gefolgsleute verhängt sowie seine programmatischen Schriften verboten. Das Verbot konnte aber die rasche Ausbreitung seiner reformatorischen Gedanken nicht mehr verhindern. Die Adelsschrift (*An den christlichen Adel deutscher Nation*) forderte die Fürsten auf, für ein Konzil und eine Erneuerung der Kirche zu sorgen. Die Streitschrift *Von der babylonischen Gefangenschaft der Kirche* trat für eine Neufassung der Sakramentenlehre ein, lehnte die Priesterweihe und das Lehramt des Papstes ab. In der Freiheitsschrift (*Von der Freiheit eines Christenmenschen*) verkündete Luther ein allgemeines Priestertum aller Gläubigen, das den Unterschied zwischen Klerikern und Laien aufhob und das bisherige Priesteramt neu gestaltete.

Sein Landesherr, der sächsische Kurfürst → Friedrich der Weise, nahm ihn nach der Ächtung auf der Wartburg in Schutzhaft (1521/22). Während dieser Zeit übersetzte Luther das Neue Testament ins Deutsche. Gleichzeitig begannen seine Anhänger in Wittenberg, die kirchlichen Strukturen radikal zu verändern. Luther griff ein und leitete die Reformbewegung in eine obrigkeitskonforme Richtung. In der Folgezeit spaltete sich deshalb die reformatorische Bewegung: Luther distanzierte sich von den Schwärmern (→ Thomas Müntzer), den aufständischen Bauern und den Täufern, aber auch von den oberdeutschen (→ Martin Bucer) und Schweizer Reformern (→ Ulrich Zwingli), die Luthers Ansicht von der realen Gegenwart Christi beim Abendmahl nicht teilten.

Demonstrativ war seine Absage an den Zölibat, als er 1525 die frühere Nonne → Katharina von Bora heiratete. Einen sicheren und zukunftsträchtigen Fortgang der kirchlichen Reformbewegung hielt Luther nur dann für möglich, wenn sie sich unter den Schutz der Fürsten und Landesherren stellte. Sie nahm er als »Notbischöfe« in Anspruch. Die von → Philipp Melanchthon unternommenen Versuche, sich mit der katholischen Kirche zu verständigen, hielt Luther für aussichtslos. Zwar unterstützte er von der Veste Coburg aus das Auftreten der Reformer mit ihrem *Augsburger Bekenntnis*, doch warf er Melanchthon vor, in einigen Punkten zu nachgiebig zu sein. Mit zunehmendem Alter nahm sein Bewusstsein stark apokalyptische Züge an, er war sicher, in der Endzeit zu leben, in der es galt, alle Feinde des wahren Christentums mit aller Kraft zu bekämpfen und zu vernichten. Zu den Feinden zählte er neben dem Papsttum die Juden, die Türken und die revolutionären Schwarmgeister. Seine antijüdischen Ausfälle (1543 erschien die Schrift *Von den Juden und ihren Lügen*) widersprechen seinen früheren Überzeugungen, dass »Ketzer verbrennen wider den Heiligen Geist sei« (1519).

Am 18. Februar 1546 starb Luther an einem Herzleiden während eines Aufenthaltes in seinem Geburtsort Eisleben.

Familiäres: Luther war verheiratet mit Katharina von Bora. Mit ihr hatte er drei Töchter und drei Söhne: Johannes (1526), Elisabeth (1528, starb mit einem Jahr), Magdalena (1529, wurde nur dreizehn Jahre alt), Martin (1531), Paul (1533) und Margarete (1534).

Orte: Eisleben, Erfurt, Wittenberg, Rom, Worms, Wartburg, Coburg, Augsburg, Marburg.

Zitat: »Leben, Sterben und Verdammnis machen einen Theologen, nicht Verstehen, Lesen, Grübeln.«

Wichtige Werke: *An den christlichen Adel deutscher Nation* (1520), *Von der babylonischen Gefangenschaft der Kirche* (1520), *Von der Freiheit eines Christenmenschen* (1520).

Zitat über ihn: »Ruhm dem Luther! Ewiger Ruhm dem teuren Manne, dem wir die Rettung unserer edelsten Güter verdanken, und von dessen Wohltaten wir noch heute leben! Es ziemt uns wenig, über die Beschränktheit seiner Ansichten zu klagen. Es ziemt uns noch weniger, über seine Fehler ein herbes Urteil zu fällen; diese Fehler haben uns mehr genutzt als die Tugenden von tausend andern. Die Feinheit des Erasmus und die Milde des Melanchthon hätten uns nimmer so weit gebracht wie manchmal die göttliche Brutalität des Bruder Martin.« (Heinrich Heine)

Zum Weiterlesen: Heinz Schilling: Martin Luther: Rebell in einer Zeit des Umbruchs. Eine Biografie, München 2012.

Auch das noch: Mehr als 27 Spiel- und Dokumentarfilme über Luthers Leben wurden produziert, im Jahr 2000 wurde in Helsinki sogar eine Oper (von Karl Tikka) uraufgeführt und verfilmt.

Felix Manz

* um 1500 in Zürich
† 1527 in Zürich

Mitbegründer der Täuferbewegung in Zürich
und deren erster Märtyrer

Felix Manz erhielt eine umfassende Ausbildung, vor allem in Latein und Griechisch. Gemeinsam mit → Ulrich Zwingli studierte er Hebräisch bei → Johann Böschenstein. Ab 1520 gehörte er zu einer Gruppe von humanistisch Interessierten, die → Zwingli um sich sammelte und zu der auch → Konrad Grebel stieß. Im Haus seiner Mutter unterrichte Manz in jenen Jahren auch selbst Schüler in den alten Sprachen.

Ab 1523 kam es zu Auseinandersetzungen mit Zwingli: Zuerst wegen ekklesiologischer Fragen, zunehmend aber wegen der Kindertaufe, die Manz entschieden ablehnte. In Konrad Grebel fand er einen Mitstreiter und Freund. Als die Distanz zu Zwingli immer größer wurde, suchten beide Kontakt zu anderen Reformatoren und schrieben etwa → Thomas Müntzer. Trotz einiger übereinstimmender Überzeugungen lehnten sie jedoch seine Bereitschaft zu Kampf und Gewalt ab. Auch mit → Andreas Bodenstein (Karlstadt) traf Manz sich in Basel, ohne dass der Kontakt enger geworden wäre.

Nach einigen Versuchen der erneuten Annäherung zwischen Zwingli und Manz über das Taufverständnis kam es Ende 1524 zum endgültigen Bruch zwischen den beiden. Manz forderte den Rat der Stadt Zürich auf, eine öffentliche Disputation einzuberufen, in der beide Lager ihre Position vertreten könnten. Dies geschah am 17. Januar 1525. Doch der Rat stellte sich danach offiziell auf die Seite Zwinglis und befahl jedem, der sein Kind nicht in den nächsten acht Tagen taufen würde, die Stadt zu verlassen.

Der Kreis um Manz und Grebel kam noch einmal am 21. Januar zusammen. Es wird berichtet, dass in der gedrückten Erwartung einer bedrohlichen Zukunft der ehemalige Mönch → Jörg Blaurock mit einem Mal Konrad Grebel bat, ihn zu taufen. Daraufhin taufte Blaurock seinerseits die anderen, auch Manz. Dieses Ereignis gilt als Gründung der ersten Täufergemeinde und damit der Täuferbewegung.

Manz begann in Zürich und Umgebung mit der Verbreitung seiner Botschaft. Besonders aktiv war er in Zollikon, einem Fischerdorf am Zürichsee. Am 30. Januar wurde er verhaftet und von Zwingli persönlich aufgefordert zu widerrufen, was er jedoch ablehnte. Gemeinsam mit Blaurock nahm er am 20. März in Zürich an der zweiten Disputation zum Taufverständnis teil, unterlag aber erneut, weil die große Mehrheit der Anwesenden sich für die Kindertaufe aussprach.

Er und einige andere Täufer kamen in Gefangenschaft, konnten aber bald fliehen. Manz suchte Zuflucht bei Grebel und missionierte im Züricher Oberland. Viele ließen sich von ihm taufen, und die Bewegung breitet sich schnell aus. Für den Rat von Zürich wurde sie zu einer Bedrohung, da sie sich mit aufständischen Bauern verband. Der Rat warf Manz vor, sich unter den Täufern für die Gütergemeinschaft einzusetzen. Manz bestritt das und bekundete, nur dazu aufzurufen, den Besitz zu teilen, damit jeder das Nötigste habe. Zudem bestritt er zu bezweifeln, dass die Obrigkeit von Gott eingesetzt werde.

Im März 1526 wurden Manz, Grebel und Blaurock erneut verhaftet und zu einer Gefängnisstrafe bei Wasser und Brot verurteilt. Ihnen wurde die Todesstrafe durch Ertränken angedroht, sollten sie ihre täuferischen Aktivitäten nicht unterlassen. Zwei Wochen später gelang allen dreien die Flucht. Im Dezember wurde Manz jedoch erneut gefasst, und dieses Mal kannte der Zürcher Rat keine Gnade. Im Januar 1527 wurde er – gefesselt an Händen und Füßen – von einem Kahn in den Fluss Limmat gestoßen und ertrank. Mit noch nicht einmal 30 Jahren war er der erste Märtyrer der Täuferbewegung.

Familiäres: Felix Manz war der uneheliche Sohn eines Züricher Kaplans.

Ort: Zürich.

Zitat:
»Mit Lust so wil ich singen,
mein Hertz freut sich in Gott,
der mir viel Kunst tut bringen,
dass ich entrinn dem Tod,
der ewiglich nimmt kein End.
Ich preis dich, Christ vom Himmel,
der mir mein Kummer wendt.«
Aus dem Kirchenlied »*Bei Christo will ich bleiben*«

Zum Weiterlesen: Andrea Strübind: Eifriger als Zwingli. Die frühe Täuferbewegung in der Schweiz, Berlin 2003.

Auch das noch: An der Stelle, an der Manz ertränkt wurde, wurde im Juli 2004 eine Gedenktafel angebracht. Der Text lautet: »Hier wurden mitten in der Limmat von einer Fischerplattform aus Felix Manz und fünf weitere Täufer in der Reformationszeit zwischen 1527 und 1532 ertränkt. Als letzter Täufer wurde in Zürich Hans Landis 1614 hingerichtet.«

Antonius Margaritha

* um 1492 in Regensburg
† Anfang 1542 in Wien

Zum Christentum konvertierter judenfeindlicher Jude

Um 1492 wurde Antonius Margaritha als Sohn des Rabbiners Samuel Margoles in Regensburg geboren. Über seine ersten Lebensjahre ist nichts bekannt, auch nicht über die Gründe für seine Konversion zum Christentum. Möglicherweise hat die Erfahrung der Vertreibung der Juden aus Regensburg 1519 eine Rolle gespielt. Um 1521 ließ er sich in Wasserburg am Inn taufen. Seine Familie versuchte, ihn durch Bitten und Geldgeschenke dazu zu bewegen, seine Entscheidung rückgängig zu machen, doch er ging nicht darauf ein. Antonius Margaritha wirkte an unterschiedlichen Orten als Hebräischlehrer. 1530 zog er nach Augsburg, wo er seine Schrift *Der gantz judisch Glaub* veröffentlichte.

Auf dem Augsburger Reichstag im selben Jahr wurde diese antijüdische Schrift durch → Josel von Rosheim in allen Punkten so gründlich widerlegt, dass Antonius Margaritha den Reichstag verlassen musste. Vermutlich aus Gründen, die mit dieser Auseinandersetzung zusammenhingen, saß Margaritha für die restliche Dauer des Reichstags im Gefängnis.

Sein antijüdisches Handbuch erfuhr dennoch weite Verbreitung und diente immer wieder dazu, Judenfeindschaft zu legitimieren. Auch die Konversion des Verfassers zum Christentum wurde dafür instrumentalisiert. Selbst → Martin Luther griff auf Margarithas Schrift zurück und übernahm viele seiner Vorurteile und judenfeindlichen Anschuldigungen, als er 1543 sein Werk *Von den Juden und ihren Lügen* herausbrachte.

Bis 1713 erschien Margarithas Schrift in 13 Auflagen und diente auch anderen Autoren immer wieder als Bestätigung für ihre Vorurteile.

Nach dem Eingreifen Bischof Johann Fabris wurde Margaritha freigelassen, musste Augsburg aber verlassen. Über Meißen und Leipzig gelangte er schließlich nach Wien, wo er als Hebräischlehrer wirkte. Dort starb Antonius Margaritha auch 1542.

Orte: Augsburg, Meißen, Leipzig, Wien.

Zitat: »In summa kein Jud will keynem Christen wol.«

Wichtiges Werk: *Der gantz judisch Glaub*, Leipzig 1530.

Zum Weiterlesen: Peter von der Osten-Sacken: Martin Luther und die Juden. Neu untersucht anhand Antonius Margarithas »Der gantz judisch Glaub« (1530/31), Stuttgart 2002.

Pilgram Marpeck

* um 1495 in Rattenberg (Tirol)
† um 31. Oktober 1556 in Augsburg

Persönlichkeit der süddeutschen Täuferbewegung

Die genaue Abstammung Marpecks (Marbecks) ist nicht bekannt. Indizien sprechen dafür, dass er als Spross des damaligen Bürgermeisters von Rattenberg aufwuchs. Rückblickend beschrieb er sein Elternhaus als tief religiös. Ein Umfeld, in dem auch er selbst zum Glauben fand. In der Schule erwies sich Marpeck als aufgeweckter junger Mann mit einem ausgeprägten Gefühl für Fremdsprachen, aber auch für die Technik. Seine späteren Leistungen als Wasserbauingenieur und Unternehmer standen in ihrer Bedeutung seinem theologischen Wirken nicht nach. Zwei Besuche bei dem im Gefängnis sitzenden Mönch → Stephan Agricola im Jahr 1523 müssen ihn so beeindruckt haben, dass seine bisherige religiöse Weltsicht aus den Fugen geriet. Wenn ihm auch die Ideen Luthers einleuchteten, sah er doch deren Umsetzung kritisch.

Eine Zäsur bildeten schließlich die Jahre 1526–28. Die Täufergemeinde in Rattenberg wuchs stetig an, bis ihr Bischof verhaftet und auf dem Scheiterhaufen verbrannt wurde. Marpeck wurde in seiner Funktion als Bergrichter aufgefordert, den anderen Täufern ebenfalls nachzustellen. Seine Weigerung führte schließlich zur Flucht aus Tirol und zum Empfang der Glaubenstaufe in Augsburg. Schließlich kam die Familie nach Straßburg, wo Marpeck als Ingenieur beruflich rasch Fuß fasste und auch in Täuferkreisen großen Einfluss hatte. Der Reformator → Martin Bucer zeigte ihn schließlich an, als er zu taufen begann. Er berief sich dabei auf das Wiedertäufermandat, das eine erneute Taufe bei Androhung der Todesstrafe verbot. Daraufhin wurde Marpeck aus Straßburg ausgewiesen. Nach mehreren Stationen in Südtirol und der Schweiz führte ihn sein Weg 1544 wieder nach Augsburg. Obwohl er auch hier zahlreiche Schriften veröffentlichte und weiterhin seine religiösen Lehren verbreitete, ließ ihn die Stadt, von einer Verwarnung im Jahr 1553 abgesehen, gewähren.

Familiäres: Marpeck war zweimal verheiratet. Von etwa 1520 bis zu deren Tod acht Jahre später mit Sophia Harrer. Mit ihr hatte er eine Tochter. Ab 1528 war er mit Anna verheiratet. Die Familie adoptierte drei Kinder.

Orte: Rattenberg, Augsburg, Straßburg, Südtirol, St. Gallen.

Wichtiges Werk: *Bekenntnis*, 1531.

Zum Weiterlesen: Jan J. Kiewiet: Pilgram Marbeck. Ein Führer der Täuferbewegung im süddeutschen Raum, Kassel 1958.

Maximilian I.

* 22. März 1459 in Wien, Neustadt
† 12. Januar 1519 in Wels, Oberösterreich

Herzog von Burgund, römisch-deutscher König, ab 1508 Kaiser des Heiligen Römischen Reiches Deutscher Nation

Maximilian, Sohn von Kaiser Friedrich III. und Eleonore Helena von Portugal, wuchs in Wien auf. Noch zu Lebzeiten seines Vaters wurde er 1486 zum römisch-deutschen König gewählt und wenig später in Aachen gekrönt. Die Regentschaft übernahm er erst nach dem Tod seines Vaters (1493).

Auf dem Reichstag in Worms gestand Maximilian 1495 den deutschen Fürsten eine Reichsreform zu. Er richtete Reichskreise und ein Reichskammergericht ein, verkündete auf Druck der Fürsten einen »ewigen Landfrieden«, führte gleichzeitig eine allgemeine Steuer ein, den »gemeinen Pfennig«. Die Schweiz verweigerte die Steuer, weshalb Maximilian gegen sie zu Felde zog. Dieser »Schwabenkrieg« führte zur endgültigen Trennung der Schweiz vom Reich (1499).

Mehrfach hatte Maximilian versucht, sich in Rom vom Papst zum Kaiser krönen zu lassen, doch die Republik Venedig verweigerte ihm den Durchzug. Im Jahr 1508 nahm er in Trient mit Zustimmung von Papst Julius III. den Titel »Erwählter Römischer Kaiser« an.

Er starb 1519 auf dem Weg von Innsbruck nach Linz. Seine Bestattung hatte er genau geplant und seinen Sarg schon vier Monate mit sich führen lassen.

Familiäres: Maximilian war verheiratet mit Maria von Burgund. Sie hatten zwei Kinder: Philipp (1478) und Margarete (1480). 1490 heiratete Maximilian ohne deren persönliche Anwesenheit Anna von Bretagne, die Ehe wurde ein Jahr später aufgelöst. 1494 heiratete er Bianca Maria Sforza, die Tochter eines italienischen Condottiere.

Orte: Wien, Innsbruck, Hall, Augsburg, Worms.

Wichtiges Werk: *Theuerdank*, 1517 erschienene Dichtung mit ritterlichem Charakter.

Zitat über ihn: »Kriege mögen andere führen, du, glückliches Österreich, heirate.« (Wer diesen Spruch auf die Politik Maximilians gemünzt hat, ist nicht mehr zu belegen.)

Zum Weiterlesen: Manfred Hollegger: Maximilian I. 1459–1519. Herrscher und Mensch einer Zeitenwende, Stuttgart 2005.

Auch das noch: Maximilian erhielt den Beinamen »Der letzte Ritter«.

Katharina von Mecklenburg

* 1487 (?)
† 6. Juni 1561 in Torgau

Herzogin von Sachsen, Förderin der Reformation

Ihre Zielstrebigkeit erbte Katharina von ihrem Vater, Herzog Magnus II. von Mecklenburg. Dieser strengen, energischen und selbstbewussten Art verdankte sie auch den Spitznamen »Teufelsköpfin zu Dresden«, den sie von ihrem Neffen → Philipp von Hessen erhielt. 1512 heiratete sie den Freiberger Herzog Heinrich von Sachsen, der das Feiern offensichtlich wichtiger als das Regieren nahm und seiner Frau freie Hand ließ. Finanziell abhängig waren beide von Heinrichs papsttreuem Bruder Herzog Georg, der in Dresden residierte; dies bremste Katharina vermutlich zunächst darin, ihre Sympathien für die lutherische Lehre offen zu bekennen. Dennoch suchte sie Kontakt zu anderen reformatorisch Gesinnten. Beharrlich wirkte sie auf ihren Mann ein – letztlich mit Erfolg: 1533 stellte er einen lutherischen Hofprediger ein, der das Abendmahl in beiderlei Gestalt austeilte, 1537 führte er die Reformation im gesamten Freiberger Land ein, eine Folge von Katharinas Beharrlichkeit.

Nach dem Tod seines Bruders im Jahr 1539 übernahm Heinrich dessen Amtsgeschäfte. Katharina wurde regierende Herzogin im nun protestantischen Sachsen; mit ihrer energischen Art nutzte sie ihre neuen Handlungsräume für die weitere Ausbreitung der Reformation – auch nach dem Tod ihres Mannes Heinrich im Jahr 1541.

Familiäres: Vermählt mit Herzog Heinrich »dem Frommen«.

Orte: Freiberg, Dresden, Torgau.

Zum Weiterlesen: Evangelisches Predigerseminar (Hrsg.): Frauen fo(e)rdern Reformation. Elisabeth von Rochlitz, Katharina von Sachsen, Elisabeth von Brandenburg, Ursula Weida, Argula von Grumbach, Felicitas von Selmnitz, Wittenberg 2004.

Katharina Melanchthon

Katharina Krapp

* Oktober 1497 in Wittenberg
† 11. Oktober 1557 in Wittenberg

Sie gehörte zu den Wittenberger Einheimischen: Katharinas Vater Hans Krapp war Schneider und Bürgermeister. Ihr lockerer Lebenswandel gab den Wittenbergern Gelegenheit zu allerlei Tratsch. Das hielt → Martin Luther 1520 aber nicht davon ab, sie seinem alleinstehenden Freund → Philipp Melanchthon als Ehefrau vorzuschlagen. Der zeigte sich störrisch. Er sei er den Wissenschaften angetraut, gab er zu bedenken, die Heirat mit einer Frau würde quasi Bigamie bedeuten! Doch seine Freunde drängten ihn immer weiter. Und Katharina schien Philipp beeindruckt zu haben, denn rasch schwärmte er von ihr: »Sie ist ein Mädchen von solchem Charakter, solcher Gemütsart, wie ich es mir von den unsterblichen Göttern hätte wünschen müssen.« Im September 1520 bekundet er seine Heiratsabsicht: »Ich habe mich verlobt; mag es Glück und Segen bringen! Jetzt handelt es sich noch darum, wie ich die Freunde ins Unrecht setze, die das Geschrei erheben werden, nun sei es auch um meine Studien geschehen. Denn eher werde ich den Geist aufgeben und das Licht als die wahre Wissenschaft!« Am 25. November 1520 fand die Hochzeit statt.

Vom Temperament her war Katharina das Gegenteil ihres besonnenen Gatten. Bisweilen gab sie sich mit ihren Gästen »übergroßer Fröhlichkeit« hin, sodass der Hausherr die große Festlaune dämpfen musste, berichtete ein Freund. Katharina hatte neben ihrer Familie ein ganzes Gästehaus zu betreuen: Viele Studenten wohnten mit im Haus und mussten verpflegt werden. Das Haus Melanchthon ist ein fester Bezugspunkt im Gefüge Wittenbergs; unzählige spätere Reformatoren aus vielen europäischen Ländern erleben hier Katharinas Gastfreundschaft und Frömmigkeit.

Sie starb nach vielen Krankheiten, als ihr Mann auf einer Reise nach Worms unterwegs war, die länger als geplant dauerte. Melanchthon trauert sehr: »Obgleich ich viele menschliche Gründe sammle, die meinen Kummer lindern sollen, nämlich dass die Heftigkeit der Krankheiten, an denen sie litt, noch zugenommen haben würde, und dass sie, wenn ich vor ihr gestorben wäre, noch viel mehr hätte erdulden müssen, so bricht doch die Liebe zu ihr immer wieder mit einer solchen Gewalt hervor, dass ich dem Schmerz fast erliege. Täglich, wenn ich meine Enkel und Enkelinnen sehe, denke ich nicht ohne Seufzen an ihre Großmutter. Dann bricht der Schmerz wieder auf.«

Ort: Wittenberg.

Zitat über sie: »Sie denkt immer, ich sterbe des Hungers, wenn ich nicht vollgestopft bin wie eine Wurst.« (Philipp Melanchthon)

Zum Weiterlesen: Hartmut Ellrich: Die Frauen der Reformatoren, Petersberg 2012.

Auch das noch: Fünf Jahre nach der Heirat mit Melanchthon schließt auch der Freund Martin Luther die Ehe. Mit dessen Frau → Katharina von Bora scheint sich Katharina Melanchthon nicht sonderlich gut verstanden zu haben.

Philipp Melanchthon

Philipp Schwarzerdt

* 16. Februar 1497 in Bretten
† 19. April 1560 in Wittenberg

Bildungsbeflissener Reformator und Mitstreiter → Luthers

Nach dem Tod seines Vaters im Jahr 1508 fördert Philipps Mutter dessen Sprachtalent, schickte ihn auf eine Schule nach Pforzheim. Der Humanist → Johannes Reuchlin wird auf den Jungen aufmerksam und unterstützt ihn. Im Studium in Heidelberg und Tübingen lebt Philipp seinen Bildungsdrang aus, unterrichtet sogar selbst: »Es kann kein Zweifel bestehen, dass der Lebensform des Lehrens und Lernens das größte Wohlgefallen Gottes gilt.« Höchste Humanistenehre erfährt er 1509, als Reuchlin Philipps Nachnamen ins Griechische überträgt: aus Schwarzerdt wird Melanchthon. Der Student fühlt sich unterfordert; als Mentor Reuchlin von einer freien Professorenstelle im Fach Griechisch in Wittenberg erfährt, schlägt er Melanchthon vor. Die Universität willigt ein, und im Sommer 1518 macht sich Melanchthon auf den Weg ins ferne Sachsen. Angekommen, macht er sofort Bekanntschaft mit → Martin Luther; zwischen ihnen entsteht eine beiderseits befruchtende Zusammenarbeit und Freundschaft. Melanchthon hilft Luther etwa in Übersetzungsfragen; Luther bringt dem neuen Kollegen die Theologie und die Bibel nahe. Melanchthon nimmt Anteil am Schicksal Luthers, unterstützt ihn und die Sache der Reformation. Seine Leidenschaft gehört jedoch der

Bildung. »Die Sitten der Völker würden notwendigerweise in Barbarei ausarten, wenn sie nicht durch die Wissenschaften und Frömmigkeit angetrieben und angeleitet werden«, so ist er überzeugt.

Er entwickelt Lehrpläne, bildet Lehrer aus und visitiert Schulen in der ganzen Region. Nürnberg versucht, ihn zum Schulleiter einer neuen Schule ganz nach seinen Vorstellungen zu machen – er lehnt ab, berät aber die Stadtherren und empfiehlt Lehrer. Seine theologischen Erkenntnisse schreibt er unter dem Titel *Loci Communes* nieder. Mit seiner Frau → Katharina, die er 1520 heiratet, bekommt er mehrere Kinder. Zur Hausgemeinschaft gehören aber stets auch viele Studenten.

Seine theologische Sternstunde steht im Sommer 1530 bevor: Auf dem Augsburger Reichstag soll er die Theologie der Evangelischen vorstellen. Melanchthon hofft, dass es nicht zu einer Kirchenspaltung kommt; sein als *Augsburger Bekenntnis* (*Confessio Augustana*) in die Geschichte eingegangener Text formuliert der altgläubigen Kirche gegenüber so vorsichtig, dass Melanchthon sich den Vorwurf der Leisetreterei einhandelt. Sachlich und ohne Polemik versucht er nachzuweisen, dass die Reformation in Lehre und Ordnung mit der Heiligen Schrift und mit der katholischen Kirche übereinstimmt. Melanchton führt unzählige Hintergrundgespräche, mit Altgläubigen ebenso wie mit Reformatoren aus anderen Regionen. Die Hoffnung auf eine Einigung schwindet. »Ich werde von größten Sorgen verzehrt«, bekennt er. Am 25. Juni 1530 wird das *Augsburger Bekenntnis* übergeben. Zu einer Einigung mit den Altgläubigen reicht es jedoch nicht. Melanchthon, dem am Frieden und an der Einheit der Kirche gelegen ist, ist niedergeschlagen. Dennoch gibt er die Hoffnung nicht auf, nimmt an Religionsgesprächen in Worms und Regensburg teil.

Der Tod seines Wegbegleiters Luther 1546 kostet ihn Kraft; die danach entstehenden Streitigkeiten um Luthers Erbe zermürben ihn so sehr, dass er sich den Tod herbeiwünscht: »Ich hoffe, bald in die himmlische Kirche einzugehen, weit weg von den wilden Stürmen, die die Kirche hier unten so grauenhaft erschüttern.« Weit über die Grenzen Deutschlands hinaus hoch angesehen, stirbt er 1560 im Kreis seiner Kinder.

Orte: Bretten, Pforzheim, Heidelberg, Tübingen, Wittenberg, Nürnberg.

Zitat: »Du entkommst den Sünden. Du wirst von Trübsal befreit und von der Wut der Theologen. Du wirst zum Licht gelangen. Du wirst Gott sehen. Du wirst den Sohn Gottes schauen. Du wirst die wundersamen Geheimnisse erfahren, die du in diesem Leben nicht begreifen konntest: nämlich, warum wir geschaffen wurden und wie die beiden Naturen in Christus miteinander verbunden sind.« So beantwortete Melanchthon sich kurz vor seinem Tod die Frage: »Warum man den Tod nicht fürchten sollte.«

Wichtiges Werk: Loci communes rerum theologicarum, 1521.

Zitat über ihn: »Einer der Könige der Bildung. Ein Mann, sehr besonnen, bar jeder Streitsucht, ein Mann von höchster Gelehrsamkeit und Toleranz, wie es in unseren verderbten Zeiten keinen Zweiten gibt.« (John Donne)

Zum Weiterlesen: Uwe Birnstein: Der Lehrer. Was Philipp Melanchthon Europa lehrte, Berlin 2010.

Auch das noch: Heinrich Heine lobte die »Feinheit« Melanchthons – doch sie hätte »uns nimmer so weit gebracht wie manchmal die göttliche Brutalität des Bruder Martin«. Anders Johann Gottfried Herder, der schwärmte: »Süßer Melanchthon, Du vor allen ...«

Justus Menius

Jost, Jodocus Mening

* 13. Dezember 1499 in Fulda
† 11. August 1558 in Leipzig

Thüringischer Reformator und scharfer Täuferverfolger

Justus Menius wurde 1499 in Fulda geboren. Er besuchte dort die Klosterschule und studierte seit Anfang 1514 an der Universität Erfurt. Dort trat er dem Humanistenkreis bei, dem auch sein Onkel Konrad Mutius angehörte. Bei Joachim Camerarius d. Ä. lernte er Griechisch und freundete sich mit ihm an. 1516 beendete er das Studium, kehrte zunächst in seine Heimat zurück und reiste dann für eine Weile nach Rom.

1519 begann er ein Theologiestudium in Wittenberg, wo er →Martin Luther und →Philipp Melanchthon kennenlernte und sich von den reformatorischen Gedanken begeistern ließ. Ab 1523 wirkte er als Vikar und Diakon in Mühlberg, heiratete und fand Kontakt zu →Friedrich Myconius. Dass er im reformatorischen Sinn predigte, verursachte einige Unruhe, sodass er 1525 als Pfarrer nach Erfurt zog, wo er an der St. Thomaskirche wirkte. Auch hier bemühte er sich, die Reformation voranzutreiben, was ihn in Konflikt mit dem Franziskaner Konrad Klinger und dem Rat der Stadt brachte, sodass er Erfurt bald wieder den Rücken kehrte. In den folgenden Jahren nahm er an mehreren Kirchenvisitationen teil und wirkte seit 1528 zunächst als Lehrer, dann als Theologe in Gotha, wo er auch seine bekannteste Schrift, die *Oekonomia christiana*, verfasste und die Reformation in Thüringen weiter voranbrachte.

1529 ging er als Pfarrer nach Eisenach und wurde, nachdem er an den Marburger Religionsgesprächen teilgenommen hatte, zum Superintendenten ernannt.

Nach dem Tod von Myconius wechselte Justus Menius 1552 als Superintendent nach Gotha. Obwohl er als friedliebend und besonnen galt, ging er vehement gegen die Täuferbewegung vor, forderte in Verhören die Folter und die Hinrichtung für diejenigen, die trotz allem nicht gewillt waren, ihre täuferischen Überzeugungen aufzugeben.

Menius war ein entschiedener Gegner des Augsburger Interims. 1550 stritt er mit → Angelus Merula über die Frage, ob Exorzismus bei der Durchführung der Taufe nötig sei. Auch mit anderen Reformatoren geriet er in Streit und musste die Stadt daraufhin verlassen. Nach einigem Hin und Her fand er durch die Vermittlung Melanchthons eine Stelle an der Thomaskirche in Leipzig. Unter anderem mit → Matthias Flacius trieb er die Streitigkeiten nun auf schriftlichem Wege weiter.

Familiäres: Justus Menius war zweimal verheiratet. 1523 ehelichte er in Mühlberg eine Frau namens Elsa. Die zweite Ehe schloss er in Eisenach mit Margarita, der Witwe des → Friedrich Myconius. Justus Menius hatte mindestens sechs Kinder.

Orte: Mühlberg, Erfurt, Eisenach, Gotha, Leipzig, Langensalza.

Wichtiges Werk: *An die hochgeborene Fürstin Fraw Sibilla Hertzogin zu Sachsen Oeconomia christiana, das ist von christlicher hauszhaltung*, 1529.

Zum Weiterlesen: Gustav Lebrecht Schmidt: Justus Menius, der Reformator Thüringens, Gotha 1867.

Angelus Merula

Engel Willemsz de Merle, Engel van Merlen

* 1482 in Den Briel
† 26. Juli 1557 in Bergen

Katholischer Reformer, als Ketzer verurteilt

Angelus Merula wurde 1482 in Den Briel geboren. Vermutlich begann er dort auch mit seinem Studium der Theologie und des Kirchenrechts, bevor er 1504 nach Paris an die Sorbonne wechselte. Dort beendete er das Studium 1508 mit dem Magistergrad. 1511 im Utrechter Dom zum Priester geweiht, kehrte er als Pfarrer in die Heimat zurück und wechselte 1530 nach Heenvliet. Merula studierte die Schriften der Kirchenväter, beschäftigte sich mit dem griechischen Text des Neuen Testaments und las auch reformatorische Schriften, was ihn schnell unter Ketzereiverdacht brachte. Freiherr Joost von Kruiningen trug jedoch dazu bei, dass 1540 erste Untersuchungen der Kirchenbehörde gegen Merula im Sande verliefen.

Merula blieb der katholischen Kirche zwar weiterhin treu, setzte sich aber für behutsame Reformen ein. Für ihn stand nicht die Befolgung kirchlicher Lehrsätze, sondern der Glaube im Vordergrund. Auch in Bezug auf den Stellenwert der Bibel und in seinem Verständnis der Rechtfertigung und der Sakramente waren seine Positionen nicht nur von → Erasmus von Rotterdam beeinflusst, sondern ähnelten auch denen → Martin Luthers und → Martin Bucers. Im Abendmahlsverständnis wich er allerdings auch von ihnen ab.

Seine leisen Reformbemühungen ließen ihn in den Augen der Katholiken jedoch weiterhin als Reformator und Ketzer erscheinen. Als Joost von Kruiningens Einfluss nachließ, wurde Merula auf Geheiß von Kruiningens streng katholischem Sohn Johann mehrmals verhört, außerdem wurden seine Schriften kontrolliert. 1552 gründete Merula in Briel eine Stiftung für Arme und Waisen, der er seinen Besitz vermachte.

1553 leitete die Inquisition erneut Untersuchungen gegen ihn ein. Am 4. Juni wurde Merula gefangengenommen und in das Gefängnis von Den Haag geworfen. Trotz mehrfacher Aufforderungen, sich von seinen reformatorischen Positionen zu distanzieren, hielt Merula an seinen grundsätzlichen Ansichten fest. Daraufhin verurteilte man ihn zum Tod auf dem Scheiterhaufen, was heftige Proteste seiner Anhänger auslöste. Am 26. Juni 1557 sollte das Urteil vollstreckt werden, doch es kam nicht so weit; Als man Merula zum Scheiterhaufen brachte, so die Überlieferung, fiel er vor der Hinrichtungsstätte nieder, betete und starb. So konnte man nur seinen Leichnam verbrennen.

Familiäres: Angelus Merula war nicht verheiratet.

Orte: Den Briel, Heenvliet.

Wichtiges Werk: Paulus Merula: *Fidelis et succincta rerum adversus Angelum Merulam tragice ante XLVII. Annos, quadriennium et quod excurrit, ab inquisitoribus gestarum commemoratio, auctore Paullo G. F. P. N. Merula*, 1604.

Auch das noch: Zu seinen Lebzeiten wurden keine Schriften Merulas veröffentlicht. Erst sein Großneffe, der niederländische Jurist, Historiker und Bibliothekar Paulus Merula, gab 1604 Angelus Merulas handschriftlich überlieferte Thesen und Anmerkungen heraus.

Ambrosius Moibanus

Ambrosius Salzer

* 04. April 1494 in Breslau
† 16. Januar 1554 in Breslau

Theologe und Humanist

Ambrosius Moibanus wurde 1494 als Sohn des Schusters Georg Moiban und seiner Frau Margarethe in Breslau geboren. Ab 1510 studierte er an der Universität Krakau, später in Wien, wo er Magister der Philosophie wurde. Er kehrte nach Breslau zurück, um 1520 Rektor der Magdalenenschule zu werden. Für die Schüler gab er eine Schriftensammlung des → Erasmus von Rotterdam heraus, außerdem eine lateinische Grammatik.

Interessiert an den Ideen der Reformation, begann er 1523 ein Theologiestudium in Wittenberg. Mit finanzieller Unterstützung konnte er zum Doktor der Theologie promovieren und wurde 1525 an die Elisabethkirche in Breslau berufen. Unter der Auflage, keine Unruhen auszulösen und den Bischof als Vorgesetzten anzuerkennen, begann er in Breslau mit Johann Heß zögerlich reformatorisch zu wirken. Die katholische Messe wurde noch gefeiert, das Abendmahl in beiderlei Gestalt nur heimlich ausgeteilt. Als er mit Heß eine neue Gottesdienstordnung schuf, wurde zwar das Messopfer abgeschafft und die Predigt in den Mittelpunkt gestellt, aber alles, was der evangelischen Lehre nicht eindeutig widersprach, beibehalten. Als Prediger war er wohl weniger begabt denn als Theologe und Seelsorger. Sein Katechismus von 1533 fand weite Verbreitung, → Caspar Cruciger und → Philipp Melanchthon versahen verschiedene Ausgaben mit einem Vorwort. Als Moibanus in die Auseinandersetzung mit den Anhängern → Kaspar von Schwenckfelds geriet, verfasste er 1537 eine Schrift gegen die Spiritualisten, außerdem äußerte er sich zu den heranrückenden Türken.

Er entwickelte recht eigenständige theologische Standpunkte. So dient das Abendmahl seiner Ansicht nach der Bewusstmachung des Segen bringenden Todes Christi. Zudem pflegte er sowohl mit Melanchthon als auch mit → Calvin einen regen Austausch. Seit 1547 lehrte er Hebräisch, um den Ursprungstext der Bibel mehr Menschen zugänglich zu machen.

Familiäres: 1526 heiratete Ambrosius Moibanus Anna Brocke. Das Paar bekam 12 Kinder, von denen neun überlebten.

Orte: Breslau, Wittenberg.

Wichtiges Werk: *Catechismus Auff zehn Artikel Götlicher schrifft wie man fur Gott und den menschen ein christch frumes leben furen sol*, 1535.

Zum Weiterlesen: Paul Konrad: Dr. Ambrosius Moibanus. Ein Beitrag zur Geschichte der Kirche und Schule Schlesiens im Reformationszeitalter, Halle 1891.

Olympia Fulvia Morata

* 1526 in Ferrara
† 1555 in Heidelberg

Italienische Dichterin und Humanistin

Aufgewachsen ist Olympia Fulvia Morata am Hof von Alfonso I. d' Este in Ferrara. Ihr Vater, Fulvio Pellegrino Moretto, war der Hauslehrer der Söhne des Herzogs. Auch seine Tochter unterrichtete er, und schon bald konnte sie beeindruckende Kenntnisse vor allem in den alten Sprachen vorweisen. Da der Vater der calvinistischen Lehre zuneigte, musste die Familie von 1532 bis 1539 im Exil in Venedig und Vicenza leben.

Renata von Frankreich, die Ehefrau des Herzogs Ercole II., war selbst reformatorisch gesinnt und holte Olympia Fulvia Morata als Gesellschafterin ihrer ältesten Tochter Anna an den Hof. Dort traf Morata den Humanisten Johannes Sinapius, der Anna unterrichtete. Mit 22 Jahren kehrte Morata zu ihrem Vater nach Ferrara zurück, der erkrankt war und kurz darauf starb. Ein Jahr später heiratete sie und ging gemeinsam mit ihrem Ehemann und einem Bruder nach Schweinfurt.

Sie las Schriften der deutschen Reformatoren und kritisierte selbst den Papst. Mit vielen Gelehrten ihrer Zeit stand sie in Verbindung. Im Juni 1554, während des Zweiten Markgrafenkriegs, wütete ein Feuer in der Stadt Schweinfurt. Olympia Fulvia Morata und ihr Mann verloren all ihr Hab und Gut und konnten nur ihr Leben retten. Ein besonderer Verlust war, dass auch alle humanistischen Schriften und Gedichte, die Morata bis dahin verfasst hatte, verbrannten.

Ihr Mann erhielt einen Lehrstuhl für Medizin an der Universität in Heidelberg. Auch Morata hielt als Privatgelehrte vielbeachtete Vorlesungen. Sie beklagte das raue Klima in Deutschland und sehnte sich nach ihrer Heimat, in der sie jedoch wegen ihres reformatorischen Glaubens nicht mehr leben konnte. Andere meinten, sie sei schon länger krank gewesen, als sie mit nur 29 Jahren starb.

ORTE: Ferrara, Schweinfurt und Heidelberg.

ZITAT: *»Hinzuscheiden begehr' ich, so starkes Verlangen beseelt mich, und bei Christus zu sein, der meinem Leben schenkt Kraft.«*

ZITAT ÜBER SIE: »Morata hat auch allbereit im 16. Jahr ihres Alters zu Ferrara öffentlich die Paradoxa ciceronis profitiert und gelesen, hernachmals Commentaria in Homerum doselbst [Heidelberger Universität] hat sie Philosophien in Griechischer und Lateinischer Sprach Privatim [=Privatdozentin] mit großem Lob und Verwunderung gelesen.« (Johann Frauenlob, 1631)

ZUM WEITERLESEN: Ulrike Halbe-Bauer: Olympia Morata. Das Mädchen aus Ferrara, Gießen 2004.

AUCH DAS NOCH: In Schweinfurt ist ein Gymnasium nach Olympia Morata benannt.

Sebastian Münster

* 20. Januar 1488 Nieder-Ingelheim/Rhein
† 26. Mai 1552 Basel

Humanist und Kosmograf

Münster, Sohn eines Bauern und Spitalmeisters, trat mit 17 Jahren dem Franziskanerorden bei und absolvierte an dessen Hochschule in Heidelberg zunächst das Grundstudium, bevor er sich der Philosophie und Theologie zuwandte. In Löwen erweiterte er dieses Spektrum um Mathematik, Geografie und Astronomie; danach widmete er sich im elsässischen Kloster ab 1509 der hebräischen Sprache. 1512 wurde Münster zum Priester geweiht. 1518 verbrachte er einige Zeit als Lektor in Basel, wo er auch eine Ausgabe des Evangelistariums von Markus Marulus herausgab. Diese Phase prägte den weiteren Lebensweg Münsters. Erstmals hatte er direkten Kontakt zu Reformatoren.

In den folgenden Jahren wirkte er weiter als Lektor und gab zahlreiche Schriften heraus. 1529 bekannte sich Münster offen zum lutherischen Glauben und übernahm den Lehrstuhl für Hebräisch an der Universität Basel. Die Stadt war eine Hochburg der Reformation. Nachdem er die Witwe eines Buchdruckers geheiratet hatte, wurde sein Stiefsohn zu seinem wichtigsten Verleger. Obwohl zeitgenössische Kritiker ihn gern als Reformationsführer angeprangert haben und auch →Luther selbst große Stücke auf ihn hielt, blieb Münster doch vor allem immer Lehrer und Wissenschaftler, der sich nicht im Kampf gegen Andersgläubige sah. Stattdessen setzte er auf Toleranz und humanistische Werte. Dafür spricht auch sein umfangreiches schriftstellerisches Werk, das neben theologischen auch mathematisch-astronomische und geografische Themen umfasst. Immer wieder zog es ihn hinaus zu Forschungsreisen.

1544 erschien mit der *Cosmographia* eines der herausragenden Werke des 16. Jahrhunderts, das sechs Jahre später mit mehr 1200 Seiten noch einmal erweitert werden konnte. Dabei handelte es sich um eine geografisch-historische Beschreibung der Welt. Auch seine Arbeiten auf dem Gebiet der Hebraistik sind von unschätzbarem Wert und haben die weitere Entwicklung dieses Studienzweiges maßgeblich geprägt.

Orte: Ingelheim, Heidelberg, Löwen, Elsaß, Basel.

Zitat: »Jedoch will ich nicht leugnen, dass nicht auch vor alten Zeiten etliche Schiffe nach America mögen kommen sein, aber viel mehr durch das Ungewitter dahin getrieben als durch einige Kunst.«

Wichtige Werke: *Cosmographia, Liber viarum linguae sacrae, Rudimenta mathematica*, 1544.

Zum Weiterlesen: Günther Wessel: Von einem, der daheim blieb, die Welt zu entdecken – Die Cosmographia des Sebastian Münster oder Wie man sich vor 500 Jahren die Welt vorstellte, Frankfurt 2004.

Auch das noch: Von 1962 bis 1991 zierte ein von Christoph Amberger angefertigtes Porträt Sebastian Münsters die Vorderseite der deutschen 100-DM-Banknote.

Thomas Müntzer

* um 1489 in Stolberg, Südharz
† 27. Mai 1525 in Mühlhausen (Thüringen)

Reformator, Mystiker, Bauernführer

Müntzers Geburtsdatum ist unbekannt; in der Regel wird als Geburtsjahr 1489 angenommen. Die erste Lebenszeit verbrachte er in Stolberg im Südharz, um 1500 siedelte die Familie nach Quedlinburg um. 1506 begann der junge Müntzer sein Theologiestudium in Leipzig, das er 1512 in Frankfurt an der Oder fortsetzte. 1513 wurde er in der Diözese Halberstadt zum Priester geweiht. In den folgenden Jahren zog er rastlos von Ort zu Ort, kurze Anstellungen als Pfarrer führten ihn unter anderem nach Braunschweig, in die Nonnenklöster Frose (Kreis Aschersleben) und Beuditz (bei Naumburg) und 1520 nach Zwickau. 1519 nahm er in Leipzig an der Disputation zwischen → Martin Luther und → Johannes Eck teil.

Während seines einjährigen Aufenthaltes in Zwickau kam er in engen Kontakt mit den »Zwickauer Propheten«, einer der zahlreichen radikal-reformatorischen Gruppen dieser Zeit. Hier erlebte sein zunächst von Luther geprägtes Denken eine erste Radikalisierung. Als es zu heftigen Auseinandersetzungen in der Stadt kam, verlegten die »Propheten« ihren Schwerpunkt nach Wittenberg und schlossen sich Luthers

Gegenspieler → Andreas Karlstadt an. Müntzer, der Zwickau ebenfalls verlassen musste, ging im April 1521 nach Prag, wo er Kontakt zu den Böhmischen Brüdern suchte. Er kam mit der Hoffnung, eine Gemeinde um sich zu scharen und mit einer »gereinigten Kirche« der Endzeit entgegenzusehen – für ihn war klar, dass das Endgericht Gottes unmittelbar bevorstand. Doch da Müntzer die tschechische Sprache nicht beherrschte, blieb er in Prag ein Fremder. Und als seine Polemik gegen den Klerus und die Gesamtheit der römisch-katholischen Kirche immer heftiger wurde, als seine Predigten immer stärker auf eine radikale Nachfolge Christi abzielten, geriet er auch theologisch ins Abseits. Im *Prager Manifest* formulierte er seine Theologie zum ersten Mal unmissverständich. Mystik und Spiritualismus, Endzeiterwartung, harte Kirchenkritik, Auserwähltheitsgedanken, Idealisierung des Leidens und eine starke persönliche Identifikation mit den Propheten des Alten Testaments, das sind die Schlagworte, unter denen diese Schrift zusammengefasst werden kann. Müntzer begab sich damit auf einen Weg, der ihn Luthers »volkskirchlichem« Konzept entfremdete und ihn in den Fundamentalismus führte.

Für die Prager wurde Müntzer mit diesem Gedankengut zu einem gefährlichen Gast. Sie legten ihm Ende 1521 nahe, die Stadt zu verlassen. Bis zum Frühjahr 1523 reiste der »Botenläufer Gottes«, wie er sich jetzt nannte, wieder unstet von Ort zu Ort. Ab Ostern 1523 war Müntzer Pfarrer an der Johanniskirche in Allstedt. Hier gelang es ihm zum ersten Mal, wirklich Fuß zu fassen und kontinuierlich zu arbeiten. Er entwickelte liturgische Reformen und führte sie durch, verfasste eine Reihe theologischer und politischer Schriften, heiratete und gründete das sogenannte »Verbündnis«, eine Gruppe reformatorisch gesinnter Unterstützer, die auch politische und soziale Reformen anstrebten. Seine Predigten zogen zahlreiche Zuhörer aus dem Umland an.

Als 1524 im Schwarzwald die Bauernaufstände begannen, die man heute als »Deutschen Bauernkrieg« bezeichnet, sah Müntzer seine Endzeiterwartungen bestätigt. In der »Fürstenpredigt« vom 13. Juli forderte er die Herrschenden zur radikalen Umkehr auf. Seine »aufrührerischen Reden« fielen jedoch selbst bei seinen Gefolgsleuten in Allstedt auf keinen fruchtbaren Boden, sodass er im August nach Mühlhausen in Thüringen flüchten musste. In den folgenden Monaten reiste er durch Süddeutschland, ließ seine letzten beiden Streitschriften drucken und schloss sich im Südschwarzwald den aufständischen Bauern an. Dort kam es auch zu Begegnungen mit dem Täufer →Balthasar Hubmaier und dem Zürcher Reformator →Johannes Oekolampad.

Anfang 1525 kehrte Müntzer nach Thüringen zurück. Dort gelangte der Bauernaufstand zu seinem Höhepunkt. Im März 1525 erschiene die *Zwölf Artikel* der Bauern, Grundsatzerklärung und Forderungskatalog zugleich. Anfang Mai zog Müntzer an der Spitze der Aufständischen ins Eichsfeld.

Als am 5. Mai Kurfürst →Friedrich der Weise starb, der im Bauernkrieg eine besonnene Position eingenommen und eine schützende Hand über den Allstedter Reformator gehalten hatte, war Müntzers Schicksal besiegelt. Am 15. Mai kam es vor Mühlhausen zur Schlacht zwischen Bauern und Fürstenheer, bei der die Bauern vernichtend geschlagen wurden. 5000 Aufständische wurden getötet, wesentlich mehr kamen bei den nachfolgenden »Säuberungen« ums Leben. Müntzer wurde gefangengenommen, verhört, gefoltert und schließlich am 27. Mai enthauptet. In der Zeit zwischen dem Ende des Bauernkriegs und dem Reichstag zu Augsburg 1530 sorgten Luther und seine Vertrauten, selbst in durchaus heikler Position, für eine Verteufelung Müntzers, die ihrer eigenen Distanzierung von dem »Aufrührer« diente. Damit verhinderten sie aber auch für Jahrhunderte jede offene Auseinandersetzung mit dem Thema. Erst mit der bürgerlichen Revolution und Bauernbefreiung von 1848 gerieten Müntzers politische Forderungen wieder ins Blickfeld. Seine radikale Theologie blieb jedoch – auch wegen seiner bedenkenlosen Haltung zur Gewalt – diskreditiert.

Familiäres: Thomas Müntzer heiratete im Frühjahr 1523 die ehemalige Zisterziensernonne Ottilie von Gersen. 1524 wurde ein Sohn geboren; als Müntzer 1525 starb, war Ottilie zum zweiten Mal schwanger.

Orte: Braunschweig, Zwickau, Prag, Allstedt, Mühlhausen.

Zitat: »Die Herren machen das selber, dass ihnen der arme Mann feind wird.«

Wichtiges Werk: *Fürstenpredigt*, 1524.

Zitat über ihn: »Wer den Müntzer gesehen hat, der kann sagen, er habe den Teufel leibhaftig gesehen in seinem höchsten Grimm.« (Martin Luther)

Zum Weiterlesen: Ulrike Strerath-Bolz: Thomas Müntzer – Warum der Mystiker die Bauern in den Krieg führte, Berlin 2013.

Auch das noch: In der DDR wurde Thomas Müntzer zum »Nationalheiligen«; sein Leben wurde mehrfach verfilmt. 1989, anlässlich der Feiern zu seinem 500. Geburtstag, die mit den 40-Jahr-Feiern der DDR zusammenfielen, würdigte ihn Erich Honecker mit den Worten: »Eine kraftvolle Persönlichkeit und ein Revolutionär, der zum Besten gehört, was unser Volk hervorgebracht hat.«

Andreas Musculus

Andreas Meusel

* 29. November 1514 in Schneeberg
† 29. September 1581 in Frankfurt (Oder)

Evangelischer Theologe und Schriftsteller,
dem der Teufel wichtig war

Geboren wurde Andreas Musculus in Schneeberg in Sachsen. Dort besuchte er die Lateinschule des Hieronimus Weller und immatrikulierte sich im Sommer 1531 an der Universität Leipzig, wo er Scholastik und Altphilologie studierte. Nach dem Abschluss dieses Studiums mit dem Grad des Bakkalaureus wurde er 1553 Hauslehrer in Schneeberg und Amberg. 1538 zog Musculus nach Wittenberg und begann dort Theologie zu studieren. Hier kam er in Kontakt mit →Martin Luther und →Philipp Melanchthon, ließ sich von den reformatorischen Gedanken überzeugen und schloss sein Studium 1539 mit dem Magistergrad ab. Auf Vermittlung seines Schwagers →Johannes Agricola, dem er im antinomistischen Streit beipflichtete, ging er 1542 als Prediger und Universitätslehrer nach Frankfurt an der Oder, wo er promovierte und 1546 zum ordentlichen Professor und zum Universitätsrektor wurde. Lange war er der einzige Theologe an der Universität, wirkte als Ratgeber der brandenburgischen Kurfürsten Johannes II. und Johann Georg und wurde nach Agricolas Tod 1556 zudem Generalsuperintendent der Mark Brandenburg.

Von seinem Landesherrn unterstützt, wurde er so zu einem einflussreichen Kirchenmann. Als entschiedener Gnesiolutheraner geriet Musculus allerdings immer wieder in Streit mit seinen Zeitgenossen. Vehement sprach er sich gegen Positionen der Philippisten und des Calvinismus aus, auch das Augsburger Interim war ihm ein Dorn im Auge. In einem Jahre andauernden Streit mit seinem Kollegen Abdias Praetorius erklärte er die Vorstellung von der Notwendigkeit guter Werke für eine teuflische Erfindung.

An der Erarbeitung des brandenburgischen *Corpus Doctrinae* arbeitete er ebenso mit wie seit 1576 auch an der Konkordienformel, hinter der er aber wohl nicht mit voller Überzeugung stand. Seine Gebetbücher fanden weite Verbreitung und Bedeutung für Glaubenspraxis und Kirchenmusik – Heinrich Schütz und Dietrich Buxtehude griffen für ihre Werke später vielfach auf Musculus' Texte zurück.

Sein ausgeprägter Teufelsglaube bewegte ihn zudem zum Verfassen sogenannter »Teufelbücher«, in denen er volkstümlich-derb den Sittenverfall seiner Zeit darstellte. So prangerte er im *Hosenteufel* die in der Jugend verbreitete Pluderhosenmode an und im *Eheteufel* allerlei Laster, mit denen sich Partner gegenseitig unglücklich machen.

Andreas Musculus starb 1581 in Frankfurt an der Oder.

Orte: Schneeberg, Wittenberg, Frankfurt (Oder).

Wichtiges Werk: *Oratio de dignitate et necessario usu academiarum*, 1573.

Zum Weiterlesen: Christian Wilhelm Spieker: Lebensgeschichte des Andreas Musculus. Ein Beitrag zur Reformations- und Sittengschichte des 16. Jahrhunderts, Frankfurt/Oder 1858, neu herausgegeben 2012.

Auch das noch: Gregor Lange schrieb auf Musculus' Tod die Motette *Media vita*.

Friedrich Myconius

Friedrich Mecum

* 26. Dezember 1490 in Lichtenfels
† 07. April 1546 in Gotha

Thüringischer Reformator

Friedrich Myconius besuchte zunächst die Stadtschule in Lichtenfels, ab 1503 die Lateinschule in Annaberg. Nach einem Treffen mit → Johann Tetzel, der ihm einen kostenlosen Ablass verweigerte, trat er 1510 in das Franziskanerkloster ein. Dort befasste er sich intensiv mit der scholastischen Lehre. Nach Weimar versetzt, erhielt er 1516 die Priesterweihe. 1518 traf er auf → Martin Luther, dessen Lehren ihn sofort überzeugten. Myconius begann, in protestantischem Sinn zu predigen, was zu Konflikten mit seinem Orden und zu häufigen Versetzungen führte. 1525 konnte er schließlich Pfarrer in Gotha werden, ein Jahr später Superintendent. In dieser Funktion bemühte er sich um eine Neuordnung des Kirchenwesens. Myconius nahm am Marburger Religionsgespräch 1529 teil, 1536 an der Wittenberger Konkordie und 1537 an den Verhandlungen in Schmalkalden. 1538 zog er mit einer Delegation nach England, wo er mit Theologen → Heinrichs VIII. über die *Confessio Augustana* verhandelte. Da diese Verhandlungen erfolglos blieben, kehrte er schon bald zurück nach Deutschland und trieb zusammen mit → Caspar Cruciger d. Ä. die Reformation in Sachsen voran. 1540 nahm er an den Hagenauer Religionsgesprächen teil.

Seit 1539 an Schwindsucht leidend, konnte er nicht mehr predigen und begann deshalb, sich vorranging schriftlich zu

äußern. Unter anderem entstand in dieser Zeit seine mit vielen autobiografischen Passagen versehene *Historia reformationis*.

Orte: Leipzig, Weimar, Eisenach, Annaberg, Zwickau, Gotha.

Wichtiges Werk: *Historia Reformationis*, 1542.

Zum Weiterlesen: Hans-Ulrich Delius: Friedrich Myconius. Das Leben und Werk eines thüringischen Reformators. Dissertation, Münster 1956.

Auch das noch: Der Grabstein des Myconius wurde 1874 in die Augustinerkirche gebracht, wo er sich rechts neben dem Altar in der Wand befindet. Der zweite Teil der von Johannes Stigel verfassten Inschrift lautet übersetzt: »Dieser Stein bedeckt die frommen Gebeine des Myconius, unter dessen Führung, Gotha, dir die Gnade Christi gezeigt wurde. Durch Lehre und Lebenswandel hat jener dir ein Beispiel hinterlassen. Dies betrachte, Gotha, als eine große Ehre.«

Oswald Myconius

Oswald Geißhüsler, Osualdus Molitoris

* 1488 in Luzern
† 14. Oktober 1552 in Basel

Schweizer Reformator

Oswald Myconius wurde als Sohn eines Müllers in Luzern geboren. Seit 1510 studierte er in Basel und wirkte dann als Lehrer der Lateinschule an der dortigen Theodorskirche. Hier schloss er Bekanntschaft mit → Hans Holbein d. J. und → Erasmus von Rotterdam, der ihm vermutlich auch den Namen Myconius gab.

Seit 1516 wirkte er als Lehrer an verschieden Schulen in Zürich und Luzern, wo er einigen Anfeindungen aufgrund seiner protestantischen Einstellung ausgesetzt war. Er stand in regem Briefkontakt mit → Ulrich Zwingli, dem er zur Leutpriesterstelle in Zürich verhalf.

1532 übernahm er als Nachfolger → Johannes Oekolampads eine Stelle als Pfarrer und Professor am Basler Münster und wurde zugleich Antistes (Vorsteher) der Basler Kirche. In den folgenden Jahren trieb er Schulreformen voran, half → Martin Bucer bei seinen Vermittlungsversuchen zwischen den Schweizer Reformatoren und → Martin Luther und verfasste die erste Biografie über Zwingli. Oswald Myconius starb 1552 in Basel.

Orte: Basel, Zürich, Luzern.

Wichtiges Werk: *De D. Huldrichi Zvinglii … vita et obitu*, 1532 (gedruckt 1536).

Zum Weiterlesen: Karl Rudolf Hagenbach: Johann Oekolampad und Oswald Myconius. Die Reformatoren Basels, Leben und ausgewählte Schriften, Elberfeld 1859.

Auch das noch: Überliefert ist ein Exemplar der Schrift *Vom Lob der Torheit* des Erasmus von Rotterdam, die Myconius gehörte und seine Randnotizen sowie zahlreiche Randzeichnungen Hans Holbeins enthält.

Margarete von Navarra

Margarete von Angoulême

* 11. April 1492 in Angoulême
† 21. Dezember 1549 in Odos (Pyrenäen)

Mächtige Französin mit Sympathien für die Reformation

Als Tochter des Grafen Charles de Valois wurde sie in Angoulême geboren. Sie genoss eine ausgezeichnete Ausbildung, darauf hatten zunächst ihre Eltern großen Wert gelegt. Zwar starb ihr Vater, als Margarete gerade vier Jahre alt war, doch tat sich für sie durch ihren Bruder eine neue Chance auf: Da die Linie der Valois dem französischen Königshaus verwandt war, wurde ihr zwei Jahre jüngerer Bruder Franz von König Ludwig XII. nach Paris geholt, weil dieser erkannte, dass er ohne männlichen Erben bleiben würde. Zusammen mit Franz genoss Margarete am Hof in Paris eine humanistische Ausbildung, und als der Bruder im Jahr 1515 den französischen Königsthron bestieg, wurde sie eine der einflussreichsten Damen am königlichen Hof. 1509 war sie mit einem Herzog verheiratet worden, doch die Ehe – aus politischen Erwägungen arrangiert – schien ihr weniger wichtig zu sein als die Beziehung zu ihrem Bruder. Margarete entwickelte schon früh eine innige Frömmigkeit, davon zeugen ihre frühen religiösen Gedichte.

Als ihr Mann im Jahr 1525 verstarb, wurde sie 1527 mit Heinrich d'Albret verheiratet, dem König von Navarra. Das Ehepaar lebte nun teils in Paris, teils aber auch an ihrem eigenen kleinen Hof in Südfrankreich. Beide Orte nutzte sie dazu, eine besondere kulturelle und geistige Atmosphäre zu schaffen. An den Hof in Paris lud sie viele Humanisten und Dichter ein, wurde zur Mäzenin zahlreicher Literaten. Sie sorgte unter anderem dafür, dass italienische Renaissanceliteratur ins Französische übersetzt wurde, an der Spitze das *Decamerone* von Bocaccio. Der enge Kontakt mit den Schriftstellern regte sie an, im Jahr 1542 begann sie das *Heptameron* zu schreiben, eine Novellensammlung mit Rahmenhandlung, die dem *Decamerone* von Bocaccio im Aufbau gleicht, freilich eine neue Richtung verfolgt: Während das *Decamerone* die Freuden der (oft verbotenen) Liebe und Lust schildert, versucht Margarete sich der absoluten Wahrheit des Erzählten zu verpflichten und schildert auf bis dahin ungewöhnliche Art die Anziehungskraft der Geschlechter aufeinander.

Ihre kulturelle Leistung ist erstaunlich: Platonische Schriften ließ sie aus dem Griechischen übersetzen. Lebenslang gehörte Margarete dem Katholizismus an, den Schritt zum reformierten Glauben hat sie nicht vollzogen – und das, obwohl sie mit wichtigen Vertretern der Reformation engen Kontakt pflegte. Ein wichtiger Grund dafür war wohl die Tatsache, dass sie als Schwester des Königs und als Tante der kommenden französischen Könige einen solchen Affront nicht wagen konnte, ohne ihre Position am Hof zu gefährden. Doch sie sympathisierte stets mit den Reformierten, schützte zum Beispiel → Johannes Calvin vor Verfolgung, oder sorgte für ihr Unterkommen. Wegen ihrer Sympathie für die Reformierten wurde sie am Hof zunehmend angefeindet, sie zog sich deshalb in ihr kleines

Königreich Navarra zurück. Im Winter 1549 erkrankte sie an einer Lungenentzündung. Sie starb im gleichen Jahr – versehen mit den Sterbesakramenten ihrer katholischen Kirche.

Familiäres: Die erste Ehe schloss sie 1509 mit Karl IV., Herzog von Alençon, die zweite mit Henri d'Albret. Aus ihr gingen zwei Kinder hervor. Ein Sohn starb noch als Kind, die Tochter Jeanne d'Albret brachte später Heinrich IV. zur Welt, den ersten protestantischen König Frankreichs.

Orte: Angoulême, Paris, Néac im Süden Frankreichs (Navarra).

Zitat: »Je mehr der Liebe, desto mehr Verdruss, ich seh' nicht, wie es anders könnte sein.«

Wichtiges Werk: *L'Heptaméron*, 1559.

Zitat über sie: »Nach Margaretes Tod ist alle Ehre, Grazie und Schönheit entschwunden.« (Pierre de Ronsard, † 1585)

Zum Weiterlesen: Lucien Febvre: Margarete von Navarra. Eine Königin der Renaissance zwischen Macht, Liebe und Religion, Frankfurt am Main 1998.

Auch das noch: Der tschechische Komponist Svatopluk Havelka (1925–2003) hat ein sinfonisches Poem über Natur und Liebe für vier Singstimmen und Orchester mit dem Titel *Heptameron* geschrieben.

Bernardino Ochino

* 1487 in Siena
† Ende 1564 in Slavkov/Mähren

Reformator aus Italien

Um 1503 trat Bernardino Ochino dem Franziskanerorden bei, 1524 wechselte er in den Kapuzinerorden, zu dessen Generalvikar er 1538 wurde.

Seine Lebenshaltung und seine volksnahen Predigten machten ihn in ganz Italien bekannt. In Neapel lernte er →Juan de Valdés kennen und ließ sich durch ihn von den Gedanken der deutschen Reformatoren begeistern. Von nun an wurde die Rechtfertigungslehre einer der Schwerpunkte seiner Predigten, weshalb er bald auf heftige Gegenwehr der Altgläubigen stieß.

Ochino floh über Basel, Augsburg und Straßburg nach London und wirkte vielerorts als Prediger protestantischer italienischsprachiger Gemeinden.

Nur einen Tag nach der Hinrichtung →Michael Servets kehrte Ochino 1553 nach Genf und anschließend nach Zürich zurück. Als eigenständiger Denker, der franziskanische Ideale sowohl mit platonischen Gedanken als auch mit reformatorischen Überzeugungen verband, wandte er sich gegen den dort herrschenden strengen Dogmatismus, wurde von den Calvinisten verbannt und musste die Schweiz verlassen. Eine feste Bleibe konnte er nicht mehr finden. 1564 starb Ochino in Slavkov in Mähren an der Pest.

Orte: Siena, Neapel, Basel, Augsburg, Straßburg, London, Genf, Zürich.

Wichtiges Werk: *Prediche del Reverendo Padre Frate B. O. Senese Generale dell'Orine di Frati Capuzzini*, Venedig 1539.

Zum Weiterlesen: Karl Benrath: Bernardino Ochino aus Siena. Ein Beitrag zur Geschichte der Reformation, Braunschweig 1892.

Johannes Oekolampad

Johannes Heussgen

* 1482 in Weinsberg

† 24. November 1531 in Basel

Humanist, Reformator von Basel

Vermutlich stammt Oekolampad aus einer bürgerlich-kaufmännischen Familie. Über seine Jugend ist wenig bekannt, er studierte zwischen 1499 und 1506 an der Universität Heidelberg, hielt sich vorübergehend in Bologna auf und wirkte danach als kurpfälzischer Prinzenerzieher in Mainz. 1510 wurde er zum Priester geweiht und übernahm eine eigens für ihn geschaffene Prädikantenstelle in Weinsberg. Während seiner Amtszeit wandte er sich dem Humanismus zu. 1513 reiste er nach Tübingen und Stuttgart, um bei → Philipp Melanchthon und → Johannes Reuchlin Griechisch und Hebräisch zu lernen. Als Sprachkenner unterstützte er 1515 in Basel → Erasmus von Rotterdam bei der Herausgabe des griechischen Neuen Testaments. An der Universität Basel wurde er zum Doktor der Theologie promoviert, veröffentlichte eine griechische Grammatik und Übersetzungen patristischer Schriften. Als er 1516 nach Weinsberg zurückkehrte, setzte er seine wissenschaftlichen Arbeiten fort und bearbeitete den Index einer Hieronymusausgabe des Erasmus.

Im Jahr 1518 wurde er an das Basler Münster berufen, wenig später an den Dom in Augsburg, in dem kurz zuvor das Streitgespräch zwischen Martin Luther und dem päpstlichen Gesandten →Thomas Cajetan stattgefunden hatte. Oekolampad las die Schriften →Luthers, fühlte sich aber durch die öffentlichen Auseinandersetzungen sowohl zwischen den Reformatoren als auch mit der Lehre der Kirche überfordert und zog sich darum als Mönch in das Brigittenkloster Altomünster zurück. Zunächst übersetzte er weitere Texte der Kirchenväter, begann aber auch, seine Überzeugung zu reflektieren.

Er kritisierte die Buß- und Beichtpraxis der Kirche und ergriff mit der Schrift *Paradoxon* klar für Luther Partei. Deswegen wurde er von der Klostergemeinschaft heftig angegriffen und musste sie schließlich verlassen. Franz von Sickingen gewährte ihm auf dem Schloss Ebernburg Unterschlupf und machte ihn zu seinem Schlosskaplan. 1522 bot ihm Basel eine neue Heimat. Hier übersetzte er zunächst weiter patristische Schriften. Zugleich aber förderte er die reformatorische Bewegung. 1523 berief die Universität ihn gegen den Willen des Baseler Fürstbischofs zum Professor. In deutscher Sprache hielt er Vorlesungen über die biblischen Propheten – ein besonderes Angebot für den Teil der Bevölkerung, der nicht theologisch gebildet war und darum keine Lateinkenntnisse hatte. Im Jahr 1525 wurde er als Leutpriester an die Martinskirche zu Basel berufen. Oekolampad gewann rasch ein besonderes Ansehen in der Stadt, sowohl bei der Bevölkerung, die seine Vorlesungen und Predigten zahlreich besuchten, als auch bei den Stadtoberen. Entscheidend war der Einfluss Oekolampads, als der Rat der Stadt 1529 vor der Frage stand, ob Basel die Reformation einführen solle.

Basel war Bischofssitz, darum vermochte sich die Reformation nur langsam und gegen große Widerstände durchzusetzen. Erst wurden einige Klöster säkularisiert (1525), dann bekamen die Reformierten die Glaubensfreiheit (1528). Erst 1529 wurde die katholische Messe verboten und die Reformation endgültig eingeführt.

Oekolampad wirkte über Basel hinaus. Der gesamte Bund der Eidgenossenschaft verdankt ihm die Erneuerung der Kirchenorganisation. Auf der Disputation in Baden im Jahr 1526 führte er die neu gesinnte Religionspartei an, und als in Bern im Jahr 1528 ein Streitgespräch über den Glauben veranstaltet wurde, trat er an der Seite → Ulrich Zwinglis auf.

Im Abendmahlsstreit mit den Lutheranern vertrat Oekolampad entschieden die Seite der Reformierten und Zwinglis, er unterstützte ihn auch beim sogenannten Marburger Religionsgespräch, in dem sich Lutheraner und Reformierte nicht einigen konnten.

Seine Gelehrsamkeit und seine klaren theologischen Ansichten erregten die Aufmerksamkeit zahlreicher oberdeutscher Städte, die sich mit der Frage befassten, ob sie sich der Reformation anschließen sollten. So war Oekolampad auch an der Reformation der Städte Memmingen, Ulm und Biberach beteiligt. In Basel entwarf er eine neue Kirchenordnung, die als Vorläufer der Ordnung → Calvins in Genf gelten kann. Seine Idee, Nichttheologen in das Amt der Presbyter zu berufen, war wegweisend für die oberdeutschen Reformierten. Er vertraute diesen Ältesten an, die Kirchenzucht in den Gemeinden zu beaufsichtigen. Sein Versuch, ein vom Rat der Stadt unabhängiges Presbyterium zu schaffen, scheiterte jedoch.

Wenige Wochen nach der Niederlage der Eidgenossen in der Schlacht bei Kappel, in der Zwingli getötet wurde, starb Oekolampad in Basel. Begraben wurde er im Baseler Münster.

Familiäres: 1529 heiratete er → Wibrandis Rosenblatt, Tochter von Hans Rosenblatt, des späteren Schultheißen von Säckingen und kaiserlichen Feldhauptmannes. Sie war 22 Jahre jünger als Oekolampad. Durch ihre Baseler Bürgerschaft konnte Oekolampad ebenfalls Baseler Bürger werden. Aus dieser Ehe entsprangen drei Kinder: Eusebius (nach dem Kirchenlehrer Eusebius von Caesarea), Irene (griechisch für: Friede) und Aletheia (griechisch für: Wahrheit). Nach dem Tod Oekolampads heiratete Wibrandis nacheinander die Reformatoren → Wolfgang Capito und → Martin Bucer.

Orte: Weinsberg, Bologna, Heidelberg, Tübingen, Basel, Altomünster, Marburg.

Zitat: »Schon in diesem Leben ist alles golden für die, welche an Christus glauben.«

Wichtiges Werk: *Quod non sit onerosa Christianis confessio paradoxon,* eine Schrift über die Beichte, 1521.

Zitat über ihn: Der Reformator Wolfgang Capito sagt über ihn: »Seine ganze Seele atmete Christum.« Der St. Galler Reformator Keßler nennt ihn »einen ernsthaften Prediger und Bischof nach der Beschreibung St. Pauli; also dass er auch von seinen allermissgünstigsten Widersachern in keinerlei Laster kann angetastet, sondern muss gepriesen werden.«

Zum Weiterlesen: Olaf Kuhr: Die Macht des Bannes und der Buße. Kirchenzucht und Erneuerung der Kirche bei Johannes Oekolampad (1482–1531), Bern 1999.

Auch das noch: In der Rittergasse neben dem Münster wurde 1862 eine Statue des Basler Reformators errichtet.

Caspar Olevian

* 10. August 1536 in Trier
† 15. März 1587 in Herborn

Theologe, Verfasser des *Bauernkatechismus*

Er wurde 1536 als Sohn eines Bäckermeisters und Ratsherrn in Trier geboren, besuchte dort unterschiedliche Schulen und ging mit 13 Jahren zum Studium der freien Künste nach Paris. Anschließend studierte er Rechtswissenschaft in Orléans und Bourges und promovierte 1557 zum Doktor der Rechte. In Frankreich ließ er sich vom Calvinismus begeistern und trat in eine geheime Hugenottengemeinde ein. 1556 geriet Olevian in Lebensgefahr, als er auf einem Fluss kenternde Kommilitonen zu retten versuchte. In dieser Situation hatte er gelobt, Theologie zu studieren und das Evangelium zu verbreiten.

Er reiste in die Schweiz und begann sein Theologiestudium zunächst in Genf bei → Johannes Calvin, später studierte er bei Peter Martyr Vermigli und → Heinrich Bullinger in Zürich und in Lausanne bei → Théodore de Bèze.

1559 kehrte er nach Trier zurück und wirkte als Lateinlehrer an der Burse und als Prediger, der schnell viele Menschen begeistern konnte. Unter Erzbischof Johann VI. von Leyen wurde das Wirken der Evangelischen in der Stadt jedoch verboten. Viele Protestanten, darunter auch Olevian, wurden festgenommen und erst freigelassen, nachdem sie versprochen hatten, wieder katholisch zu werden oder die Stadt zu verlassen.

Olevian ging daraufhin als Lehrer nach Heidelberg, 1560 wirkte er kurz als Theologieprofessor an der Universität, dann als Pfarrer an der Peterskirche und an der Heiligengeistkirche.

1562 wurde er Mitglied des Kirchenrats, beteiligte sich an der Umstrukturierung des Kirchenwesens im Sinn des Calvinismus und führte den *Heidelberger Katechismus* von 1563 ein.

1576, nach dem Tod Friedrichs III., musste Olevian Heidelberg verlassen. Er zog an den Hof des Grafen Ludwig von Sayn-Wittgenstein nach Berleburg, unterrichtete dessen Söhne und trieb die Reformation in der Region voran – unter anderem, indem er den sogenannten *Bauernkatechismus* verfasste.

1584 gründete er im Dienst des Grafen Johann VI. die Hohe Schule in Herborn und wurde der erste Rektor. 1586 leitete er die Herborner Generalsynode. Im Dezember des Jahres rutschte er auf einem vereisten Weg mehrmals aus und zog sich innere Verletzungen zu. An den Folgen dieser Verletzungen starb Caspar Olevian im März 1587 und wurde in der Stadtkirche beigesetzt. Es wird koplportiert, dass er auf die Frage eines Kollegen, ob er sich seines Heils sicher sei, kurz vor seinem Tod geantwortet habe: »*Certissimus*« – »sicherlich«.

Familiäres: Caspar Olevian heiratete 1561 die Witwe Philippine von Metz. Das Paar bekam zwei Söhne und eine Tochter.

Orte: Trier, Heidelberg, Berleburg, Herborn.

Wichtiges Werk: *De substantia foederis gratuiti inter Deum et electos*, 1585.

Zum Weiterlesen: Andreas Mühling: Caspar Olevian. Christ, Kirchenpolitiker und Theologe, Zug 2008.

Joachim von Ortenburg

* 6. September 1530 in Mattighofen
† 19. März 1600 in Nürnberg

Vom Lutheraner zum Calvinisten

Als einziger Sohn des Grafen Christoph I. von Ortenburg und dessen Gemahlin Anna Freiin von Firmian wuchs Joachim im Spannungsfeld der Reformation auf. Seine Eltern konvertierten beide wenige Jahre nach seiner Geburt zum lutherischen Glauben. Der schon in jungen Jahren umfassend gebildete Sohn blieb zunächst aus eher pragmatischen Erwägungen katholisch. Bevor er nach dem Tod des Vaters von Kaiser → Karl V. am 5. Juni 1551 mit der Reichsgrafschaft belehnt wurde, obwohl er in der Erbfolge erst an dritter Stelle stand, führte ihn eine mehrjährige Studienfahrt nach Italien, wo er sich unter anderem an der Universität Padua der Kunst und der Rechtsprechung widmete. Als Reichsgraf machte er sich in den folgenden Jahrzehnten vehement für die Ideen → Luthers stark. Dabei beugte er sich auch dem Druck des bayerischen Herzogtums nicht, obwohl diese Haltung zum Ruin des Hauses Ortenburg führte. Im fortgeschrittenen Alter tendierte Joachim von Ortenburg immer stärker zum Calvinismus. Zu seinem Vermächtnis gehören die *Ortenburger Bibeln* in der Übersetzung von Martin Luther; in die Prunkbücher ließ Joachim handschriftliche Briefe von Luther und Melanchthon einbinden.

Familiäres: Joachim von Ortenburg war in erster Ehe mit Ursula Gräfin von Fugger verheiratet, nach deren Tod 1550 ehelichte er Lucia Freiin zu Limpurg.

Orte: Mattighofen, Nürnberg.

Zum Weiterlesen: Förderkreis Bereich Schloss Ortenburg (Hrsg.): Ortenburg – Reichsgrafschaft und 450 Jahre Reformation (1563–2013), Ortenburg 2013.

Auch das noch: Die beiden Bände der *Ortenburger Bibeln* galten lange als verschollen und befinden sich seit Mitte der 1990er-Jahre im Deutschen Historischen Museum Berlin.

Andreas Osiander

* 19. Dezember 1498 in Gunzenhausen
† 17. Oktober 1552 in Königsberg

Nürnberger Reformator

Aus einer angesehenen Familie kommend, schien der Weg Osianders vorgezeichnet. Mit 17 Jahren begann er in Ingolstadt Theologie zu studieren. Früh begegnete er dem Humanismus → Johannes Reuchlins und lernte Griechisch und Hebräisch. 1520 zum Priester geweiht, trat er die Stelle eines Hebräischlehrers an einer Klosterschule in Nürnberg an. Ausgerechnet die Streitschriften seines Ingolstädter Lehrers → Johannes Eck, des erbitterten Gegners → Luthers, weckten sein Interesse an der Reformation. Als er 1522 die Stelle eines Priesters an der Lorenzkirche in Nürnberg antrat, war er entschlossen, die Kirche im Sinn Luthers zu reformieren. An seiner Seite standen einflussreiche Freunde: der Maler → Albrecht Dürer, der Ratsherr Willibald Spengler und der Meistersinger Hans Sachs. Sie überzeugten den Rat der Stadt im Jahr 1525, die Reformation einzuführen. Gemeinsam mit dem Theologen → Johannes Brenz entwarf Osiander 1533 die brandenburgisch-nürnbergische Kirchenordnung, die beispielhaft wirkte.

Gegen Luthers und →Melanchthons Widerstand setzte er durch, dass in Nürnberg das Hauptwerk des →Nikolaus Kopernikus (*Der Revolutionibus Orbium Coelstium*) erscheinen konnte, in dem beschrieben wird, wie und warum die Erde und die Planeten um die Sonne kreisen.

Scharf verurteilte Osiander die judenfeindlichen Schriften Luthers. Er warf ihm vor, Anwürfe und »schlimmste, ungerechtfertigte Kränkungen des erwählten Volkes« erhoben zu haben, die er niemals billigen könne. Als er das Augsburger Interim 1548 ablehnte, musste er Nürnberg verlassen. Er wurde als Theologieprofessor nach Königsberg berufen, entwickelte dort eine von Luther abweichende Rechtfertigungslehre, die heftigen Streit auslöste. Seine Theologie wurde nach seinem Tod 1552 von den Lutheranern rigoros bekämpft.

Familiäres: Osiander war dreimal verheiratet, seine dritte Frau Helene Magenbuch überlebte ihn um 45 Jahre.

Orte: Ingolstadt, Nürnberg, Königsberg.

Zitat: »Niemals, Martinus, werde ich dem zustimmen, was du über die Juden gesagt und geschrieben hast.«

Wichtigstes Werk: *Gründliche Unterrichtung*, Nürnberg 1528.

Zum Weiterlesen: Gunter Zimmermann: Prediger der Freiheit. Andreas Osiander und der Nürnberger Rat, Mannheim 1999.

Jakob Otter

* um 1485 in Lauterburg
† 15. März 1547 in Esslingen

Pfälzischer Reformator, der die protestantische Gebetskultur prägte

Schon früh verlor Jakob Otter seine Eltern und kam bei Verwandten in Speyer unter. Dort wurde er unter anderem durch Jakob Wimpfeling mit humanistischen Gedanken vertraut. 1505 begann er ein Studium an der Universität Heidelberg, das er 1507 als Bakkalaureus beendete. Daraufhin ging er als Prediger in das Kloster der Reuerinnen nach Straßburg, wurde Hilfskraft Johannes Geilers von Kaysersberg und gab dessen Schriften heraus.

Nach dem Tod Geilers setzte Otter 1510 sein Studium in Freiburg fort, wo er sich nun auch der Theologie zuwandte. Hier lernte er unter anderem → Wolfgang Capito und → Urbanus Rhegius kennen und verfolgte gemeinsam mit ihnen das Aufkommen protestantischer Gedanken. Nach Abschluss des Studiums 1517 wurde er Pfarrer in Rottenburg, 1520 wechselte er nach Wolfenweiler und begann, begeistert von → Luthers Schriften, im protestantischen Sinn zu wirken. 1522 ging er als Prädikant nach Kenzingen, hielt dort Gottesdienste auf Deutsch und teilte auch das Abendmahl in evangelischer Weise aus. 1524 unterstrich er seine protestantischen Ansichten durch die Veröffentlichung seiner Predigten. Sein Vorgehen missfiel Erzherzog Ferdinand und Otter musste Kenzingen verlassen. 1525 wurde er Prediger beim Ritter Hans III. Landschad und Pfarrer in Heidelberg, wo er ebenfalls im evangelischen Sinn wirkte und die Gottesdienstordnung entsprechend änderte. Aber auch von dort wurde er von Erzherzog Ferdinand bald vertrieben.

Otter ging nach Straßburg, wohin ihm einige seiner Anhänger folgten, und wurde 1529 Pfarrer in Aarau in der Schweiz. 1532 wechselte er auf Empfehlung → Ambrosius Blarers nach Esslingen. Hier trieb er die von Blarer begonnene Reformation voran, entwarf eine neue Gottesdienst- und Kirchenordnung, strukturierte das Schulwesen um, sorgte für katechetische Unterweisung sowohl für Kinder als auch für Erwachsene und war seelsorgerlich tätig. Nachdem die Reformation sich 1534 in Württemberg durchsetzte, bemühte Otter sich nach einigen Auseinandersetzungen zwischen den oberdeutschen Reformatoren und strengen Lutheranern um Annäherungen. Mit → Martin Bucer reiste er nach Wittenberg, wo er Luther zum ersten Mal persönlich traf, und wirkte am Abschluss der Wittenberger Konkordie von 1536 mit.

Zurück in Esslingen erwirkte er als geachteter Kirchenmann Neuerungen auf dem Gebiet des Gemeindegesangs und des Unterrichts für Kinder. Sein *Betbüchlein* von 1537 fand weite Verbreitung. Jakob Otter starb im März 1547 in Esslingen.

Familiäres: Jakob Otter war verheiratet.

Orte: Straßburg, Freiburg, Rottenburg, Wolfenweiler, Kenzingen, Heidelberg, Aarau, Esslingen.

Zitat: »Niemand wird selig, er sei denn ein Christ.«

Wichtiges Werk: *Bettbuchlin für allerley gemeyn anligen der Kirchen*, 1537.

Zum Weiterlesen: Hermann Sussann: Jakob Otter. Ein Beitrag zur Geschichte der Reformation, Karlsruhe 1893.

Peder Palladius

* 1503 in Ribe

† 03. Januar 1560 in Kopenhagen

Erster evangelischer Bischof Dänemarks

Nachdem er zunächst als Rektor einer Lateinschule in Odense tätig war, ging Palladius 1531 nach Wittenberg, um bei → Martin Luther und → Philipp Melanchthon Theologie zu studieren. 1537 promovierte er zum Doktor der Theologie und kehrte in die Heimat zurück, wo er von → Johannes Bugenhagen in Kopenhagen zum lutherischen Bischof geweiht wurde. Er wurde erster Bischof Seelands und damit quasi zum Vorsitzenden der dänischen Kirche. Außerdem wirkte er an der Kopenhagener Universität als Theologieprofessor. Durch viele Visitationsreisen, den Aufbau eines reformierten Schulwesens, durch seine Übersetzungen von Schriften der Wittenberger Reformatoren und die Beteiligung an der Übersetzung der Bibel ins Dänische trug er wesentlich zur Durchsetzung der Reformation in Dänemark bei. Peder Palladius starb 1560 in Kopenhagen.

Familiäres: Peder Palladius war verheiratet mit Kirstine Pedersdatter.

Orte: Odense, Kopenhagen.

Wichtiges Werk: *En visitatsbog*, 1541.

Catherine Parr

* 1512 Kendal Castle (Westmorland)
† 5. September 1548 Sudeley Castle (Gloucestershire)

Protestantische letzte Gattin Heinrichs VIII.

Catherine wuchs als ältestes Kind in einer Familie auf, die zum englischen Landadel gehörte. Durch den Tod des Vaters wurde sie schon früh zur Halbwaise. Obwohl offensichtlich war, dass Catherine hochbegabt war, unterstützte ihre Mutter, eine Hofdame von Katharina von Aragón, den Bildungshunger ihrer Tochter nicht. Dennoch erlernte Catherine als Jugendliche im Selbststudium die lateinische Sprache und erregte am englischen Hof aufgrund ihres selbstbewussten und schlagfertigen Auftretens Aufmerksamkeit. Auch König → Heinrich VIII. konnte sich dem Bann dieser Frau nicht entziehen, die im Alter von 31 Jahren bereits den zweiten Ehemann betrauern musste.

Am 12. Juli 1543 wurde Catherine Parr die sechste und letzte Gattin des englischen Herrschers. In den folgenden Jahren machte sie sich für den Protestantismus stark, dem ohnehin ein nicht unerheblicher Teil des Hofstaates anhing. Protestantische Künstler fanden ihre Unterstützung ebenso wie zum Tode verurteilte Protestanten – ein Einsatz, der vor allem von den katholischen Kräften am Königshof mit Argwohn verfolgt wurde, zumal Catherine bestrebt war, auch den König enger an die Reformation zu binden. Als Lordsiegelbewahrer Stephen Gardiner sogar ein Verfahren gegen die umstrittene Herrscherin anstrengte, musste Catherine ihre ganze Überzeugungskraft aufbieten, um nicht das gleiche Schicksal zu erleiden wie zwei ihrer Vorgängerinnen. Der König hatte ein

Einsehen und vergab ihr im letzten Moment. Vor dem Palast waren bereits Soldaten angetreten, um Catherine in Gewahrsam zu nehmen. Dem unwürdigen Schauspiel war der Prozess gegen die Protestantin Anne Askew vorausgegangen, aus der die Folterknechte eine Aussage erpresst hatten, die zum Sturz der Königin führen sollte. Heinrich VIII. verschonte zwar Catherines Leben, doch ihren Einfluss am Hof hatte sie eingebüßt. Der König siechte noch einige Monate vor sich hin, dann starb er am 28. Januar 1547. Seine Gattin durfte nicht einmal an sein Sterbebett.

Bereits im Mai 1547 heiratete Catherine Parr erneut. Ehemann Nummer vier war Thomas Seymour, der bereits vor Heinrich VIII. zum Kreis der hoffnungsvollen Kandidaten gezählt hatte, aber dem König den Vortritt hatte lassen müssen.

Mit Mitte 30 lebte die ehemalige Königin noch einmal auf. Sie verfasste mehrere Bücher mit protestantischem Inhalt. Damit gehörte sie zu einem überschaubaren Kreis weiblicher

Autoren. Auch privat schien das Glück wieder auf ihrer Seite zu stehen. Nach drei kinderlosen Ehen erwartete sie 1548 ihr erstes Kind. Am 30. August des Jahres erblickte ihre Tochter Mary das Licht der Welt. Doch Catherine war es nicht vergönnt, Mary aufwachsen zu sehen. Nur eine Woche nach der Geburt starb sie am Kindbettfieber.

Familiäres: Elisabeth I. von England war die Stieftochter von Catherine Parr. Thomas Seymore war ein Bruder der dritten Frau von Heinrich VIII.

Zum Weiterlesen: Antonia Fraser: Die sechs Frauen Heinrichs VIII., Berlin 1995.

Auch das noch: 1973 komponierte und veröffentlichte der britische Keyboarder Rick Wakeman ein Instrumentalstück über Catherine Parr.

Paul III.

* 29. Februar 1468 in Canino (Region Latium)
† 10. November 1549 in Rom

Papst, der die Gegenreformation einleitete

Allessandro Farnese wurde als drittes von sechs Geschwistern in ein altes Adelsgeschlecht hineingeboren. Im Alter von 19 Jahren trat er gemeinsam mit seinem älteren Bruder Angelo das Erbe seines Vaters an. Alexander VI. förderte sei-

nen Aufstieg in der Kurie und ernannte ihn 1493 zum Kardinaldiakon und Generalschatzmeister der römischen Kirche. 1519 wurde er zum Priester und Bischof geweiht. Nachdem er in zwei Papstwahlen knapp unterlegen war, wurde er 1534 schließlich doch gewählt. Während seines Pontifikats sah er sich mit der Ausbreitung des Protestantismus konfrontiert und bemühte sich um eine Erneuerung der Kirche von innen heraus. Zu diesem Zweck setzte er eine aus Kardinälen bestehende Reformkommission ein. Den englischen König →Heinrich VIII. belegte er 1537 nach dessen Scheidung kurzerhand mit dem Kirchenbann. Als besonders wirkungsvolles Machtinstrument rief er 1542 mit der Schrift *Licet ab initio* die Römische Inquisition ins Leben, zu deren Aufgabe auch die Erstellung eines Indexes für verbotene Bücher gehörte. Erklärtes Ziel war, die weitere Verbreitung der lutherischen Lehren zu verhindern. 1545 eröffnete Paul III. das Konzil von Trient, um den Protestantismus zurückzudrängen. In dessen Verlauf gab es immer wieder Spannungen zwischen Paul III. und dem römisch-deutschen Kaiser →Karl V. Dem Kaiser ging es weniger um Glaubensfragen. Die Eindämmung der Unruhen im Land war ihm wichtiger.

Familiäres: Giulia, die Schwester von Paul III., war die Mätresse von Rodrigo Borgia, dem späteren Papst Alexander VI. Silvia Ruffini, seine Geliebte, gebar ihm vor der Priesterweihe vier Kinder.

Zum Weiterlesen: Roberto Zapperi: Die vier Frauen des Papstes: Das Leben Pauls III. zwischen Legende und Zensur, München 1997.

Auch das noch: Harsch ging Papst Paul III. gegen die Vertreter des Protestantismus vor; in einer anderen brisanten Thematik zeigte er bemerkenswerte Stärke: 1537 erließ er die Bulle *Sublimis Deus*, die die Versklavung der indianischen Ureinwohner Amerikas verbot.

Laurentius Petri

Lars Peterson

* 1499 in Örebro
† 1573 in Uppsala

Erzbischof von Uppsala und schwedischer Reformator

Laurentius Petri und sein älterer Bruder → Olaus Petri gelten als die beiden Männer, die die Reformation nach Schweden brachten. Als Lars Peterson wurde er in Örebro geboren und erhielt dort im Karmelitenkloster seine erste Bildung. Wie sein Bruder Olaus verließ er zum Studium Schweden und ging nach Wittenberg, wo → Martin Luther und → Philipp Melanchthon seine Lehrer waren. Nach seiner Rückkehr wurde er erst selbst Lehrer und später Professor in Uppsala. 1527 war seine Priesterweihe.

Auf dem Reichstag von Västerås 1527 wurde die Entscheidung, die Reformation im Land durchzusetzen, bekräftigt. Der endgültige Bruch mit Rom erfolgte aber erst 1531, als König Gustav Wasa durchsetzte, dass der 32-jährige Laurentius Petri zum ersten evangelischen Erzbischof von Uppsala und damit zum obersten Bischof der schwedischen Kirche ernannt wurde. Gemeinsam mit seinem Bruder übersetzte er die Bibel und Schriften Luthers ins Schwedische. Als sein Bruder Olaus 1540 vom König wegen Hochverrat angeklagt wurde, nahm er an der Gerichtsverhandlung als Beisitzer teil und erlebte mit, wie er zum Tod verurteilt wurde. Olaus wurde später begnadigt, doch war seine politische Karriere danach beendet, und Laurentius musste nun ohne ihn die Reformation und Organisation der evangelischen Kirche vorantreiben. Als → Calvins Lehren in den 1560er-Jahren in Schweden an Einfluss gewannen, veröffentlichte Laurentius Petri zahlreiche Schriften, in denen er sich für das Luthertum starkmachte. 1572 wurde die von ihm verfasste Kirchenordnung durch den Kirchentag in Uppsala angenommen. Nach 42 Jahren im Bischofsamt starb er 74-jährig. Sein Schwiegersohn Laurentius Petri Gothus wurde sein Nachfolger.

Familiäres: 1531 ging er die Ehe mit Elisabeth Didriksdotter, einer Tochter des Cousins des Königs, ein und war somit der erste verheiratete Erzbischof Schwedens.

Ort: Uppsala.

Wichtiges Werk: Seine Kirchenordnung, auf der das bis heute geltende Staatskirchenprinzip in Schweden fußt. 1572, ein Jahr vor seinem Tod, wurde sie rechtsgültig.

Zum Weiterlesen: Poul Georg Lindhardt: Skandinavische Kirchengeschichte seit dem 16. Jahrhundert, Göttingen 1997.

Auch das noch: 1542 gab er ein Gesangbuch heraus, in das auch zahlreiche von ihm selbst geschriebene Kirchenlieder Eingang fanden.

Olaus Petri

Olof Peterson

* 1493 in Örebro
† 1552 in Stockholm

Schwedischer Theologe und Reformator

Olaus Petri und sein jüngerer Bruder → Laurentius Petri brachten die Reformation nach Schweden. Ihr Vater war Schmied. Olaus Petri studierte in Uppsala, Rom und Leipzig. In Wittenberg war er von 1516 bis 1518, dort gehörten → Martin Luther und → Philipp Melanchthon zu seinen Lehrern.

Wieder in Schweden, machte ihn Mattias Gregersson Lilje, Bischof von Strängnäs, zu seinem Sekretär. Lilje wurde aber 1520 als Ketzer hingerichtet. Olaus Petri erhielt seine Weihe zum Diakon und übernahm das Predigeramt am Dom in Strängnäs. Schnell wurde bekannt, dass er der lutherischen Lehre zugeneigt war, und die katholische Kirche sprach einen Kirchenbann über ihn aus. Doch der schwedische König Gustav Wasa förderte ihn und holte ihn 1524 als Stadtsekretär und Prediger der St.-Nikolai-Kirche nach Stockholm.

Im folgenden Jahr veröffentlichte Olaus Petri die erste reformatorische Schrift in Schweden unter dem Titel *Eine nützliche Unterweisung*. 1528 gab er ein Gesangbuch heraus. Zudem übersetzte er das Neue Testament und Schriften Luthers ins Schwedische.

König Gustav Wasa ernannte ihn 1531 zu seinem Kanzler. Dieses Amt übte Petri jedoch nur zwei Jahre aus. Zunehmend geriet er in Konflikt mit dem König, weil dieser bei den reformatorischen Umbauten der Kirche Kirchenschätze in staatlichen Besitz überführte und seine Kontrolle über die

Kirche ausbauen wollte. 1540 ließ der König ein Todesurteil über Olaus Petri sprechen, das er jedoch nach Protesten in eine Geldstrafe umwandelte. 1541 verzieh ihm der König, und Petri, der 1539 zum Pfarrer ordiniert worden war, übernahm das Predigeramt in einer Stockholmer Gemeinde. Die letzten Lebensjahre zog er sich aus der Öffentlichkeit zurück und schrieb unter anderem ein Schauspiel zum apokryphen Buch Tobit, das als erstes schwedisches Theaterstück gilt.

Familiäres: Als erster Priester Schwedens und im selben Jahr wie Martin Luther heiratete Olaus Petri 1525.

Ort: Stockholm.

Wichtiges Werk: Olaus Petri verfasste eine Gottesdienstordnung, die *Swenska Messan* (1531). Auch an der Übersetzung der Bibel, die 1541 als *Gustav-Wasa-Bibel* erschien, war er beteiligt.

Zum Weiterlesen: Hans Ulrich Bächtold, Hans-Peter Naumann (Hrsg.): Olavus Petri und die Reformation in Schweden, Zug 2002.

Auch das noch: In seinem Stück *Meister Olof* (1881), das ihm den Durchbruch als Dramatiker bescherte, schreibt August Strindberg über Olaus Petri.

Konrad Peutinger

* 1465 in Augsburg
† 1547 in Augsburg

Jurist, Humanist und wichtiger Politiker der Reichsstadt Augsburg

Konrad Peutinger stammte aus einer wohlhabenden Kaufmannsfamilie und wuchs bei seinem Onkel und Vormund auf. In Basel, Padua und Bologna studierte er Römisches Recht und kam in Italien zum ersten Mal mit dem Humanismus in Kontakt. 1488 kehrte er nach Augsburg zurück, wurde 1497 Stadtschreiber und damit Chef der Verwaltung. Er war verantwortlich für den gesamten Schriftverkehr der Stadt und vertrat sie bei den Reichstagen und beim Kaiser. So erreichte er unter anderem, dass die Großkaufleute der Stadt von einer geplanten ungünstigen Gesetzgebung, die das Zinsrecht und die Monopolstellung betraf, verschont blieben. Zudem beriet er auch andere Reichsstädte juristisch.

Seit 1491 gehörte Peutinger zu den engsten Beratern von Kaiser →Maximilian I., der ihn mit zahlreichen diplomatischen Aufgaben betraute. In konfessionellen Auseinandersetzungen blieb er zurückhaltend. War er als kaiserlicher Rat und Siegelverwalter an Auseinandersetzungen zwischen katholischer Kirche und Reformatoren als Zaungast beteiligt, so bemühte er sich, vermittelnd zu wirken. Trotz Sympathien für die Evangelischen hat er die katholische Kirche letztlich nie infrage gestellt.

Wichtiger noch als seine politischen Leistungen sind seine historischen Forschungen und seine publizistische Tätigkeit. Mit fast allen bedeutenden Intellektuellen seiner Zeit stand er im Briefkontakt, so mit → Johannes Reuchlin, → Willibald Pirckheimer, → Erasmus von Rotterdam und Thomas Morus.

1534 gab er kurz vor seinem 70. Geburtstag das Stadtschreiberamt auf. Für seine Verdienste wurde er in das Patriziat von Augsburg und kurz vor seinem Tod von Kaiser → Karl V. in den erblichen Adelsstand aufgenommen.

Familiäres: Verheiratet war er mit Margarethe Welser, die aus einer angesehenen Augsburger Familie stammte und Vermögen in die Familie brachte. Sie teilte das historische Interesse ihres Mannes und lernte Latein, um ihn bei seinen Studien unterstützen zu können.

Ort: Augsburg.

Zum Weiterlesen: Matthias Ferber u. a. (Hrsg.): Ein Augsburger Humanist und seine römischen Inschriften, München 2014.

Auch das noch: Mit etwa 10.000 Büchern war die Bibliothek von Konrad Peutinger zu seiner Zeit die größte private Bibliothek nördlich der Alpen. Nach seinem Tod blieb sie zunächst im Besitz der Familie und ging dann im 18. Jahrhundert zuerst an das Augsburger Jesuitenkolleg und später an die Stadtbibliothek über.

Johannes Pfefferkorn

* 1469

† 22. Oktober 1521 in Köln

Zum Christentum konvertierter Jude

Sein Geburtsort ist bis heute unbekannt. Eigenen Angaben zufolge wurde er in Prag von einem Onkel in den Lehren des Talmud unterrichtet. Um 1491 lebte er dort, später vermutlich als Geldverleiher und Sprecher der jüdischen Gemeinde in Dachau.

Nach einigem Hin und Her zog er nach Köln, wo er mit seiner Familie zum Christentum konvertierte und als Spitalmeister und Salzmesser tätig war.

Pfefferkorn verfasste mehrere Schmähschriften gegen die Juden und bemühte sich gegen heftigen Widerstand auch von christlicher Seite um die Beschlagnahmung jüdischer Schriften im Rheinland.

1510 ordnete der Kaiser die Rückgabe der beschlagnahmten Bücher an und setzte eine Kommission ein, der auch → Johannes Reuchlin angehörte. Reuchlin erstellte ein Gutachten gegen Pfefferkorns Vorgehen. Zwischen Pfefferkorn und Reuchlin entstand ein heftiger Streit. Die beiden bekriegten sich in Schriften und Gegenschriften selbst dann noch, als der Kaiser 1513 ein Schweigegebot erließ. Der Streit gipfelte 1515 in den *Dunkelmännerbriefen*.

Johannes Pfefferkorn starb 1521 in Köln.

Orte: Prag, Dachau, Köln.

Zitat: »Ich bin ain Buchlinn, der Juden veinde ist mein namen.«

Wichtiges Werk: *Wie die blinden Juden yr Ostern halten*, 1509.

Zum Weiterlesen: Ellen Martin: Die deutschen Schriften des Johannes Pfefferkorn. Zum Problem des Judenhasses und der Intoleranz in der Zeit der Vorreformation, Göppingen 1994.

Caritas Pirckheimer

* 21. März 1467 in Eichstätt
† 19. August 1532 in Nürnberg

Selbstbewusste Nürnberger Äbtissin

Schon früh sprach Caritas Latein und war außergewöhnlich wissbegierig; sie wurde Novizin im Nürnberger Klarissenkloster und übernahm dort den Unterricht der Klosterschülerinnen, die Betreuung der Bibliothek und wurde 1503 auch Äbtissin. Humanistische Ideen waren ihr aus der eigenen frommen Familie vertraut, ihr Bruder Willibald gehörte zu den angesehensten Humanisten der Stadt. Selbstbewusst führte Caritas Korrespondenz unter anderem mit → Erasmus von Rotterdam, mit → Albrecht Dürer und dem Dichter Conrad Celtis.

Mit der Einführung der Reformation in Nürnberg im Jahr 1525 begannen schwere Zeiten für das Kloster. Standhaft wehrte sich Caritas dagegen, dass der Stadtrat die franziskanischen Beichtväter ihres Klosters gegen evangelische Geistliche austauschte. Lieber wollten die Schwestern auf die Sakramente, auf die Beichte und sogar die Heilige Messe verzichten, als diese Pfarrer zu akzeptieren. Der Konflikt eskalierte: Der Rat wollte die Schwestern von ihren Ordensgelübden entbinden, alles deutete auf eine bevorstehende Auflösung des Klosters hin. In dieser aufgeheizten Situation bat der Rat → Philipp Melanchthon darum, die protestierende Äbtissin zu beruhigen und sie mit der ihm eigenen milden Beharrlichkeit von der evangelischen Sache zu überzeugen. Nach dem persönlichen Gespräch mit Caritas zeigt Melanchthon wider Erwarten Verständnis für die widerständige altgläubige Ordensfrau. Stattdessen kritisiert er den Rat: Es sei keineswegs im Sinn

Luthers, wenn Klöster zerstört oder Nonnen gezwungen würden, das Kloster zu verlassen. Auch müsse es ihnen ermöglicht werden, die Sakramente zu empfangen. Der Rat solle nicht mit Gewalt, sondern mit Bedacht vorgehen. Melanchthons Autorität wirkte nachhaltig. Bis 1591, bis zum Tod der letzten Klarissenschwester, blieb das Kloster im evangelischen Nürnberg bestehen.

Orte: Eichstätt, Nürnberg.

Zitat: »Wir wären ärmer als arm, sollten wir denen beichten, die selber keinen Glauben an die Beichte haben, sollten wir das hochwürdige Sakrament von denen empfangen, die so abscheulichen Missbrauch damit treiben, dass es eine Schande ist, davon zu hören, sollten wir denen gehorsam sein, die weder dem Papst, dem Bischof, dem Kaiser noch der ganzen heiligen, christlichen Kirche gehorsam sind.«

Zum Weiterlesen: Karl Schlemmer: Caritas Pirckheimer. Die frommen Nürnberger und die Äbtissin von St. Klara, Münsterschwarzach 1982.

Auch das noch: Die Klarissen betrieben eine Bierbrauerei und feierten ausgelassene Feste, bei denen Caritas Pirckheimer das Hackbrett spielte.

Johannes Pistorius der Ältere

Johannes Becker; Niddanus

* Januar 1504 in Nidda

† 25. Januar 1583 in Nidda

Johannes Pistorius wurde 1504 als Sohn des Bürgermeisters Johann Becker in Nidda geboren. Dort besuchte er die Lateinschule und studierte anschließend wahrscheinlich in Mainz. Das Studium schloss er mit der Promotion zum Doktor der Theologie ab. Anschließend wirkte er in Nidda als Humanist und Freund → Philipp Melanchthons. Schon bald begann er, sich für die Reformation einzusetzen, wobei sein Verhalten immer gemäßigt blieb und von Toleranz, etwa den Juden gegenüber, geprägt war.

Pistorius war 1530 an der Erstellung der *Confessio Augustana* beteiligt. 1535 heiratete er in Nidda Margaretha, die Tochter des Schreibers Konrad Schreiber. Nach der Affäre um die Doppelehe des Landgrafen → Philipp von Hessen wirkte Pistorius seit 1541 als Superintendent in Alsfeld. Gemeinsam mit seinen Freunden Melanchthon und → Martin Bucer nahm er an den Religionsgesprächen in Worms und Regensburg teil. Bei der Pestepidemie von 1555 in Nidda starben fünf seiner bis dahin noch lebenden sechs Kinder.

Familiäres: Johannes Pistorius heiratete 1535 in Nidda Margaretha, die 1560 durch einen Unfall starb. Das Paar bekam drei Töchter und fünf Söhne, von denen nur Johann Pistorius der Jüngere überlebte.

Orte: Nidda, Alsfeld.

Wichtiges Werk: *Vorrede in Michael Eychlers Christlicher Bericht, wie Pfarrherren in dieser pestilentzischen Zeit und auch sonsten, die armen krancken Leut ohne Gefahr alle besuchen und trösten können*, 1578.

Zum Weiterlesen: Hans-Jürgen Günther: Die Reformation und ihre Kinder. Vater und Sohn Johannes Pistorius Niddanus – eine Doppelbiographie, Niddaer Geschichtsblätter, Nidda 1994.

Hieronymus von Prag

* um 1379 in Prag

† 30. Mai 1416 in Konstanz

Mitbegründer der hussitischen Bewegung

Hieronymus studierte in Prag und Oxford, wo er sich von → John Wyclifs Ansichten begeistern ließ und diese später auch in Prag zu verbreiten suchte. Er reiste nach Jerusalem und arbeitete an den Universitäten in Paris, Heidelberg und Köln. Alle Orte musste er seiner Einstellung wegen schnell wieder verlassen. 1407 begann er mit → Jan Hus zu wirken, wobei er sich noch radikaler als Hus gegen die Kirchenhierarchie wandte und eine Reform im Sinn der ursprünglichen Strukturen anstrebte. Auf einer Reise nach Litauen versuchte er den Kontakt zur Orthodoxen Kirche zu festigen. Als er in Budapest und Wien im Sinn Wyclifs predigte, wurde er mit dem Bann belegt. Nachdem Hus auf dem Konstanzer Konzil verhaftet wurde, wollte er diesem beistehen, wurde aber selbst inhaftiert und gefoltert, bis er seinen Überzeugungen abschwor. Später widerrief er, bekannte sich erneut zu den Wyclif'schen Ansichten und wurde zum Tod auf dem Scheiterhaufen verurteilt.

Orte: Paris, Heidelberg, Köln, Konstanz, Budapest, Wien.

Zum Weiterlesen: Andreas Nohl: Hieronymus. Chronik eines Verrats, Ebenhausen 1993.

Wilhelm Reublin

* um 1484 in Rottenburg am Neckar
† nach 1559

Anführer der Schweizer Täufer

Wilhelm Reublin wurde um 1484 in Rottenburg am Neckar geboren. Er studierte Theologie in Freiburg und Tübingen. Anschließend ging er als Priester nach Grießen. 1521 wechselte er als Leutpriester nach St. Alban in Basel. Hier begann er sich für die reformatorischen Gedanken zu begeistern, was sich auch in seinen Predigten neiderschlug. Dabei kam es zu einigen Unruhen, Reublin wurde ausgewiesen und musste die Stadt 1522 wieder verlassen. Er wirkte daraufhin als Prediger in Zürich, dann als Leutpriester in Witikon. Hier predigte er wiederum im Sinn der Reformation, weigerte sich, den Zehnten zu zahlen und bemühte sich um die Abschaffung der Kindertaufe. Gemeinsam mit → Felix Manz und → Konrad Grebel beteiligte er sich am Cestelberger Lesekreis, aus dem 1525 die erste Täufergemeinde hervorging.

Ab 1524 wurden in seiner Gemeinde keine Kindertaufen mehr durchgeführt. Außerdem nahm er 1525 an der Züricher Taufdisputation teil, woraufhin er der Stadt verwiesen wurde. Reublin zog nach Hallau. Dort und an anderen Orten wie Schaffhausen, Straßburg, Reutlingen und Esslingen gelang es ihm, das Täufertum zu verbreiten und Täufergemeinden zu gründen. 1525 taufte er → Balthasar Hubmaier, später auch → Michael Sattler.

Nachdem er 1528 in Straßburg gefangen genommen worden war, zog er 1530 mit einigen Freunden nach Austerlitz in Mähren, später nach Auspitz. Die dort schon bestehende

Täufergemeinde, die großen Wert auf Gütergemeinschaft legte, musste er allerdings auch bald wieder verlassen – man warf ihm vor, er habe privaten Besitz verheimlicht. 1531 kehrte er nach Rottenburg zurück, wo er in täuferischem Sinn wirkte. Später distanzierte er sich aber wohl von der Täuferbewegung, pflegte Kontakt mit → Heinrich Bullinger und reiste 1554 noch einmal nach Basel. Danach verliert sich allmählich seine Spur.

Familiäres: Anfang 1523 heiratete Wilhelm Reublin Adelheid Leemann. Damit war er der erste Priester in der Schweiz, der den Zölibat brach.

Orte: Grießen, Basel, Zürich, Schaffhausen, Hallau, Straßburg, Reutlingen, Esslingen, Austerlitz, Auspitz, Rottenburg.

Zum Weiterlesen: Urs B. Leu: Die Zürcher Täufer 1525–1700, Zürich 2007.

Johannes Reuchlin

* 29. Januar 1455 in Pforzheim
† 30. Juni 1522 in Stuttgart

Humanistischer Gelehrter und Jurist

Der Sohn eines Klosterverwalters besuchte die Lateinschule seiner Geburtsstadt Pforzheim mit großem Erfolg, schon früh beherrschte er die lateinische Sprache. Das Studium der freien Künste begann er 15-jährig an der Universität Freiburg, schloss es aber erst 1477 an der Universität Basel mit dem Magister artium ab. Auf einer Reise nach Paris lernte er die griechische Sprache kennen und war Feuer und Flamme. Ein Exilgrieche, den er in Basel traf, lehrte ihn die Sprache und bald war er mit der antiken Literatur so vertraut, dass ein Baseler Verlag ihn mit der Herausgabe eines lateinischen und griechischen Wörterbuches beauftragte.

Konnte man als Philologe seinen Lebensunterhalt bestreiten? Kaum, das war ihm bewusst – so studierte er Rechtswissenschaften in Orléans und an der Sorbonne in Paris. Das verschaffte ihm eine Stelle am Stuttgarter Hof des württembergischen Grafen Eberhard. Als er diesen im Frühjahr 1482 als lateinkundiger Dolmetscher nach Rom begleitete, begegnete er in Florenz dem italienischen Renaissancehumanismus. Tiefen Eindruck hinterließ der Gelehrte Giovanni Pico della Mirandola, der Hebräisch, Arabisch und Chaldäisch sprach. Reuchlin lernte Hebräisch mithilfe des kaiserlichen Leibarztes und jüdischen Gelehrten → Jacob ben Jechiel Loans. So wurde er zum »*vir trilinguus*«, also zum dreisprachigen Gelehrten. Seine *Einführung in die hebräische Sprache* (*De rudimentis hebraicis*, 1506), die erste lateinische Grammatik des Hebräischen,

wurde von → Martin Luther, → Andreas Osiander und → Philipp Melanchthon für ihre Bibelübersetzungen verwendet.

13 Jahre lang, von 1483 bis 1496, war Reuchlin als Rat am Hof Eberhards. Als er 1484 eine vermögende Frau heiratete, schien seiner Karriere nichts mehr im Weg zu stehen. Er wurde zum Doktor im kaiserlichen Recht promoviert, von Kaiser → Maximilian mit dem Titel eines Pfalzgrafen beliehen und in den erblichen Adelsstand erhoben. Als Eberhard starb, musste er den Hof verlassen und fand Aufnahme in Heidelberg am Hof des Wormser Bischofs Johann von Dalberg. 1502 wurde Reuchlin in das oberste Richteramt des Schwäbischen Bundes berufen.

Eine Wende in seinem Leben brachte die Auseinandersetzung mit dem zum Christentum konvertierten Juden → Johannes Pfefferkorn, der von Kölner Dominikanern unterstützt wurde. Seine Schmähschriften gegen Juden hatten Kaiser Maximilian dazu veranlasst, die Beschlagnahmung und Verbrennung aller jüdischen Schriften anordnen zu lassen. Reuchlin widersetzte sich mit einem 1510 verfassten Gutachten, dem *Augenspiegel*. Er plädierte dafür, dass Juden als Untertanen des Heiligen Römischen Reiches kaiserlichen Rechtsschutz genießen. Ohne jemals die Sache der Reformatoren zu vertreten, trat er in ihrem Sinn für hebräische Studien an den Universitäten ein. Die Auseinandersetzungen mit den Kölner Dominikanern gipfelten in den anonym veröffentlichten *Dunkelmännerbriefen*, scheinbar von diesen Mönchen geschriebenen Briefen, in denen diese der Lächerlichkeit preisgegeben wurden.

Die letzten Lebensjahre verbrachte Reuchlin als Privatgelehrter. In Ingolstadt erhielt er eine Professur für Hebräisch. 1521 kehrte er in gleicher Funktion an die Universität Tübingen zurück. Luthers Kirchenreform lehnte er ab und so ließ er sich mit 67 Jahren zum Priester weihen. Im gleichen Jahr, 1522, erlag er in Stuttgart dem Gelbfieber.

Familiäres: Reuchlin heiratete 1484 eine Tochter des Hänslin Müller aus Leonberg, nach deren Tod 1510 Anna Decker. Beide Ehen blieben kinderlos.

Orte: Pforzheim, Tübingen, Paris, Basel, Orléans, Stuttgart, Florenz, Rom, Linz, Heidelberg, Ingolstadt.

Zitat: »Wir legen die Fundamente der Zukunft: Die Wahrheit wird über der Welt aufgehen, das Dunkel verschwinden, das Licht wird leuchten.«

Wichtiges Werk: *Dr. Johannes Reuchlins Augenspiegel*, 1511.

Zitat über ihn:
»Reuchlin! Wer will sich ihm vergleichen,
zu seiner Zeit ein Wunderzeichen!
Doch Pfaffen wussten sich zu rühren,
Die alles breit ins Schlechte führen,
Sie finden alles da und hie,
So dumm und so absurd wie sie.«
(Johann Wolfgang von Goethe in den *Zahmen Xenien*)

Zum Weiterlesen: Christoph Timm: Museum Johannes Reuchlin. Begleitbuch zur Ausstellung in Pforzheim, Heidelberg 2012.

Auch das noch: Peter Wortsman veröffentlichte 2000 das Bühnenstück *Burning Words*, es handelt vom Reuchlin-Streit.

Urbanus Rhegius

Urban Rieger

* Mai 1489 in Langenargen
† 27. Mai 1541 in Celle

Reformator in Nord- und Süddeutschland

Urbanus Rhegius begann 1508 ein Studium in Freiburg. 1512 wechselte er nach Ingolstadt, später nach Tübingen und Basel, wo er 1520 zum Doktor der Theologie promovierte. 1519 wurde er in Konstanz zum Priester geweiht und begann ein Jahr darauf seine Tätigkeit als Domprediger in Augsburg.

Zunächst stellte er sich gegen die reformatorischen Bestrebungen → Martin Luthers. Da Rhegius den Ablasshandel und die Kirche jedoch ebenfalls kritisierte, geriet er bald selbst in Streit mit den Autoritäten. Als er Luther 1521 verteidigte, musste er seine Stelle verlassen. Er ging als Kaplan ins Tirolerische Hall, kehrte aber schon 1524 nach Augsburg zurück, wo er als Pfarrer in evangelischem Sinn zu wirken begann. Immer darum bemüht, das Evangelium nicht durch eigennützige Rechthaberei aus dem Blick zu verlieren, war er um Ausgleich zwischen den reformatorischen Richtungen, aber auch mit der römischen Kirche bemüht. Im Abendmahlsstreit vermittelte er zwischen den Positionen Luthers und → Ulrich Zwinglis.

1530 folgte er einer Einladung Herzog Ernst I. von Lüneburg nach Celle. Dort wurde er 1531 Superintendent und trieb auch in Lüneburg und Hannover die Reformation voran. Er setzte sich für die Wittenberger Konkordie von 1536 ein, da er in Luthers Theologie das Potenzial für eine Einheitlichkeit der theologischen Richtungen sah. Er nahm an den Religionsgesprächen in Hagenau teil, setzte sich 1540 für die Juden in Braunschweig ein, äußerte sich kritisch gegenüber dem Täufertum und verfasste neben seinen theologischen auch erbauliche Schriften, die bis ins 17. Jahrhundert hinein weite Verbreitung fanden. Dabei stellte er seine Frau Anna als mustergültige Laienchristin dar, die ganz im evangelischen Sinn in den biblischen Schriften nach dem Glaubensgrund forschte. Urbanus Rhegius starb 1541 in Celle.

Familiäres: 1525 heiratete Urbanus Rhegius in Augsburg Anna Weißbrugger. Das Paar bekam acht Töchter und vier Söhne.

Orte: Konstanz, Augsburg, Hall, Celle, Lüneburg, Hannover.

Zitat: Zum Streit über die deutsche Übersetzung des Neuen Testamentes schrieb er: »Darum sollen wir diesen treuen, nützlichen Dienst nicht hinwerfen und schelten, sondern Dank sagen Gott, unserm Herrn, der seine ewige Wahrheit durch viele Sprachen der Welt offenbaren will, dass der Ton des Evangeliums in aller Welt unter Sonne erschalle, auf dass niemand entschuldigen möge, dass ihm das Wort Gottes nicht verkündet und eröffnet sei.«

Wichtiges Werk: *Ob das Neue Testament jetzt recht verdeutscht sei*, 1524.

Zitat über ihn: Luther sagte von ihm, er habe »das reine Wort Gottes herzlich lieb gehabt und mit allem Fleiß und Treuen gehandelt«.

Zum Weiterlesen: Dietmar Lamprecht: Urbanus Rhegius, der vergessene Reformator der Lüneburger Heide, Hermannsburg 1980.

Tilman Riemenschneider

* um 1460 in Heiligenstadt
† 07. Juli 1531 in Würzburg

Einer der bedeutendsten Bildhauer der frühen Renaissance, war in den Bauernkrieg verwickelt

Tilman Riemenschneider wurde in Heiligenstadt als Sohn eines Münzmeisters geboren und wuchs in Osterode im Harz auf. Um 1473 begann – vielleicht in Straßburg und Ulm – seine Lehre als Bildhauer und Holzschnitzer. In dieser Zeit lernte er vermutlich auch Martin Schongauer kennen, dessen Kupferstiche er später als Vorlagen nutzte. 1483 ließ er sich schließlich in Würzburg nieder, wo er als Malerknecht in die Lukasgilde der Maler, Bildhauer und Glaser aufgenommen wurde. 1484 heiratete er Anna Schmidt, die Witwe eines Goldschmiedemeisters. Dadurch kam er nicht nur zu einer Werkstadt, sondern erlangte auch das Bürgerrecht in Würzburg und wurde zugleich zum Meister. Insgesamt sollte er viermal heiraten, da seine drei ersten Frauen früh verstarben.

Schnell gewann er an Ansehen und Vermögen, besaß mehrere Häuser und Grundstücke, sogar mit eigenem Weinberg. In seiner Werkstatt arbeiteten viele Gesellen. 1504 wurde er in den Rat der Stadt gewählt, dem er 20 Jahre lang angehörte. 1520 wurde er für vier Jahre Bürgermeister. Aufträge bekam er sowohl über die Kommunalverwaltung der Stadt als auch von kirchlicher Seite. Viele seiner ausdrucksstarken Skulpturen und Altäre waren, anders als zu seiner Zeit üblich, nie für eine farbige Fassung vorgesehen, die Figuren entfalten ihre Wirkung allein durch Licht und Schatten. In seinen religiösen Werken versuchte er immer wieder, das Leiden Christi dar-

zustellen. Viele seiner Werke zeigen die Passion Christi oder dessen Beweinung.

In der Zeit des Bauernkrieges hatte sich Riemenschneider auf die Seite der Aufständischen gestellt. Nach der Niederlage der Bauern wurde er zusammen mit anderen Ratsmitgliedern verhaftet, in der Festung Marienberg gefangen gehalten und gefoltert. Ihm wurde ein Großteil seines Vermögens genommen. Wieder in Freiheit, bekam er keine größeren Aufträge mehr und lebte fortan zurückgezogen. Tilman Riemenschneider starb 1531 in Würzburg. Erst im 19. Jahrhundert entdeckte man den Wert seiner Kunstwerke wieder.

Familiäres: Tilman Riemenschneider war viermal verheiratet. 1485 heiratete er Anna Schmidt, die Witwe eines Goldschmiedemeisters. Sie brachte drei Söhne mit in die Ehe und bekam dann noch eine Tochter. Nach Annas Tod heiratete Riemenschneider Anna Rappold, mit der er eine Tochter und drei Söhne bekam.

Sein Sohn Georg (Jörg) übernahm später die Werkstatt. Auch Riemenschneiders zweite Frau verstarb. 1507 heiratete er Margarete Wurzbach, nach deren Tod ehelichte er um 1520 eine weitere Frau namens Margarete.

Orte: Heiligenstadt, Würzburg.

Wichtige Werke: Die größte Sammlung seiner Werke befindet sich im Mainfränkischen Museum auf der Festung Marienberg in Würzburg. Außerdem finden sich Werke Riemenschneiders in vielen Kirchen in und um Würzburg, darunter der Heiligblutaltar in der St. Jakobs Kirche in Rothenburg (1501/02) und der Marienaltar in der Herrgottskirche in Creglingen (1505–1508).

Zum Weiterlesen: Paul-Werner Scheele: Begegnung mit Tilman Riemenschneider, Regensburg 2012.

Auch das noch: Der Komponist Casimir von Pászthory (1886–1966) schuf eine Oper über das Leben Tilman Riemenschneiders. Der Schriftsteller Tilman Röhrig (*1945) verfasste einen historischen Roman über Tilman Riemenschneider: Riemenschneider, München 2009.

Melchior Rinck

* um 1493
† um 1545

Anführer der Täufer in Mitteldeutschland

Melchior Rinck war der Sohn eines hessischen Bauern, er genoss eine humanistische Bildung und war nach seiner Ausbildung als Griechischlehrer in Erfurt tätig. Hier traf er vermutlich das erste Mal auf → Thomas Müntzer, mit dessen Ideen er sich anfreundete. 1523 ging er als Kaplan nach Hersfeld und begann dort zusammen mit Kollegen reformatorisch zu wirken, woraufhin er die Stadt wegen Unruhestiftung verlassen musste. Jacob Strauß vermittelte ihm 1524 eine Stelle als Pfarrer in Eckardtshausen, hier heiratete er Anna Eckart.

Weiterhin in Kontakt mit Müntzer, nahm Rinck aktiv am Bauernkrieg teil, konnte nach der Niederlage der Aufständischen aber fliehen. Zusammen mit → Hans Denck, von dem er sich wahrscheinlich auch taufen ließ, wohnte Rinck Ende 1526 eine Weile beim Prediger Jakob Kautz in Worms. Rinck und Denck kämpften für die Durchsetzung der Täuferbewegung in der Region zwischen Eisenach und Hersfeld. Ihre gemeinsam verfassten Streitschriften stießen auf Kritik, sodass sie 1528 an der Marburger Universität zu einem Verhör geladen und anschließend des Landes verwiesen wurden.

Rinck kehrte 1529 nach Hessen zurück, wurde dort festgenommen und saß zwei Jahre lang in Haina in Haft. Seine Frau und ihr lutherischer Vater beantragten daraufhin die Scheidung. Nach der Haft zog Rinck für kurze Zeit nach Hersfeld und wirkte in Vacha. Sein Freund Georg Witzel versuchte ihn zum Umdenken zu bewegen, konnte ihn aber nicht von seinem Weg abbringen. So wurde Rinck durch →Philipp von Hessen erneut gefangen genommen und verbrachte den Rest seines Lebens in Bärbach in Haft. 1540 wurde ihm Hafterleichterung gewährt. Philipp von Hessen ordnete »gelindere haft« an und ein »eignes gemach«. Wann Melchior Rinck verstarb, ist nicht bekannt.

Familiäres: Melchior Rinck war verheiratet mit Anna Eckart. Nach Rincks Verhaftung 1529 beantragte sie gemeinsam mit ihrem Vater die Scheidung.

Orte: Erfurt, Eckardtshausen, Worms, Hersfeld, Vacha, Haina, Bärbach.

Zitat über ihn: Sein Freund Georg Witzel nannte Rinck einen »Mann von unglaublicher Kraft, mit einem harten Leben und mit herausragender Bildung«.

Wibrandis Rosenblatt

* 1504 in Säckingen
† 1. November 1564 in Basel

Ehefrau dreier Reformatoren

Über Kindheit und Jugend ist wenig bekannt, die Tochter einer Baseler Gerberfamilie wuchs in Basel auf, heiratete 20-jährig einen Magister, gebar eine Tochter, verlor den Mann aber bereits nach weniger als zwei Jahren Ehe. Die junge Witwe zog zunächst wieder zu ihrer Mutter. Wie der Basler Gelehrte → Johannes Oekolampad auf sie aufmerksam wurde, ist nicht überliefert. Er hatte sich entschlossen zu heiraten, suchte aber eine Frau, die »in der Nachfolge Christi« stand. Mitte März 1528 heiratete er die 20 Jahre jüngere Frau. An → Wolfgang Capito in Straßburg schrieb er: »Sie ist die Frau, die ich mir immer gewünscht habe.« Wibrandis wuchs rasch in die bis dahin unbekannten Rolle einer protestantischen Pfarrfrau hinein, führte ein offenes Haus, in dem sie nicht nur die Familie betreute, sondern oft Gäste empfing. → Zwingli, → Bucer, → Servet und einige Waldenser waren oft zu Gast in ihrem Haus. Eine reiche Korrespondenz zeugt darüber hinaus von ihrer aktiven Teilnahme an der reformatorischen Bewegung. Vier Töchter bereicherten die Familie. Als Oekolampad im Herbst 1531 schwer erkrankte und starb, fädelte Martin Bucer mit Freunden eine Verheiratung mit dem Straßburger Reformator Wolfgang Capito ein, dessen Frau kurz zuvor verstorben war. Wibrandis zog mit ihren Kindern nach Straßburg. Zehn Jahre währte die neue Ehe, während dieser Zeit kamen fünf Kinder zur Welt. Unverändert stark sorgte Wibrandis sich um das Straßburger Pfarrhaus, es wurde ein Zentrum der Reformation. Als ihr Mann 1541 starb und nahezu gleichzeitig die Frau Martin Bucers von der Pest befallen wurde, versprach sie dieser auf dem Sterbebett, den Hinterbleibenden zu heiraten. So zog sie vom Münster in das Pfarrhaus an St. Thomas in Straßburg und machte es in den folgenden Jahren zu einem Zentrum der Begegnung für Glaubensflüchtlinge und Bedürftige.

Als Bucer 1549 Straßburg verlassen musste und ins Exil nach Cambridge ging, blieb Wibrandis zunächst in ihrer Stadt, musste aber arge Anfeindungen erleiden und wurde sogar vor ein geistliches Gericht geladen. Sie wehrte sich standhaft. Dem Angebot des englischen Erzbischofs, ihrem Mann nach Cambridge zu folgen, gab sie zögernd nach, verließ England aber nach weniger als einem Jahr wieder. Bei ihrem nächsten Besuch im Jahr 1551 fand sie ihren Mann krank vor. Martin Bucer starb kurz nach ihrer Ankunft. Sie kehrte zunächst nach Straßburg zurück, konnte aber die alten Wurzeln nicht mehr finden. So siedelte sie wenig später in ihre Heimatstadt Basel um. Ihre große Sorge galt ihrem Sohn Johann Simon, der in Basel Theologie studierte. Als er nach Marburg wechselte, schrieb sie ihm einen besorgten Brief, der voller biblischer Anspielungen den Sohn zu einem guten Leben ermahnt – ein bedeutendes Zeugnis der theologischen Gelehrtheit der Wibrandis Rosenblatt. Als im Jahr 1564 Basel von einer schrecklichen Pestepidemie heimgesucht wurde, fiel ihr auch Wibrandis zum Opfer. Im Kreuzgang des Basler Münsters wurde sie an der Seite ihres zweiten Mannes, Johannes Oekolampad, begraben. Ihr Name allerdings wurde auf dem Epitaph nicht eingemeißelt – es würdigt allein Oekolampads humanistische Leistung und seinen reinen Lebenswandel sowie seine Bedeutung für die Basler Kirchenordnung.

Familiäres: Sie betreute während ihrer vier Ehen insgesamt 19 Kinder, darunter 12 eigene. Drei Reformatoren fanden bei ihr ein Zuhause.

Orte: Säckingen, Basel, Straßburg, Cambridge.

Zitat über sie: »Verglichen mit ihrer Tugendhaftigkeit gebricht es mir als ihrem Mann an Tugenden, was – fürchte ich – bei vielen Leuten längst Anstoß erregt.« (Martin Bucer)

Zum Weiterlesen: Ronald H. Bainton: Frauen der Reformation. Von Katharina von Bora bis Anna Zwingli, Gütersloh 1996.

Josel von Rosheim

Joselmann Ben Gerschon Loans

* 1476 in Hagenau

† 1554 vermutlich in Rosheim

Vertrat jüdische Gemeinden in rechtlichen und religiösen Belangen

Nachdem seine Familie aus Oberehnheim nach Hagenau geflohen war, kam Josel von Rosheim 1476 dort zur Welt. Über seine Jugend und Ausbildung ist nichts bekannt. Er arbeitete als Geldverleiher und Händler in Mittelbergheim. 1507 baten ihn die aus Oberehnheim vertriebenen Juden, sich bei den Behörden für die Aufhebung des Ausweisungsbeschlusses einzusetzen. Er war erfolgreich und wurde daraufhin 1510 zum Vorsteher der Juden im Elsass gewählt. In dieser Funktion hatte er Streitigkeiten zu schlichten und Recht zu sprechen, wirkte aber auch als Mittler zwischen den Juden und den Regenten des Landes, sodass er allmählich zum inoffiziellen, aber weithin anerkannten Sprecher der Juden im Reich wurde. Als man ihn der Hostienschändung bezichtigte, konnte er seine Unschuld beweisen und zog daraufhin nach Rosheim.

In seiner Funktion als Sprecher verhinderte er zahlreiche Ausweisungen von Juden aus verschiedenen Städten und erreichte sogar, dass → Karl V. einen Schutzbrief für sie im Reich unterschrieb, mit dem ihre Rechte gesichert wurden.

Als die aufständischen Bauern 1525 auch Rosheim bedrohten, gelang es → Wolfang Capito und → Martin Bucer nicht, sie umzustimmen. Erst nach dem Eingreifen Josels ließen die Bauern von der Stadt ab.

Auf dem Augsburger Reichstag 1530 widerlegte er die antijüdischen Aussagen des zum Christentum konvertierten Juden → Antonius Margaritha so erfolgreich, dass der den Reichstag verließ. Außerdem schaffte er es, dort Bestimmungen für Geldgeschäfte vorzutragen, die den Vorwurf des Wucherzinses und Betrugs den Juden gegenüber entkräften sollten.

Er versuchte sich mit → Martin Luther zu verständigen, der aber kein Interesse zeigte und sich mit seiner Schrift *Von den Juden und ihren Lügen* 1543 offen gegen sie positionierte. Seither bemühte sich Josel vornehmlich um gute Kontakte zu den katholischen Obrigkeiten, auf deren Schutz die Juden in dieser Zeit angewiesen waren. Josel von Rosheim starb vermutlich 1554 in Rosheim. Wo er begraben liegt, ist nicht bekannt.

Familiäres: Einer der Vorfahren Josels soll der Leibarzt Kaiser Friedrichs, Jacob ben Jeichel Loans, gewesen sein. Josels Onkel Rabbi Elias war 1470 von einem bei ihm verschuldeten Fleischermeister des Ritualmords bezichtigt und daraufhin hingerichtet worden.

Orte: Mittelbergheim, Rosheim.

Zum Weiterlesen: Volker Galle (Hrsg.): Josel von Rosheim – Zwischen dem Einzigartigen und Universellen. Ein engagierter Jude im Europa seiner Zeit und im Europa unserer Zeit, Worms 2013.

Erasmus von Rotterdam

* 28. Oktober 1466 (oder 1469) in Rotterdam
† 12. Juli 1536 in Basel

Bedeutendster Vertreter des europäischen Humanismus, Theologe und Kirchenkritiker

Erasmus wurde als illegitimer Sohn eines Priesters und einer Arzttochter geboren. Nachdem er im Alter von etwa 14 Jahren beide Eltern verloren hatte, kam er in die »Schule der Brüder vom gemeinsamen Leben« in Deventer, wo er die »*Devotio moderna*« (»neue Frömmigkeit«) kennenlernte, eine spätmittelalterliche religiöse Reformbewegung innerhalb der Kirche. Hier fand er Zugang zu einem Denken, das sich am biblischen Wort und den Klassikern orientierte. Zugleich reifte in diesen Jahren in ihm die Erkenntnis, dass zwischen Bildung, Frömmigkeit und Humanität ein tiefer Zusammenhang besteht.

1487 trat Erasmus in das Augustinerkloster in Steyn bei Gouda ein, wo er im April 1492 die Priesterweihe empfing. Im Jahr darauf begann er seine Arbeit als Sekretär im Dienste des Bischofs von Cambrai, der ihm ab 1495 ein Studium der Theologie an der Pariser Universität ermöglichte. In diesen vier Jahren wuchs Erasmus' Unbehagen an der Kirche und der spätscholastischen Philosophie. Ohne seine Studien zu einem Abschluss zu bringen – den Doktortitel erwarb er erst 1506 in Turin – brach er 1499 zu seinem ersten längeren Englandaufenthalt auf, dem weitere folgten. In London lernte er den englischen Theologen →John Colet kennen, der ihn auf das Neue Testament und auf Platon aufmerksam machte. 1500 erschien Erasmus' *Adagia*, eine – später vielfach neu aufgelegte und vervollständigte – Sammlung antiker und bi-

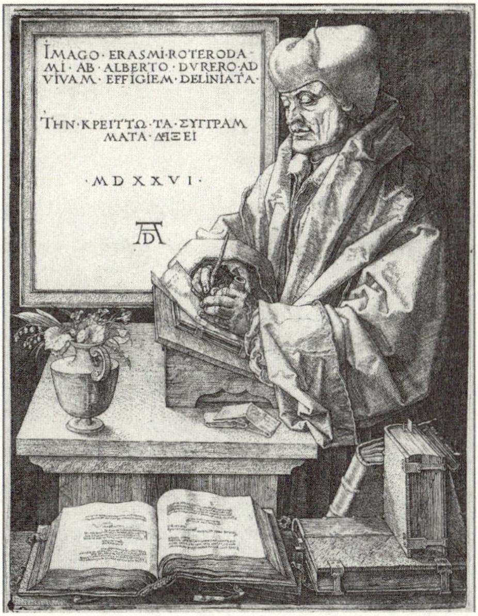

blisch-christlicher Sprichwörter, die ihn mit einem Schlag berühmt machte.

Nachdem er 1504 unter anderem das *Handbuch des christlichen Ritters* veröffentlicht hatte, eine christliche Ethik, zog es ihn 1505 wieder nach England, wo er Freundschaft mit → Thomas Morus schloss; beide teilten die Überzeugung, dass Bildung die Voraussetzung allen Fortschritts sei. 1506 ging Erasmus nach Italien, um zu promovieren, bevor er in Venedig an seinen *Adagia* und anderen Schriften arbeitete. Ab 1509 wieder in England, verfasste er im Haus seines Freundes Morus sein populärstes Buch: das *Lob der Torheit*. In diesem satirischen Werk kritisierte er mit ironischer Distanz die Prinzipien und Wertmaßstäbe von Adel und Klerus, Kaufleuten und Gelehrten. In den fünf Londoner Jahren beschäftigte er sich überdies intensiv mit dem Humanisten Lorenzo Valla, dem Begründer der modernen Textkritik.

Ein Ergebnis dieser Studien war die erste Druckausgabe des griechischen Neuen Testaments, die Erasmus 1516 herausgab. Inzwischen war er am Hof von Burgund in Löwen tätig. In der

Einleitung erläuterte er sein neues, an Valla geschultes Programm der Exegese und votierte für ein Christentum im Geist der Bergpredigt. Seine 1517 erschienene *Klage des Friedens* beschwor zu einer Zeit, in der der Krieg noch als selbstverständliches Mittel der Politik angesehen wurde, die Segnungen des Friedens. Nach weiteren Aufenthalten in Deutschland und der Schweiz ließ sich der ruhelose Gelehrte 1521 in Basel nieder, wo er den größten Teil seines späteren Lebens verbrachte. Hier setzte er seine Arbeit an einer verbesserten Ausgabe der Kirchenväter fort und pflegte seine Beziehungen zu führenden Intellektuellen in ganz Europa. Seine umfangreiche Korrespondenz diente vielen Geschichtsschreibern später als reichhaltige Quelle.

Durch seine philologischen Bibelstudien und seine Kritik an Klerus und Reliquienkult geriet Erasmus in die Nähe von →Martin Luther und trug zur Vorbereitung der Reformation bei. Allerdings war sein humanistischer Rationalismus, der auf Vernunft und Menschlichkeit setzte, mit der asketischen Frömmigkeit der Reformatoren kaum in Einklang zu bringen. Offen zutage trat der Konflikt, als Erasmus 1524 seine Schrift über den freien Willen veröffentlichte, in der er Luthers Bestreiten der menschlichen Freiheit als antihumanistisch verwarf; überdies kritisierte er dessen »grausame« Stellungnahme über die Aufständischen im Bauernkrieg (1524–1526). Luther antwortete mit der Schrift *Vom unfreien Willen* (1525), auf die Erasmus mit der Replik *Schutzschrift gegen Martin Luthers Buch »Vom unfreien Willen«* reagierte. Das besiegelte den Bruch zwischen beiden. Fortan gingen Reformation und Humanismus getrennte Wege.

Zeitlebens verweigerte sich Erasmus einer Vereinnahmung durch eine der Konfessionen, was dazu führte, dass er von beiden Seiten angefeindet wurde. Luther nannte ihn einen Skeptiker und Epikureer, die katholische Kirche erließ 1559 ein Verbot seiner Schriften, das allerdings 1590 wieder aufgehoben wurde. Die Nachwelt feierte ihn als bahnbrechenden Kritiker der kirchlichen und weltlichen Autoritäten seiner Epoche, als christlichen Ethiker und Pazifisten und als bedeutendsten europäischen Humanisten.

ORTE: Rotterdam, Deventer, Paris, Venedig, London, Löwen, Basel.

ZITAT: »Ein Bürger der Welt zu sein begehre ich, allen gemeinsam oder lieber für alle ein Fremdling.«

WICHTIGE WERKE: *Lob der Torheit*, 1509 oder 1510; *Die Klage des Friedens*, 1517; *Gespräche im vertrauten Kreis*, 1518; *Diatribe oder Untersuchung über den freien Willen*, 1524; *Der Ciceroianer oder Der beste Stil*, 1528.

ZITAT ÜBER IHN: Der Philosoph Wilhelm Dilthey charakterisierte Erasmus als den »Voltaire des 16. Jahrhunderts«. Für Stefan Zweig war er »unter allen Schreibenden und Schaffenden des Abendlandes der erste bewusste Europäer, der erste streitbare Friedensfreund, der beredtste Anwalt des humanistischen Ideals.«

ZUM WEITERLESEN: Wilhelm Ribhegge: Erasmus von Rotterdam, Darmstadt 2009; Stefan Zweig: Triumph und Tragik des Erasmus von Rotterdam, Frankfurt a. M. 1981.

AUCH DAS NOCH: Zum Gedenken an den bedeutenden Humanisten trägt nicht nur die Universität Rotterdam seinen Namen, sondern auch viele Bildungseinrichtungen und Schulen in Deutschland und anderswo. Nach ihm benannt wurde auch das Erasmus-Programm, das der Förderung des studentischen Austauschs in Europa dient.

Margarethe von der Saale

* 1522 in Schönfeld

† 1566 in Spangenberg

Zweite Ehefrau des Landgrafen → Philipp von Hessen

Als Tochter von Anna von Miltitz und Hans von der Saale wuchs Margarethe auf Gut Schönfeld bei Meißen auf. Nach dem Tod des Vaters wurde die Mutter Hofmeisterin bei Elisabeth von Sachsen, einer Schwester von → Philipp von Hessen. Bei einem Besuch Elisabeths bei ihrem damals 35-jährigen Bruder im Jahr 1539 lernte dieser Margarethe kennen und verliebte sich in die junge Frau.

Zu dieser Zeit war er bereits seit 1523 mit → Christina von Sachsen verheiratet, die ihm bis dahin sieben Kinder geboren hatte. Doch mit der Begründung, in dieser Ehe nicht glücklich zu sein und sich auf die Vielehen der biblischen Patriarchen berufend, wollte er eine Zweitehe eingehen. Seiner Frau Christina und den Reformatoren → Martin Luther und → Philipp Melanchthon rang er das Zugeständnis ab, auch Margarethe von der Saale heiraten zu dürfen. Seine Frau willigte unter der Bedingung ein, dass sie ihre Vorrangstellung als erste Ehefrau behalten, er mit ihr leben und nur die gemeinsamen Kinder erbberechtigt sein würden, während die von Margarethe mit Gütern abgefunden werden sollten.

Luther und Melanchthon taten sich schwer mit der Zustimmung, denn Bigamie war nach geltendem Kirchenrecht verboten und wurde von weltlichen Gerichten mit der Todesstrafe belegt. Doch letztlich war Philipp von Hessen als Verbündeter der Reformation zu wichtig, als dass sie ein Zerwürfnis riskieren konnten. So war Melanchthon sogar zu Gast, als Philipp von Hessen und Margarethe von der Saale im März 1540 auf Schloss Rotenburg ohne große Zeremonie heirateten.

Die Eheschließung wurde bald bekannt und verursachte einen großen Skandal. Der schwächte die Machtposition des Landgrafen Philipp von Hessen, da er sich mit dem Kaiser → Karl V. gut stellen musste, um einer Verurteilung wegen Bigamie zu entgehen. Der Kaiser zwang ihm Zugeständnisse ab, die den Schmalkaldischen Bund und damit die Reformation schwächten.

Margarethe lebte nicht in Kassel am Hofe Philipps, sondern abgelegen auf Schloss Wolkersdorf bei Bottendorf, wo sie zwei ihrer Kinder bekam. Später ließ sie sich ein Haus in Spangenberg herrichten, in dem sie bis zu ihrem Lebensende mit ihren schließlich acht Kindern lebte. Sie blieb eine *Persona non grata*. Es wird berichtete, dass sie in abgehängten Kutschen Philipp von Hessen nachreiste, wenn er im Land unterwegs war. In Spangenberg war sie unbeliebt. Sie soll von den Frauen belästigt worden sein, wenn sie im Ort unterwegs war, sodass der Landgraf schließlich anordnete, dass sie immer von zwei bewaffneten Männern begleitet wurde, wenn sie das Haus verließ.

Nach der Eheschließung mit Margarethe von der Saale bekam Philipp von Hessen noch drei Kinder mit Christina von Sachsen. Sie starb 1549.

Margarethe blieben danach noch zwölf gemeinsame Jahre mit Philipp, bis auch sie 1566 starb.

Philipp folgte ein Jahr später. Er wurde neben Christinas Grab in Kassel bestattet.

Familiäres: Ihre sieben Söhne, die Grafen von Dietz, starben früh und ohne Nachkommen. Ihre Güter fielen an die vier Söhne aus der ersten Ehe von Philipp von Hessen.

Ort: Spangenberg.

Zum Weiterlesen: William Walker Rockwell: Die Doppelehe des Landgrafen Philipp von Hessen, Marburg 1904.

Auch das noch: Auf ihrer Grabplatte in Spangenberg steht: »Hier liegt die tugendsame Frau Margarethe von der Saale, Landgraf Philipps des Älteren andere eheliche Frau, und ist verschieden im Jahre 1566, den 6ten Juli in der Nacht.«

Christina von Sachsen

* 25. Dezember 1505 in Kassel
† 15. April 1549 in Kassel

Prinzessin von Sachsen und Landgräfin von Hessen

Christina war die Tochter von Herzog Georg von Sachsen und die Enkelin König Kasimirs IV. von Polen. Kurz vor ihrem 18. Geburtstag heiratete sie am 11. Dezember 1523 in Dresden den ein Jahr älteren → Philipp I. von Hessen. Wie zu dieser Zeit üblich, hatten die Familien die Ehe aus rein dynastischen Gründen angebahnt, um die Beziehungen zwischen Sachsen und Hessen zu festigen. Eine persönliche Zuneigung bestand zwischen den beiden nicht. Philipp lobte zwar Christinas Frömmigkeit, bemängelte aber ihre Unfreundlichkeit und ihr »hässliches« Äußeres. Dennoch hatte das Paar zehn Kinder: fünf Söhne und fünf Töchter.

Wie Christinas Vater war auch ihr Gatte zunächst ein erklärter Gegner der Reformation. Doch ab 1524 schloss dieser sich zunehmend der Lehre → Martin Luthers an. 1526 führte Philipp I. als einer der ersten deutschen Landesfürsten die Reformation auf seinem Territorium ein und bemühte sich um den Aufbau eines modernen Bildungssystems, indem er die Marburger Universität (1527) und die Hessische Stipendiatenanstalt (1529) gründete.

1539, Christina hatte bereits sieben Kinder zur Welt gebracht, verliebte sich Philipp in das Hoffräulein Margarethe von der Saale, die er 1540 im Beisein → Philipp Melanchthons in Zweitehe heiratete. Zuvor hatte er Christina und auch Luther um Einverständnis gebeten; der Reformator hatte erwidert, dass Bigamie zwar ein Übel, aber immerhin besser als

Scheidung sei. Christina hatte ihre Einwilligung erteilt, nachdem Philipp ihr zugesichert hatte, dass er sie stets als rechtens angetraute erste Gemahlin betrachten werde; das Paar bekam noch drei gemeinsame Kinder.

Nach der Niederlage ihres Mannes im Schmalkaldischen Krieg führte Christina von 1547 bis zu ihrem Tod gemeinsam mit ihrem ältesten Sohn Wilhelm IV., später der Weise genannt, die Regierungsgeschäfte in Hessen.

Familiäres: Die älteste Tochter von Christina, Agnes von Sachsen, heiratete 1541 Herzog Moritz von Sachsen, der im Schmalkaldischen Krieg zunächst an der Seite Kaiser → Karls V. kämpfte, dann aber, inzwischen zum Kurfürsten erhoben, zu dessen Gegenspieler wurde und ab 1552 die Fürstenverschwörung gegen den Kaiser betrieb.

Orte: Kassel, Marburg.

Zum Weiterlesen: Gury Schneider-Ludorff: Der fürstliche Reformator. Theologische Aspekte im Wirken Philipps von Hessen von der Homberger Synode bis zum Interim, Leipzig 2006.

Moritz von Sachsen

* 21. März 1521 in Freiberg
† 11. Juli 1553 bei Sievershausen

Kurfürst, Anführer der protestantischen Fürstenopposition gegen Kaiser → Karl V., Vorkämpfer für einen Religionsfrieden

Moritz wurde als Sohn des Herzogs von Sachsen, Heinrichs des Frommen, zunächst katholisch erzogen. Als Heinrich 1536 zum Protestantismus übertrat, vollzog auch Moritz diesen Schritt. Eine enge Freundschaft verband ihn seither mit seinem Vetter → Philipp von Hessen, einem der führenden Fürsten der Protestanten.

Als sein Vater starb, wurde Moritz sein Nachfolger als Herzog von Sachsen. Trotz der Freundschaft mit Philipp blieb Moritz Kaiser Karl gegenüber loyal und folgte ihm in den Feldzügen gegen die Franzosen und Türken. Gleichzeitig aber enteignete er in Sachsen Klöster und andere kirchliche Besitztümer. Das daraus erlöste Geld benutzte Moritz, um sogenannte Fürstenschulen ins Leben zu rufen. Die Schulen in Schulpforta, Meißen und Grimma wurden zum Vorbild eines neuen Schulsystems.

Im Streit zwischen Kaiser und den protestantischen Fürsten stellte Moritz sich auf die Seite des Kaisers. Deshalb beschimpften ihn die Protestanten als »Judas von Meißen«. Doch als der Kaiser Philipp von Hessen gefangen nahm, wandte er sich gegen ihn, eroberte in wenigen Monaten den Süden Deutschlands und Innsbruck und zwang den Kaiser zur Flucht nach Kärnten. Im Jahr 1552 handelte er – gegen den Willen des Kaisers – mit Ferdinand I. den Passauer Vertrag aus, in dem den Lutheranern freie Religionsausübung gewährt wurde. Bei einem Feldzug gegen Markgraf Albrecht von Brandenburg wurde er 1553 tödlich verletzt.

Familiäres: Moritz von Sachsen heiratete Agnes, die Tochter Philipps von Hessen. Sie hatten zwei Kinder, Anna von Sachsen, geboren 1544, und Albrecht, geboren 1545, der ein Jahr nach der Geburt starb.

Orte: Freiberg, Magdeburg, Dresden, Meißen, Schulpforta, Grimma, Passau.

Zitat: »Was meine Person angeht, gedenke ich zu lavieren, so gut ich kann, und ziehe nicht eher zum Reichstag, als bis ich weiß, wohin alle Winde wehen.«

Wichtiges Werk: Die neue Landesordnung (1543) mit dem Abschnitt *Von dreyen neuen Schulen*.

Zum Weiterlesen: Karlheinz Blaschke: Moritz von Sachsen. Ein Reformationsfürst der zweiten Generation, Göttingen 1983.

Auch das noch: Das Herz und die Eingeweide Moritz von Sachsens wurden in der Kirche in Sievershausen bestattet.

Michael Sattler

* zwischen 1490 und 1500 in Staufen
† 21. Mai 1527 bei Rottenburg am Neckar

Anführer der Täufer, Märtyrer

Michael Sattler war Benediktinermönch im Kloster St. Peter im Schwarzwald, möglicherweise sogar Prior. Ob und wo er studierte, ist unklar. Eventuell kam er schon im Kloster in Kontakt mit reformatorischen Gedanken. Er studierte die Paulusbriefe und interessierte sich für deren Auslegung durch → Martin Luther und → Ulrich Zwingli. Seine Kritik am unchristlichen Leben der Mönche führte schließlich dazu, dass er 1523 aus dem Orden austrat. Kurz darauf heiratete er und zog 1525 nach Zürich, wo er mit → Konrad Grebel, → Felix Manz und → Jörg Blaurock in Kontakt trat und sich eventuell schon taufen ließ. Wegen seiner Verbindung zu den Täufern wurde er Ende 1525 aus der Stadt ausgewiesen.

1526 gelangte Sattler nach Straßburg, wo er zusammen mit → Wilhelm Reublin eine täuferische Gemeinde gründete und damit den Magistrat der Stadt und auch → Martin Bucer gegen sich aufbrachte. In einem Verhör erklärte er, ein Christ habe Gott mehr zu gehorchen als der weltlichen Obrigkeit und dass er den Kriegsdienst ablehne. Daraufhin musste er auch Straßburg verlassen und ging nach Lahr, wo er durch sein missionarisches Wirken ebenfalls aneckte. Auf der von Sattler 1527 geleiteten Täufersynode in Schleitheim erarbeitete man ein gemeinsames Bekenntnis. Die Schleitheimer Artikel riefen heftige Kritik vonseiten → Johannes Calvins und Zwinglis hervor.

Kurz nachdem er nach Horb gezogen war, um die dortige Täufergemeinde zu leiten, wurde Sattler von den katholischen Behörden festgenommen und in Binsdorf gefangen gehalten. Am 17. Mai 1527 erging das Todesurteil gegen ihn, das vier Tage später vollstreckt wurde. Ihm wurde die Zunge herausgerissen, sein Körper wurde mit glühenden Zangen malträtiert, anschließend wurde er verbrannt. Seine Frau ertränkte man im Neckar.

Familiäres: Michael Sattler heiratete um 1524 die Begine Margaretha.

Orte: Zürich, Straßburg, Lahr, Horb.

Zitat: »Ich bin nicht gesandt, über das Wort Gottes zu rechten. Wir sind gesandt, davon zu zeugen. Deshalb werden wir uns unter kein anderes Recht begeben. So wir aber uns dem Gericht nicht entziehen können, sind wir doch bereit, um des Wortes Gottes willen zu leiden, was uns zu leiden auferlegt ist.« Letzte Worte nach der Urteilsverkündigung.

Zum Weiterlesen: Karl-Hermann Kauffmann: Michael Sattler. Ein Märtyrer der Täuferbewegung, Albstadt 2010.

Christoph Schappeler

* um 1472 St. Gallen
† 25. August 1551 St. Gallen

Reformierter Theologe

Ab 1503 war Schappeler Lehrer in St. Gallen. Anschließend wurde er Prediger an der St.-Martins-Kirche in Memmingen, wo er, von seinem Freund → Ulrich Zwingli beeinflusst, schon bald anfing, reformatorisch zu wirken. Es gelang ihm allerdings nicht, wieder in die Schweiz zu ziehen. Der Memminger Stadtrat ließ ihn nicht gehen, obwohl er sich mit Kritik auch gegen den Rat nicht zurückhielt. Dabei hatte er sich wie auch bei seinen reformatorischen Bemühungen stets an der Bibel orientiert. 1524 begann er, das Abendmahl in beiderlei Gestalt auszuteilen.

Wegen seiner Beziehungen zu → Sebastian Lotzer galt auch er lange als Bauernführer und Verfasser der *Zwölf Artikel* der Bauern. Schappeler stand dem Aufstand vermutlich wohl eher kritisch gegenüber, denn er bemühte sich erfolgreich um eine Einigung zwischen den Aufständischen und dem Rat der Stadt. Nach der Niederlage der Bauern floh Schappeler in die Schweiz und lebte bis zu seinem Tod 1551 ohne festes Amt in St. Gallen.

Orte: St. Gallen, Memmingen.

Zum Weiterlesen: Joachim Jahn, Hans-Wolfgang Bayer (Hrsg.): Die Geschichte der Stadt Memmingen. Band 1: Von den Anfängen bis zum Ende der Reichsstadt, Stuttgart 1997.

Erhard Schnepf

* 1. November 1495 in Heilbronn

† 1. November 1558 in Jena

Reformator

Der Sohn eines Schusters studierte seit 1509 in Erfurt und Heidelberg, zunächst Rechtswissenschaften, später auf Drängen seiner Mutter auch Theologie. Eventuell traf er schon 1518 bei der Heidelberger Disputation auf → Martin Luther, dessen Ansichten ihn beeindruckten. 1520 ging er als Prediger und Nachfolger → Johannes Oekolampads nach Weinsberg, wo er reformatorisch wirkte. Deswegen musste er die Stadt 1522 wieder verlassen und wurde Pfarrer von Neckarmühlbach. 1523 wechselte er als Prediger nach Wimpfen. Im Abendmahlsstreit stellte er sich auf die Seite Luthers. 1525 begann er in Weilburg die Reformation voranzutreiben.

1528 wurde er unter → Landgraf Philipp von Hessen Prediger und Theologieprofessor an der Universität Marburg, deren Rektor er später zweimal war. Zu den Reichstagen in Speyer und Augsburg begleitete Schnepf den Landgrafen. Unter Herzog Ulrich wurde er gemeinsam mit → Ambrosius Blarer zurück nach Württemberg berufen, um dort die Reformation durchzuführen. Der Lutheranhänger Schnepf und der Zwinglianer Blarer einigten sich 1534 in der Stuttgarter Konkordie auf ein gemeinsames Abendmahlsverständnis. 1535 wurde Schnepf Hofprediger und Generalsuperintendent. Im Streit um die Entfernung der Bilder aus den Kirchen konnte er sich jedoch gegen Blarer nicht durchsetzen, sodass der Herzog ein Bilderverbot erließ. Nach Blarers Entlassung übernahm Schnepf aber die alleinige Verantwortung für die Reformation im Land. Er nahm an den Religionsgesprächen in Hagenau, Worms und Regensburg teil.

1544 promovierte er an der Universität Tübingen zum Doktor der Theologie und wurde Professor. Da er das Augsburger Interim ablehnte, musste er seine Stelle 1548 verlassen. Ein Jahr später ging er als Professor und Pfarrer nach Jena und wurde auch dort Superintendent, 1557 außerdem Rektor der Jenaer Hochschule. In seinen letzten Jahren zerstritt sich der überzeugte Lutheraner mit vielen seiner früheren Kollegen und Freunden.

Familiäres: Erhard Schnepf heiratete Margaretha Wurzelmann, die Tochter des Bürgermeisters vom Wimpfen.

Orte: Weinsberg, Neckarmühlbach, Wimpfen, Weilburg, Tübingen, Jena.

Wichtiges Werk: *Konfession etlicher der fürnehmsten streitigen Artikel des Glaubens*, 1545.

Zum Weiterlesen: Immanuel Erhard Völter: D. Erhard Schnepff – Ein Jubelbild zu seinem vierhundertsten Geburtstag, Ludwigsburg 1917.

Kaspar von Schwenckfeld

* November/Dezember 1490 in Ossig (Herzogtum Liegnitz)
† 10. Dezember 1561 in Ulm

Schlesischer Reformator, religiöser Schriftsteller

Aus schlesischem Uradel stammend, studierte Schwenckfeld zunächst in Köln und in Frankfurt an der Oder, vermutlich vor allem Jura. 1511 trat er in den Dienst Herzog Friedrichs II. am Hof in Liegnitz. Er rückte zum Hofrat auf, musste aber den Dienst im Jahr 1523 quittieren, da er an einem schweren Gehörschaden litt. Schon 1518 befasste er sich eingehend mit den Schriften → Luthers und überzeugte seinen Landesherrn daraufhin, 1521 die Reformation in Schlesien einzuführen. In Predigten und Schriften trat Schwenckfeld entschieden für die neue Lehre ein, kritisierte aber zunehmend, dass die Protestanten eine konsequent christliche Lebensführung vermissen ließen. Das machte ihm die lutherische Rechtfertigungslehre verdächtig, auch schien ihm das lutherische Verständnis der leibhaftigen Gegenwart Christi im Abendmahl nicht schlüssig.

1525 reiste er nach Wittenberg und entzweite sich mit Luther über der Abendmahlsfrage. Luther verurteilte Schwenckfeld als »dritten Kopf (neben → Ulrich Zwingli und → Andreas Karlstadt) der verderblichen sakramentierererischen Sekte«. Diese Beurteilung blieb nicht ohne Folgen. Die Theologen in Breslau distanzierten sich von Schwenckfeld, auch Herzog Friedrich drang darauf, er solle sich zurückziehen. Daraufhin verließ Schwenckfeld seine Heimat und ließ sich in Straßburg nieder. Seinen Unterhalt konnte er mit der Rente aus dem väterlichen Gut in Schlesien bestreiten. In Straßburg freundete er sich mit → Martin Bucer an, doch warf er ihm bald vor, weltliche

und kirchliche Belange nicht konsequent genug zu trennen. Außerdem verlangte er mehr Toleranz gegenüber den von Bucer hart bekämpften sogenannten Täufern. Auf Druck der Straßburger Theologen verließ Schwenckfeld die Stadt. Ein Schlichtungsgespräch mit Bucer und anderen reformierten Theologen im Jahr 1535 (das sogenannte Tübinger Religionsgespräch) scheiterte, Schwenckfeld fand 1537 schließlich in Ulm einen neuen Wirkungsbereich. Doch seine theologischen Veröffentlichungen zur Lehre von Christus wichen so stark von der Hauptlinie der reformatorischen Theologie ab, dass die führenden Theologen in Ulm damit drohten, ihr Amt niederzulegen, wenn Schwenckfeld nicht gehe. Notgedrungen verließ Schwenckfeld Ulm. Er fand zunächst Zuflucht im Franziskanerkloster in Esslingen, wo er unter dem Namen »Eliander« lebte. Die Auseinandersetzung mit den reformatorischen Theologen steigerte sich in der Folge so sehr, dass ein lutherischer Theologenkonvent in Schmalkalden im Jahr 1540 seine

Lehre verurteilte, fortan galt er als »Täufer«. Die letzten zwei Jahrzehnte seines Lebens musste er als ruheloser Flüchtling auf den Besitzungen süddeutscher Adliger oder verborgen in Häusern seiner Anhänger verbringen, da viele Städte ihm den Aufenthalt untersagten. Das hinderte ihn nicht daran, in vielen Schriften und durch Briefe für seine »himmlische Philosophie« zu werben. Er wollte keine neue Kirche gründen, sondern einen toleranten Mittelweg im Streit zwischen den Lutheranern und den oberdeutschen Reformierten anbieten. Er gewann zahlreiche dörfliche Gemeinschaften für seine Ansichten. 1561 starb er im Haus einer seiner treuesten Anhängerinnen in Ulm.

Orte: Liegnitz, Köln, Frankfurt a.d. Oder, Straßburg, Ulm.

Zitat: »Ich suche, dass wir gerad und beständig von innen heraus handeln, mit Geist, Glaube und göttlicher Liebe zur Besserung der Menschen.«

Wichtiges Werk: *Bekenntnis und Rechenschaft von den Hauptpunkten des christlichen Glaubens,* 1547.

Zum Weiterlesen: Paul Gerhard Eberlein, Ketzer oder Heiliger? Caspar Schwenckfeld, der schlesische Reformator und seine Botschaft, Metzingen 1999.

Auch das noch: Aus der Oberlausitz emigrierten Schwenckfeldianer im Jahr 1734 nach Philadelphia / Pennsylvania, wo 1909 die »Schwenckfelder Church« gegründet wurde.

Arsacius Seehofer

* 1505 in München
† 1539 oder 1542 in Winnenden

Zum Widerruf gezwungener Student

Der Sohn einer angesehenen Münchner Familie begann 1518 in Ingolstadt Theologie zu studieren. 1521 wechselte er nach Wittenberg und hörte unter anderem Vorlesungen von → Philipp Melanchthon. Beseelt vom evangelischen Zugang zum Glauben schrieb er im Januar 1522 begeisterte Briefe in seine Heimatstadt München, »aus Wittenberg oder aus Bethlehem, wo Christus zum zweiten Mal ans Licht gekommen ist«. Mit der Bibel bewies Seehofer: Für das Seelenheil genügt allein der Glaube.

Die Rückkehr ins heimische Bayern führte ihn über Nürnberg wieder nach Ingolstadt; an der dortigen Universität wollte er sein Studium mit dem Magister abschließen. Rektor Leonhard von Eck erkannte die Brisanz und die Gefahr des Überschwappens reformatorischer Gedanken und machte zur Bedingung: Arsacius müsse erst einen Eid ablegen, kein Lutheranhänger zu sein. Pro forma fügte er sich, zitierte jedoch weiterhin ausgiebig aus Melanchthons Werken. Daraufhin wurde er eingekerkert; bei Hausdurchsuchungen fand man in seiner Wohnung viele Schriften Luthers.

Akribisch zählte die theologische Fakultät seine 17 vermeintlichen Irrlehren auf. Einige der Vorwürfe: Seehofer vertrete die Ansicht, »dass der Glaube allein zu des Menschen Rechtfertigung genüge«; »dass der Mensch die Rechtfertigung mit keines Werkes Verdienst erlangen möge«; »dass man in der Kirche niemandem glauben soll, es sei denn, er bringe das gewisse Wort Gottes«. Das Verfahren gegen ihn wurde am 14. August 1523 eröffnet; am 7. September versammelte sich die ganze Universität in der Aula, Seehofer wurde aus dem Kerker hereingeführt. Ein Notar verlas die Anklagepunkte. Seehofer widerrief wunschgemäß und unterwarf sich der offiziellen kirchlichen Lehre. Er stimmte auch willig zu, sich wie vom Herzog angeordnet zur Strafe in das Kloster Ettal zu begeben.

Die Studenten und Lehrenden wurden inständig ermahnt, Luthers Lehren zu widerstehen; 12 Schüler Seehofers wurden in den Universitätskerker gesteckt und mussten ebenfalls widerrufen. Seehofer reiste tatsächlich nach Ettal.

Gleichzeitig meldete sich eine wortmächtige Fürsprecherin zu Wort: → Argula von Grumbach protestierte in mehreren Briefen an die Universität, den bayerischen Herzog und andere Instanzen gegen das Vorgehen – erfolglos.

Arsacius Seehofer gelang es, sich aus der Klosterhaft zu befreien; er blieb der lutherischen Lehre treu und floh zurück nach Wittenberg. Einige Zeit schlüpfte er in Königsberg, dann in Celle unter. In Augsburg und Straßburg war er nicht willkommen, schließlich empfahl Melanchthon ihn in seinem Netzwerk ins thüringische Eichsfeld, wo Seehofer daraufhin als Schulmeister arbeitete.

Im Sommer 1534 zog er ins Herzogtum Württemberg, wirkte als Prediger in Leonberg bei Stuttgart und später in Winnenden. Dort fand er Zeit, ein Predigtbuch zu schreiben, das Grundsätze für die evangelische Predigtlehre enthielt. 1539 oder 1542 starb er.

ORTE: München, Wittenberg, Ingolstadt, Winnenden.

Zitat über ihn: »Ach Gott, wie werdet Ihr bestehen mit Eurer ›Hohen Schule‹, dass Ihr so töricht und gewalttätig wider das Wort Gottes handelt und jemanden mit Gewalt zwingt, das heilige Evangelium in der Hand zu halten, es aber gleichzeitig zu verleugnen – so wie Ihr es mit Arsacius Seehofer getan habt und ihn mit Gefängnis und Androhung des Verbrennens dazu gezwungen habt, Christum und sein Wort zu verleugnen!« (Argula von Grumbach)

Auch das noch: »Erlöse und behüte Gott Bayerland vor diesen elenden blinden Sophisten«, schimpfte → Martin Luther über die Ingolstädter Professoren, die Arsacius Seehofer zum Widerruf zwangen.

Felicitas von Selmnitz

* 1488 in Thüringen
† 1. Mai 1558 in Halle

Verfechterin der Reformation

Aus der Kindheit von Felicitas ist nicht viel bekannt, außer, dass sie dem hoch angesehen thüringischen Adelsgeschlecht Münch entstammt.

Nach ihrer Hochzeit mit dem verwitweten kursächsischen Schlosshauptmann Wolf von Selmnitz am 26. Januar 1507 zogen sie auf einen Hof in Glaucha bei Halle. Felicitas brachte dort sieben Kinder zur Welt, fünf Jungen und zwei Mädchen. Im Jahr 1519 wurde ihr Mann nach einer Hochzeitsfeier in Halle infolge einer alten Familienfehde erstochen. Da sie bereits vier Kinder verloren hatte, traf sie der Verlust besonders hart. Um weitere Todesfälle in der Familie zu verhindern, floh sie vor der Pest nach Weißenfels. Dort starben auch ihre beiden jüngsten Kinder. Hilfe erhielt die Witwe von Herzog Georg von Sachsen. Ärger dagegen bereiteten ihr die Neffen ihres Mannes, die sie aus ihrem Witwensitz vertreiben und ihr die verschriebenen Güter entreißen wollten. Ihr Schwager Sebastian verteidigte ihre Ansprüche, und nach Beendigung der Streitigkeiten zogen sie und ihr einzig überlebender Sohn Georg in ihr Anwesen in Glaucha zurück. Hier pflegte sie Kontakt zum Kloster der Zisterzienserinnen und hatte vermutlich →Thomas Müntzer als Vertrauensperson. Er reichte ihr auch das Abendmahl in beiderlei Gestalt, wodurch sie der »Neuen Lehre« beitrat. Über ihn und ihren Schwager bekam sie vermutlich auch Zugang zu den Schriften der Wittenberger Reformatoren.

Ihre Hinwendung zur Reformation stieß allerdings auf Widerspruch von Kardinal → Albrecht von Brandenburg, der auf die Unruhen wegen der Bauarbeiten am Neuen Stift, des Ablasshandels und der öffentlichen Demonstration des Reliquienschatzes im Januar 1523 mit Verhaftungen und Ausweisungen reagierte. Felicitas wandte sich mit einem persönlichen Schreiben an → Martin Luther; seine Antwort an die »Wittwe zu Halle, meiner lieben Freundin in Christo«, in welchem er ihr zum Warten rät, ist noch erhalten. Sie floh jedoch noch vor Erhalt der Antwort mit ihrem Sohn und dessen Lehrer Melchior Kling nach Wittenberg.

Ihr Sohn wurde an der Universität von Wittenberg eingeschrieben und sie selbst unterhielt engen Kontakt mit den Wittenberger Reformatorenfamilien, was man auch an den von ihr an die Marienbibliothek gespendeten Büchern erkennen kann, die viele Widmungen an die »erbare tugentsame Frauen und liebe Gevattern Felicitas von Selmntiz« von → Johannes Bugenhagen, → Caspar Cruciger d. Ä., → Justus Jonas und Martin Luther tragen. So hat sie etwa Luthers erste vollständige Bibelübersetzung akribisch gelesen und mit persönlichen Kommentaren versehen. Bis in die 1930er-Jahre wurde diese Bibel am Reformationstag in der Marktkirche zu Halle benutzt. Heute wird sie ebenfalls in der Marienbibliothek ausgestellt.

Nach einem neuen Pestausbruch verließen Felicitas und Georg von Selmnitz Wittenberg und zogen nach Jena. Dort kamen sie bei einer Schwester von Felicitas unter, einer ehemaligen Nonne. 1539 mussten sie erneut vor der Pest fliehen und fanden Unterschlupf in der Nähe von Freiberg. Schließlich landeten sie im September 1547 wieder in Halle. 1550 wurde Georg von Selmntiz Kanzler des Grafen Gebhard von Mansfeld und heiratete ein Jahr darauf Ursula Türck. Am 1. Mai 1558 verstarb Felicitas von Selmnitz und wurde am nächsten Tag in Halle begraben.

Familiäres: Felicitas von Selmnitz war verheiratet mit Schlosshauptmann Wolf von Selmnitz.

Ort: Halle.

Zum Weiterlesen: Peter Freybe (Hrsg.): Frauen fo(e)rdern Reformation, Wittenberg 2004.

Auch das noch: Ihr Sohn Georg hat ein wertvolles Epitaph zum Andenken an seine Familie in Auftrag gegeben, auf dem unter einer Kreuzigungsszene Wolf von Selmnitz mit Söhnen und Felicitas mit zwei Töchtern knien, die von den Familienwappen derer von Selmnitz und derer von Münch flankiert werden.

Michael Servet

Michel de Villeneuve

* um 1511 in Villanueva/Aragón
† 27. Oktober 1553 in Genf

Spanischer Jurist, Mediziner und Autor theologischer Bücher, der als Ketzer im evangelischen Genf hingerichtet wurde

Michael Servet wurde 1511 als Sohn eines Notars in Villanueva de Sigena in Aragón geboren. Durch den franziskanischen Mönch und kaiserlichen Beichtvater Juan de Quintana lernte er humanistische Gedanken kennen. Servet begann Rechtswissenschaft zu studieren, interessierte sich dann aber mehr für Theologie und stellte fest: Wenn man die humanistische Forderung nach strikter Orientierung an den Quellen ernst nimmt, ist die Trinitätslehre mit den biblischen Texten nicht vereinbar.

Eigentlich widerstrebte Servet die Auffassung, einen anderen Maßstab als die Bibel gelten zu lassen. Dennoch bemühte er außerbiblische Bilder und auch seine Erläuterungen klangen wie eine Trinitätslehre – nur anders als die dogmatisch fixierte. Er lehnte die philosophische Beschreibung mithilfe der Begriffe »Substanz«, »Person« und »Wesenseinheit« ab. »Gott sendet uns sein Licht, und dieses ist Gott selbst«, meinte er. »Darum sage ich, Gott selbst ist der Geist, der in uns wohnt, und dies ist der Heilige Geist in uns. Damit bezeugen wir, dass in unserem Geiste eine gewisse mächtige, verborgene Kraft vorhanden ist, ein gewisser himmlischer Sinn, ein verborgenes Göttliches. So ist jeder aus dem Geiste Gottes geboren.« Servet war ein frommer Mensch, dem die Begriffe Gott, Sohn und Geist wichtig blieben – er relativierte Christus nicht. Beschreibt er ihn und sein Verhältnis zu Gott, klingt es fast mystisch: »Ich trenne Christus nicht von Gott, ebensowenig wie ich ein Wort trenne von demjenigen, der es ausspricht, oder einen Strahl von der Sonne. Denn Christus ist im Vater wie das Wort in demjenigen, der es ausspricht. Er und der Vater sind eins, wie Sonnenstrahl und Sonne ein Licht sind.«

Wegen dieser Kritik an der Trinitätslehre verfolgt, suchte er zunächst Zuflucht bei →Johannes Oekolampad in Basel. Doch auch ihn konnte er nicht von seinen Ansichten überzeugen. Sie entzweiten sich, und Servet zog nach Straßburg, wo er auf → Wolfgang Capito und → Martin Bucer traf. Da seine trinitätskritische Schrift *De trinitatis erroribus* (1531) sowohl in Basel als auch in Straßburg verboten wurde – Bucer urteilte, der Verfasser dieser Schrift »sei würdig, dass man ihm die Eingeweide aus dem Leibe reiße« – und die Inquisition nach ihm fahndete, tauchte er unter neuem Namen in Frankreich unter. Als Michel de Villeneuve studierte er in Paris und später in Lyon Medizin. Unter anderem entdeckt er als erster westlicher Gelehrter den Blutkreislauf durch die Lunge, indem er mehr oder weniger legal Leichen sezierte. Daneben veröffentlichte er astrologische und geografische Bücher. 1535 gab er Pirckheimers Übersetzung der Geografie des Ptolemäus heraus, später auch einen Neudruck der lateinischen Bibelübersetzung des Pagninus (1542–45). 1553 veröffentlichte er anonym die Schrift *Restitutio christianismi*, die seine weiterentwickelten antitrinitarischen Gedanken, einen Text über die Wiedergeburt, 30 Briefe an →Calvin und eine an →Melanchthon gerichtete Verteidigungsschrift enthielt.

Obwohl Servet sich nicht zu den Täufern zählte, kritisierte er die gängige Praxis der Kindertaufe. Sein Verständnis der Taufe knüpfte an die Erklärungen an, die der Apostel Paulus den römischen Christen gegeben hatte: Wer in Christus getauft ist, wird mit ihm begraben, »durch die Taufe in den Tod, damit, wie Christus auferweckt ist von den Toten durch die Herrlichkeit des Vaters, auch wir in einem neuen Leben wandeln« (Römer 6,2f.). Eine Folge der Taufe ist demnach die Sündenvergebung. Da diese mit der Fähigkeit zu sündigen und dies zu erkennen zu tun hat, plädierte Servet dafür, Menschen nicht im Kindesalter zu taufen. Erst etwa vom 20. Lebensjahr an würden Menschen von der Sünde besetzt, erst dann also sei die Taufe sinnvoll, betonte er und kritisierte die Kindertaufe scharf: »Wehe euch Kindertäufern, die ihr den Menschen das Himmelreich verschließt, in das ihr nicht eingeht noch andere eingehen lasst! Wehe, wehe!« Statt der Taufe forderte Servet für Kinder eine Art Weihegebet.

Für den Genfer Reformator Johannes Calvin war Servet ein Gotteslästerer. Durch einen Privatbrief aus Genf wurde man auf Servet aufmerksam. Aus dem Gefängnis geflüchtet, wollte er nach Italien reisen. Auf der Durchreise besuchte er in Genf einen Gottesdienst – Johannes Calvin war der Prediger. Er ließ Servet festnehmen und auf Trinitätsleugnung anklagen, was einer Ketzerei gleichkam. Calvin wurde zum Zeugen, Ankläger und Gutachter zugleich und lieferte dem Gericht die nötigen Beweise. Servets Hinrichtung war für Calvin unbedingt nötig – »aber es ist mein Wunsch, dass die Grausamkeit der Hinrichtung gemildert wird«, schrieb er einem Freund. Am 26. Oktober fällte der Rat der Stadt das Todesurteil. Das vom Rat verhängte und von allen auswärtigen Gutachten gebilligte Urteil lautete: Tod durch Feuer. In der Todeszelle verweigert Calvin Servet Trost und Segen. Tags darauf, am 27. Oktober 1553, wurde Servet auf besonders grausame Art auf dem Scheiterhaufen verbrannt, mit ihm gingen auch seine Bücher in Flammen auf.

Familiäres: Servet blieb zeitlebens unverheiratet; dies könnte mit einer Verletzung seiner Geschlechtsteile im Kindesalter zu tun haben.

Orte: Villanueva, Paris, Toulouse, Lyon, Charlieu, Vienne, Genf.

Zitat: »Es hat noch niemand jeweils sagen und lehren können, wie man diese drei, deren jegliches ein Gott ist, doch nur der Zahl nach als einen Gott verstehen möge.«

Wichtiges Werk: *De Trinitatis erroribus* (»Über die Irrtümer der Dreifaltigkeit«), 1531.

Zitat über ihn: »Michael Servet erlitt das einzigartige Schicksal, von den Katholiken sinnbildlich und von den Protestanten tatsächlich verbrannt zu werden.« (Roland H. Bainton)

Zum Weiterlesen: Uwe Birnstein: Toleranz und Scheiterhaufen. Das Leben des Michael Servet, Göttingen 2013.

Auch das noch: Der Schriftsteller Stefan Zweig verarbeitete den Machtkampf zwischen Calvin und Servet in seinem Buch *Castellio gegen Calvin* (1936).

Menno Simons

* 1496 in Witmarsum
† 23. oder 31. Januar 1561 in
Wüstenfelde bei Bad Oldesloe

Theologe und führendes Mitglied der Täuferbewegung, Namensgeber der Mennoniten

Neun Jahre war der Sohn einer Landarbeiterfamilie alt, als er beschloss, Priester zu werden. Vermutlich besuchte er die Klosterschule im friesischen Bolsward, das Studium der Theologie und Philosophie beendete er 1524 in Utrecht. Zum Priester geweiht, wurde er als Vikar in seinem Heimatort eingesetzt. Doch schon bei der ersten Messe befielen ihn Glaubenszweifel, die Lehre von der Verwandlung der Elemente schien ihm unglaubwürdig. Die Zweifel hielt er zunächst für Eingebungen des Teufels, zugleich aber las er Schriften → Luthers. Als die Obrigkeit 1529 die reformatorischen Schriften verbot und deren Besitz mit der Todesstrafe belegte, weigerte sich Simons, die Bücher zur Verbrennung auszuliefern. 1530 wechselte Simons auf die Pfarrstelle in Witmarsum, er galt inzwischen als »evangelischer Prediger«. Einschneidend für sein Leben war die Verfolgung und Ermordung seines Bruders, der ihn und die »Täufer« tief erschütterte.

1536 klopften einige Personen bei ihm in der Witmarsumer Pfarre an und baten ihn, Ältester bei den »Gottesfürchtigen« zu werden. So nannten sich Täufer, die mit dieser Namensgebung der auf dem Reichstag in Speyer 1529 angedrohten Verfolgung und Hinrichtung der »Wiedertäufer« zu entgehen hofften. Simons sagte zu, legte im Januar 1537 die Soutane ab und heiratete. Seine Ordination zum Ältesten in Groningen verschwieg Simons zunächst ganz. Der Preis seines Entschlusses war hoch: Bis zu seinem Lebensende, 25 Jahre lang, war er auf der Flucht vor den Häschern, gemeinsam mit seiner Frau und drei Kindern. 1541 meldete der Kaiserliche Rat von Friesland an den Kaiser in Brüssel, Simons müsse als einer der Hauptführer der Täufersekte angesehen werden, er sei seit drei oder vier Jahren flüchtig. Am 7. Dezember 1542 setzte Kaiser →Karl V. ein Kopfgeld in Höhe von 100 Gulden auf die Gefangennahme von Simons aus. Wer mit ihm auch nur ein Wort wechsle, werde mit dem Tod bestraft.

Das Jahr 1544 schien das Schicksal der »Gottesfürchtigen« zu wenden: Simons sollte in einem Streitgespräch in Emden öffentlich auftreten. Sein Gegenüber war der Superintendent →Johannes a Lasco, der Reformator Ostfrieslands. Doch die Hoffnung trog, es kam zu keiner wirklichen Verständigung. Menno konnte zwar »mit gutem Abschied seine Straße weiterziehen« und schrieb an einem geheimen Ort »ein kurzes und klares Bekenntnis und schriftliche Anweisung«. Aber kurz darauf wurde er aus Ostfriesland ausgewiesen.

Neun Jahre lang konnte er sich den Nachstellungen immer wieder entziehen, reiste von Gemeinde zu Gemeinde, hielt sich zunächst in der Gegend um Köln und Limburg auf, 1547 bis 1553 lebte er in Lübeck und Umgebung, besuchte von dort die »wahren Christen« in West- und Ostpreußen, reiste sogar nach Livland. Zwei Jahre lang, von 1553 bis 1555, gewährte Wismar ihm Aufenthalt, der allerdings abrupt ein Ende fand:

Die Hansestädte erließen ein Edikt gegen die Täufer, Simons musste fliehen. Zuflucht fand er schließlich auf dem Gut Fresenburg nahe der holsteinischen Stadt Oldesloe. 1561 starb Menno Simons in Wüstenfelde bei Oldesloe und wurde im Garten unter der später so benannten Mennokate begraben.

Familiäres: Simon war verheiratet mit Geertruid Hooyer aus Witmarsum, die beiden hatten zwei Töchter und einen Sohn.

Orte: Witmarsum, Groningen, Emden, Köln, Limburg, Lübeck, Wismar, Oldesloe.

Zitat: »Ich untersuchte die Schrift mit Fleiß und Genauigkeit, doch von der Kindertaufe konnt' ich keine Spur finden.«

Wichtiges Werk: *Das Fundament der christlichen Lehre, von Menno Simons auf das allerkürzeste geschrieben*, 1540.

Zum Weiterlesen: Christoph Bornhäuser: Leben und Lehre Menno Simons, Neukirchen-Vluyn 1986.

Auch das noch: Es gibt einen Menno-Simons-Predigtpreis. Der 2008 von Annelie Kümpers-Greve (Mennonitengemeinde Hamburg) gestiftete Preis wird jährlich verliehen.

Georg Burkhardt Spalatin

* 17. Januar 1484 in Spalt
† 16. Januar 1545 in Altenburg

Humanist, Theologe, kurfürstlicher Hofprediger und Berater

Georg Burkhardt Spalatin war der uneheliche Sohn eines Rotgerbers aus Spalt. Dort besuchte er die Stiftsschule. 1497 wechselte er an die Sebaldusschule in Nürnberg. Ein Jahr später begann er ein Philosophiestudium in Erfurt, ging dann aber 1502 an die neu gegründete Universität Wittenberg, um Griechisch und Geschichte zu studieren. 1503 erwarb er den Magistergrad und kehrte an die Universität Erfurt zurück, um außerdem noch Jura und Theologie zu belegen. Spalatin gehörte einem Humanistenkreis an. Nach seiner Priesterweihe 1508 wurde er Lehrer des späteren Kurfürsten Johann Friedrich. Im Auftrag → Friedrichs des Weisen war er seit 1512 zudem Archivar der Universitätsbibliothek in Wittenberg und wurde 1514 zu dessen Geheimsekretär und zum Hofkaplan ernannt. Er begleitete den Kurfürsten zu den Reichstagen und vermittelte auch den Kontakt des Kurfürsten zu → Martin Luther, mit dem Spalatin seit 1514 befreundet war. Gemeinsam mit Luther bemühte sich Spalatin um die Universitätsreform in Wittenberg und vermittelte zwischen ihm und → Erasmus von Rotterdam.

Auch → Johann der Beständige schätzte Spalatin und ernannte ihn 1525 zum Pfarrer, 1528 zum Superintendenten von Altenburg, von wo aus er sich um die Neuordnung des Kirchenwesens in Sachsen kümmerte.

Neben Übersetzungen der Werke Luthers, → Philipp Melanchthons und seinen eigenen reformatorischen Schriften verfasste Spalatin vor allem historische Werke. Darunter eine *Chronik der Sachsen und Thüringer*, außerdem Fürstenbiografien und die erste Biografie des Arminius. Georg Spalatin starb 1545 in Altenburg und wurde in der Bartholomäuskirche beigesetzt.

Familiäres: Georg Spalatin heiratete 1525 Katharina Heidenreich, die Tochter eines Choralisten am St. Georgenstift in Altenburg. Das Paar bekam zwei Töchter.

Orte: Erfurt, Wittenberg, Altenburg.

Zitat: »Wenn ich nicht gewesen wäre, nimmer wäre es mit Luthero und seiner Lehr so weit kommen.«

Wichtiges Werk: *Friedrichs des Weisen Leben und Zeitgeschichte von Georg Spalatin*, gedruckt 1851.

Zum Weiterlesen: Björn Schmalz: Georg Spalatin und sein Wirken in Altenburg 1525–1545, Markkleeberg 2009.

Auch das noch: Im Film *Luther* (2003) spielt Benjamin Sadler die Rolle Spalatins.

Faber Stapulensis

Jacques le Fèvre d'Etaples

* 1450 oder 1455 in Étaples
† 1536 in Nérac

Französischer Theologe und Humanist, Bibelübersetzer

Faber Stapulensis studierte Theologie in Paris, wurde Priester und Philosophiedozent an der Sorbonne, lernte Griechisch und unternahm Studienreisen nach Padua und Pavia, wo er sich dem Humanismus annäherte. Zurück in Paris, gründete er einen kleinen Humanistenkreis. Er begann, die Lehren der Kirche kritischer zu sehen, da ihm vieles nicht biblisch begründbar schien, und veröffentliche textkritische Ausgaben, unter anderem der Psalmen und der Paulusbriefe.

1521 wurde er Generalvikar und begann mit der Übersetzung der Bibel ins Französische. 1523 ging das Neue Testament ohne Erlaubnis in Druck, und er wurde von der Sorbonne zum Ketzer erklärt. Stapulensis floh nach Straßburg, kehrte aber 1526 als Bibliothekar nach Blois in Frankreich zurück. Ein Jahr darauf trat er in den Dienst der lutherfreundlichen Königin →Margarethe von Navarra. Dort schloss er seine Bibelübersetzung ab. Die Gesamtausgabe erschien 1530 in Antwerpen, wurde aber nie so populär wie etwa →Martin Luthers Übersetzung ins Deutsche, da die Calvinisten später anderen Übersetzungen den Vorrang gaben. Faber Stapulensis starb 1536 in Nérac.

Orte: Paris, Straßburg, Bois, Nérac.

Wichtiges Werk: *La Sainte Bible en français, translatée selon la pure et entière traduction de Saint-Hierosme*, 1530.

Zum Weiterlesen: Otto Jan de Jong, Otto Erich Strasser-Bertrand: Geschichte des Protestantismus in Frankreich und den Niederlanden, Göttingen 1997.

Michael Stifel

* um 1487 in Esslingen
† 19. April 1567 in Jena

Mathematiker und evangelischer Weltuntergangsprediger

Der Augustinermönch Michael Stifel wurde 1511 in Esslingen zum Priester geweiht. Nach einer zustimmenden Schrift über → Martin Luther kam es zu Spannungen mit seinem Orden; Stifel flüchtete, Luther verschaffte ihm in Mansfeld eine Stelle als evangelischer Prediger. Hier begann er mathematische Studien, unter anderem zahlenmystische »Wortrechnungen« in der Bibel. 1524 wurde Stifel auf das oberösterreichische Schloss Tollet berufen, wo er den Reformator → Leonhard Kaiser traf; nach dessen Märtyrertod als vermeintlicher Ketzer floh Stifel. Luther sorgte für eine neue Pfarrstelle in Lochau, führte ihn dort 1528 ins Amt ein – und verheiratete ihn mit der Witwe seines Amtsvorgängers.

Stifel nahm die »Wortrechnung« wieder auf und berechnete den Tag der Apokalypse für den 19. Oktober 1533 um acht Uhr morgens. 1532 veröffentlichte er seine Ergebnisse, zu denen Luther sich weigerte, das Vorwort zu verfassen. Es kam zum Streit. Am Ende überredete Luther ihn, über seine »Entdeckung« zu schweigen, was ihn vor einer Verhaftung bewahrte. Die Gemeinde hatte sich jedoch schon auf den Weltuntergang eingerichtet, das Arbeiten eingestellt und die Güter verschenkt. Am 19. Oktober wurde er nach einer letzten Verkündung verhaftet.

Nach diesem Debakel war er von der »Wortrechnung« kuriert und widmete sich nach seiner Freilassung der Mathematik, die er 1541 in Wittenberg studierte und ab 1559 in Jena lehrte. Die Freundschaft der Reformatoren brach nicht ab und Luther verschaffte ihm wiederum eine Stelle in Holzdorf. Erst kurz vor seinem Tod rechnete er noch einmal mit Wörtern.

Orte: Esslingen, Mansfeld, Grieskirchen, Lochau, Wittenberg, Holzdorf, Jena

Wichtiges Werk: *Arithmetica integra*, 1544.

Zitat über ihn: Stifel »treibt es mit seinen Ausrechnungen dümmer und verrückter als je zuvor.« (→ Andreas Osiander, 1546)

Zum Weiterlesen: Joseph Ehrenfried Hofmann: Michael Stifel: Leben, Wirken und Bedeutung für die Mathematik seiner Zeit, Wiesbaden 1968.

Auch das noch: Aufgrund seiner abwegigen Berechnungen wurde Michael Stifel zum Namensgeber für die Redewendung »einen Stiefel reden« oder »einen Stiefel rechnen«.

Jakob Strauß

* um 1480 in Basel
† vor 1532

Eigensinniger Prediger

Jakob Strauß studierte ab 1516 in Freiburg und promovierte dort zum Doktor der Theologie. Er wurde Prediger in Berchtesgaden und Hall (Tirol), musste Hall jedoch durch das Einwirken des Bischofs von Brixen bald verlassen. Auf Empfehlung Luthers bekam er eine Stelle beim Grafen Georg von Wertheim, wechselte aber bald als Prediger nach Eisenach. Hier schaffte er die Messe ab und wollte die alttestamentlichen Gebote als allgemeines Gesetz verstanden wissen. → Martin Luther und → Philipp Melanchthon versuchten, ihn von seinen Thesen abzubringen, blieben aber erfolglos. Dass er in die Nähe der aufständischen Bauern gerückt war, schien er nicht realisiert zu haben. Nach deren Niederlage verhörte man ihn, ließ in dann aber wieder frei. Schließlich gelangte er als Stiftsprediger nach Baden-Baden. Hier wandte er sich im Streit um die Abendmahlsfrage gegen → Zwingli. Danach verliert sich seine Spur.

Familiäres: Jakob Strauß war verheiratet.

Orte: Berchtesgaden, Eisenach, Baden-Baden.

Wichtiges Werk: *Haubtstuck unnd Artickel Christlicher leer wider den unchristlichen wucher*, 1523.

Zum Weiterlesen: Joachim Rogge: Der Beitrag des Predigers Jakob Strauß zur frühen Reformationsgeschichte, Berlin 1957.

Süleyman I.

* um 1495 in Trabzon
† 1566 vor Szigetvár

Sultan des Osmanischen Reiches von 1520 bis 1566

Nach dem Tod seines Vaters erbte der 26-jährige Süleyman die Sultanswürde. Seine drei Brüder waren zuvor vom Vater ermordet worden, damit der Lieblingssohn keine Konkurrenten hatte. Gemäß der Tradition hatte Süleyman zunächst ein Handwerk gelernt: Er war Goldschmied. Als Sultan führte er in seiner 46-jährigen Regierungszeit das Osmanische Reich zu großer Macht, es wurde eine anerkannte Größe in Europa. Insgesamt befehligte er 13 Kriegszüge, er eroberte Belgrad, Rhodos und Teile Persiens, drang in Ungarn ein und belagerte Wien. Unter seiner Herrschaft wurden zahlreiche Gesetze herausgebracht, weswegen er auch den Beinamen »der Gesetzgebende« erhielt.

Die Kriegszüge Süleymans nach Europa beschäftigten den römisch-deutschen Kaiser → Karl V. und ließen innenpolitisch Raum für die Entwicklung der Reformation. Um Europa durch die Religionskonflikte geteilt zu halten, unterstützte Süleyman die Protestanten und bot evangelischen Fürsten militärische Hilfe an. Als er über 70 Jahre alt war, brach er trotz seines schlechten Gesundheitszustandes erneut zu einem Feldzug auf. Während der Belagerung des ungarischen Szigetvár starb er.

Familiäres: Es heißt, Süleyman sei seiner dritten Frau Hürrem verfallen, die aus der Ukraine stammte und nach Istanbul entführt worden war. Um sie zufriedenzustellen, soll er seine erste Frau mit ihrem gemeinsamen Sohn verbannt und seine zweite Frau und einen anderen Sohn ermordet haben. Hürrems Sohn, der auch »Selim der Säufer« genannte wurde, wurde schließlich sein Nachfolger.

Ort: Istanbul.

Zitat über ihn: »Etliche sein Regiment darin loben, dass er jedermann lässt glauben, was man will, allein dass er weltlich Herr sein will.« (Martin Luther)

Zum Weiterlesen: Henk Boom: Der große Türke: Süleyman der Prächtige. Sein Leben, sein Reich und sein Einfluss auf Europa, Berlin 2012.

Auch das noch: Im Kapitol, dem Sitz des US-amerikanischen Kongresses in Washington, wurde Süleyman I. als einer der 23 bedeutendsten Gesetzesgeber aller Zeiten mit einem Relief geehrt.

Hans Tausen

* 1494 in Birkende auf Fünen
† 11. November 1561 in Ribe

Dänischer Reformator und Bibelübersetzer

Hans Tausen lernte in den Lateinschulen in Odense und Slagelse und trat 1515 in das Johanniterkloster in Antvorskov ein. Im Jahr darauf studierte er an den Universitäten in Rostock und Löwen, später auch in Wittenberg, wo er → Martin Luther traf und sich von dessen Lehren begeistern ließ. 1519 schloss er sein Studium mit dem Magistergrad ab und kehrte ins Kloster nach Antvorskov zurück, das er aber wegen seiner reformatorischen Einstellung schon bald wieder verlassen musste. Er ging 1528 als Prediger nach Viborg auf Jütland und wirkte auch dort im reformatorischen Sinn. Trotz der Gegenwehr des Bischofs fand er unter dem Schutz König Friedrichs I. schnell viele Anhänger. Er führte dänischsprachige Gesänge ein und übersetzte Luthers Schriften ins Dänische.

Tausen wechselte 1529 als Prediger an die Nikolaikirche in Kopenhagen. Auch hier wirkte er auf die Verbreitung einer dänischen Bibelübersetzung hin. 1530 gab es einen Disput zwischen den Altgläubigen und den Evangelischen. Die reformierte Seite brachte ein vermutlich von Tausen verfasstes Bekenntnis in 43 Artikeln vor und erreichte die Duldung der Protestanten in Dänemark. Fortan standen Protestanten wie Katholiken unter dem Schutz des Königs. Nach dem Tod König Friedrichs I. gewannen die Katholiken kurzzeitig die Oberhand, doch König Christian III. setzte die Reformation dann vollständig um. Die evangelische Kirche wurde zur Staatskirche Dänemarks. In dieser Zeit übersetzte Tausen die fünf Bücher Mose ins Dänische, wirkte an der Erstellung der neuen Kirchenordnung mit und war 1537 an der Reformation der Universität in Kopenhagen beteiligt. Anschließend zog er nach Roskilde. Von →Johannes Bugenhagen wurde er 1542 zum Bischof von Ripen geweiht, wo er bis zu seinem Tod 1561 als Prediger lebte.

Orte: Antvorskov, Viborg, Kopenhagen, Roskilde, Ripen, Wittenberg.

Wichtiges Werk: *En Haandbog for sogne praester*, 1535.

Zum Weiterlesen: Poul Georg Lindhardt: Skandinavische Kirchengeschichte seit dem 16. Jahrhundert, Göttingen 1997.

Auch das noch: Vor dem Dom zu Ribe befindet sich ein Standbild des Reformators.

Sylvester Tegetmeier

* in Hamburg
† 1552 in Riga

Reformator im Baltikum

Sylvester Tegetmeyer studierte in Rostock und beendete das Studium 1519 mit dem Magistergrad. Anschließend wirkte er als Kaplan an der Marienkirche. 1522 reiste er in Erbangelegenheiten nach Riga und ließ sich von der reformatorischen Gesinnung dort anstecken, sodass er als Assistent des Archidiakon in Riga blieb. Er wird als begeisternder, manchmal aber auch zügelloser Prediger beschrieben. Heftig wetterte er gegen den Bilderdienst und wiegelte die Menschen damit so auf, dass es in der Stadt zum Bildersturm kam. 1522 wurde er Prediger an der Jacobikirche und bemühte sich weiter, die Reformation voranzubringen. 1525 nahm er am Landtag in Wolmar teil. Als → Melchior Hofmann in Wolmar und Dorpat für Aufruhr sorgte, bemühte sich Tegetmeier, die Lage zu beruhigen. Für Dorpat erarbeitete er zudem eine Kirchenordnung. Sylvester Tegetmeier starb 1552 in Riga.

Orte: Riga, Dorpat.

Zum Weiterlesen: Leonid Arbusow, Einführung der Reformation in Liv-, Est- u. Kurland, Leipzig 1921.

Johann Tetzel

* 1460 in Pirna
† 11. August 1519 in Leipzig

Dominikanermönch und Ablassprediger

1482 begann Tetzel sein Theologiestudium in Leipzig, 1489 trat er in das dortige Dominikanerkloster ein und war als Lehrer am Ordensstudium tätig. Ab 1504 begann er als Ablassprediger aufzutreten, zunächst für den Deutschen Ritterorden. Später reiste er durch Sachsen, Süddeutschland und Österreich und verkaufte Sündenerlass für Geld. Der Ablasshandel war in jener Zeit durchaus gängige Praxis, doch war Tetzel darin besonders erfolgreich. Bereits 1516 hatte er es schon zum Subkommissar des Bistums Meißen gebracht. Ein Jahr später wurde er sogar Generalsubkommissar des Erzbischofs von Mainz und zog durch die Bistümer Magdeburg und Halberstadt. Die Hälfte der Einnahmen sollte nach Rom zum Bau der Peterskirche gehen, die andere erhielt der Erzbischof. Tetzel war in Annaberg, Magdeburg, Halle, Naumburg, Zeitz, Zerbst, Jüterborg, Beelitz und schließlich Berlin aktiv. Auch Menschen aus Wittenberg scheuten den Weg zu ihm nicht, was den darüber empörten →Martin Luther veranlasste, seine 95 Thesen gegen den Ablasshandel zu veröffentlichen. Die Thesen fanden schnell weite Beachtung und gefährdeten den Ablasshandel, denn Tetzels marktschreierisches Verhalten hatte schon zuvor Kritik ausgelöst.

Tetzel verbrannte, so heißt es, eine Abschrift der Thesen einige Zeit später in Frankfurt an der Oder und verfasste 106 Gegenthesen. Zumindest erschienen sie unter seinem Namen, eigentlich stammten sie aber wohl vom Rektor der Frankfurter Universität, Konrad Wimpina. Sie wurden einer Disputation zugrunde gelegt, zu der Franziskaner und Dominikaner aus der Mark eingeladen waren und nach der Tetzel zum Doktor der Theologie ernannte wurde, der damit akademische Würde erhalten sollte. Martin Luther reagierte erst einige Zeit später auf die Gegenthesen mit einer Schrift. Tetzel, ganz im Feuer des Disputs, antwortete gleich wieder mit einigen Thesen, die darin mündeten, dass der Papst seine Gewalt von Gott bekomme und daher über die Lehre entscheiden könne. Doch seine Zeit war vorbei, seine Freunde und Gönner wandten sich von ihm ab und Tetzel zog sich in sein Kloster in Leipzig zurück. Auch die katholische Kirche distanzierte sich von ihm. Karl von Miltitz, ein päpstlicher Diplomat, beschuldigte Tetzel, vom Ablasshandel gut gelebt und zudem zwei Kinder in die Welt gesetzt zu haben.

Tetzels angeschlagener Ruf litt dadurch noch mehr. Seine Kräfte schwanden. An der Leipziger Disputation im Sommer 1519, einem ersten Streitgespräch zwischen beiden Seiten über den Ablasshandel, konnte er nicht mehr teilnehmen, was ihm weiteren Spott einbrachte. Kurz vor seinem Tod erreichte ihn noch ein tröstlicher Brief Martin Luthers, in dem dieser schrieb, er solle sich nicht bekümmern, seine Kritik betreffe nicht Tetzel persönlich, sondern die Praxis um den gesamten Ablasshandel. Kurz darauf starb er, vermutlich an der Pest.

Familiäres: Sein Vater war Goldschmied oder Fuhrmann. Als Mönch war Tetzel unverheiratet, hatte aber offensichtlich einen unsteten Lebenswandel. Zumindest wird berichtet, er sei in Innsbruck wegen Ehebruchs zum Tode verurteilt worden, kam allerdings durch einflussreiche Freunde wieder frei.

Orte: Leipzig und weite Teile Deutschlands.

Zitat: »Wenn das Geld im Kasten klingt, die Seele aus dem Feuer springt.«

Zitat über ihn: »Johann Tetzel aus Pirna hat mit seinem unverschämten Ablasshandel unsäglich Geld aus Deutschland geführt und seine Schwester, die zu Pirna gewesen, reich gemacht, dass sie vier stattliche Pferde auf der Streu gehalten und ihren Kaufhandel damit getrieben.« (Petrus Albinus, ehemaliger Schulkamerad von Tetzel)

Zum Weiterlesen: Reinhard Brandt: Lasst ab vom Ablass. Ein evangelisches Plädoyer, Göttingen 2008.

Auch das noch: Heinrich Kielmann veröffentlichte 1617 *Tetzelocramia. Das ist eine lustige Comodie von Johan Tetzels Ablaß Kram*.

William Tyndale

* um 1490 bei Gloucester in England
† 6. Oktober 1536 in Vilvoorde bei Brüssel

Priester und Märtyrer

Er studierte in Oxford und Cambridge und war schon sehr bald enttäuscht von der theologischen Ausbildung. Vor allem störte ihn, dass nur lateinische Bibelausgaben zugelassen waren und nicht die schon mehr als 100 Jahre existierende englische Übersetzung → John Wyclifs.

1520 wirkte Tyndale als Hauslehrer in Gloucester, 1521 empfing er die Priesterweihe. Mit der Idee, dort die neue Technik des Buchdrucks nutzen zu können, um die Bibel dem einfachen Volk zugänglich zu machen, zog er 1523 als Prediger nach London. Seine reformatorische Einstellung war vielen jedoch ein Dorn im Auge. Um einer Verhaftung zu entgehen, floh Tyndale 1524 nach Deutschland. In Wittenberg begann er mit seiner Übersetzung der Bibel ins Englische. Nach einem vom Luthergegner Johannes Cochläus verhinderten Druckversuch in Köln konnte seine Übersetzung des Neuen Testaments 1526 in Worms gedruckt werden. Die enge Anlehnung an den Originaltext und die einfache Sprache seiner Übersetzung machte sie bei den Menschen in seiner Heimat beliebt. Von der englischen Regierung jedoch wurde seine Übersetzung verboten, seine Bücher wurden verbrannt. Er zog nach Antwerpen und machte sich an die Übersetzung des Alten Testaments. 1530 erschienen dort die Fünf Bücher Mose. Auch durch andere reformatorische Schriften brachte er die Obrigkeit gegen sich auf. Auf Befehl König →Heinrichs des VIII. wurde er 1535 in Antwerpen verhaftet und 18 Monate lang gefangen gehalten. Man warf ihm vor, die Rechtfertigung allein durch den Glauben zu lehren, erklärte ihn zum Ketzer und verurteilte ihn zum Tod. Im Oktober 1536 wurde William Tyndale zunächst erdrosselt und dann auf dem Scheiterhaufen verbrannt.

Orte: Gloucester, Hamburg, Wittenberg, Antwerpen.

Zitat: »Ich bezeuge mit Blick auf jenen Tag, an dem wir vor unserem Herrn Jesus Christus erscheinen sollen, um von unseren Taten Rechenschaft abzulegen, dass ich niemals auch nur eine Silbe des Wortes Gottes gegen mein Wissen und Gewissen verändert habe.«

Wichtiges Werk: *The newe Testament as it was written and caused to be written by them which herde yt. To whom also oure saveour Christ Jesus commaunded that they shulde preache it unto al creatures*, 1526.

Zum Weiterlesen: Heinz Holeczek: Humanistische Bibelphilologie als Reformproblem bei Erasmus von Rotterdem, Thomas More und William Tyndale, Leiden 1975.

Auch das noch: Der Kurzfilm *William Tindale* (1937) und der Spielfilm *William Tyndale – Geächtet im Namen Gottes* (1986) erzählen vom Leben des Reformators.

Zacharias Ursinus

Zacharias Baer

* 18. Juli 1534 in Breslau

† 06. März 1584 in Neustadt a. d. Haardt

Reformierter Theologe, maßgeblich an der Formulierung des Heidelberger Katechismus beteiligt

Zacharias Ursinus wurde als Sohn des Diakons Caspar Baer in Breslau geboren, hier besuchte er die Elisabethschule. Von → Melanchthon gefördert, studierte er anschließend an der Universität Wittenberg. 1557 nahm er mit Melanchthon an den Religionsgesprächen in Worms teil. Auf einer Studienreise über Heidelberg, Straßburg und Basel nach Genf lernte er neben → Heinrich Bullinger und → Théodore de Bèze auch → Johannes Calvin kennen und ließ sich von ihren reformierten Gedanken begeistern. Anschließend wirkte er an der Elisabethschule in Breslau als Lehrer, geriet dort aber mit Lutheranern in Konflikt über die Abendmahlslehre und zog nach Zürich, wo er mit Bullinger und Petrus Martyr zusammenarbeitete. 1561 wechselte er an die Universität in Heidelberg. Er promovierte zum Doktor der Theologie, lehrte als Nachfolger → Caspar Olevians Dogmatik und erstellte im Auftrag des Kurfürsten Friedrich III. Entwürfe für den *Heidelberger Katechismus*.

Theologisch orientierte er sich dabei vor allem an seinen Lehrern Melanchthon und Calvin. Der *Catechismus oder christlicher Unterricht, wie er in Kirchen und Schulen der Churfürstlichen Pfalz getrieben wird* erschien 1563 und rief bei den Lutheranern heftige Kritik hervor.

Nach dem Tod Friedrichs III. musste Ursinus zusammen mit anderen reformierten Professoren seine Stelle an der Heidel-

berger Universität verlassen. Er wechselte an das Casimirianum nach Neustadt. Hier starb Zacharias Ursinus 1584 und wurde in der Stiftskirche beigesetzt.

Familiäres: 1574 heiratete Ursinus Margareta Trautwein.

Orte: Breslau, Wittenberg, Zürich, Heidelberg, Neustadt.

Zitat: »Unser ganzes Leben soll nichts anders denn eine stete Schule sein, damit wir durch fleißiges Hören unnd Betrachten des göttlichen Wortes seelig zu sterben lernen.«

Wichtiges Werk: *Catechismus oder christlicher Unterricht, wie er in Kirchen und Schulen der Churfürstlichen Pfalz getrieben wird,* 1563.

Zum Weiterlesen: Boris Wagner-Peterson: Doctrina schola vitae. Zacharias Ursinus (1534–1583) als Schriftausleger, Göttingen 2013.

Juan de Valdés

* um 1510 in Cuenca
† August 1541 in Neapel

Spanischer Humanist

Der Sohn des Ratsherrn Hernando de Valdés studierte in Alcalá und knüpfte dort erste Kontakte zu → Erasmus von Rotterdam. Den Ideen des Humanismus blieb er sein Leben lang verbunden. 1529 erschien eine seiner wichtigsten Schriften, der »*Dialogo de doctrina cristiana*«. Aus Angst vor der spanischen Inquisition ging er nach Italien. Über Rom und Bologna kam er schließlich nach Neapel, wo er sich 1535 niederließ. Hier gründete sich bald ein Humanistenkreis, dem auch Peter Martyr Vermigli und → Bernardino Ochino angehörten und in dem auch mystische Gedanken eine Rolle spielten. Sein *Alfabeto Christiano*, eine Schrift für die Gräfin von Tragetto, die ihn um Lebenshilfe gebeten hatte, zeugt von seiner Auseinandersetzung mit der Mystik. Später wandte er sich biblischen Themen zu, kommentierte biblische Schriften und übersetzte Werke → Luthers ins Spanische, dessen Rechtfertigungslehre ihn überzeugte. Juan de Valdés blieb jedoch sein Leben lang katholisch. Er starb 1541 in Neapel.

Orte: Alcalá, Rom, Neapel.

Wichtiges Werk: *Dialogo de doctrina christiana, nuevamente compuesto por un religiosa,* 1529.

Zum Weiterlesen: Wolfgang Otto: Juan de Valdés und die Reformation in Spanien im 16. Jahrhundert, Frankfurt a. M. 1988.

Pietro Paolo Vergerio

* 1498 in Capodistria
† 4. Oktober 1565 in Tübingen

Europäisch engagierter Theologe aus Italien

Pietro Paolo Vergerio stammte aus Capodistria, er studierte Rechtswissenschaften in Padua. Ab 1522 arbeitete er zunächst als Richter in Verona und Padua, seit 1525 als Rechtsanwalt in Venedig. Wegen besserer Karrierechancen wurde er 1530 päpstlicher Sekretär, 1532 päpstlicher Nuntius in Venedig und in Wien. Mehrmals reiste er in dieser Funktion nach Deutschland, wo er 1535 die deutschen Fürsten zum Konzil in Mantua lud. 1536 wurde er Bischof von Modrusch, kurz darauf Bischof von Capodistria. Auf einer Reise nach Frankreich und zum Religionsgespräch nach Worms lernte er verschiedene Reformatoren kennen und beschäftigte sich seither interessiert mit den reformatorischen Lehren. Daher ermittelte seit 1544 die Inquisition gegen ihn und warf ihm Häresie vor. Vergerio floh in die Schweiz, wo er seit 1549 in Bünden in reformatorischem Sinn wirkte.

1550 wurde er reformierter Pfarrer in Vicosoprano und wollte eine eigene Synode einrichten, was zusammen mit seiner oft eher lutherischen Einstellung zu Auseinandersetzungen mit den Kollegen in Chur führte. Daher ging er 1553 als herzoglicher Rat nach Tübingen. Von hier aus sollte er die Reformation in Polen und Slowenien vorantreiben. Er verfasste einige Schriften gegen das Papsttum, half dem slowenischen Reformator Primus Truber bei der Übersetzung des Neuen Testaments ins Slowenische, übersetzte Werke → Luthers ins Italienische und versuchte auf Missionsreisen, weiterhin die

lutherische Lehre nach Polen und in die Schweiz zu tragen. Das brachte seine reformierten Kollegen erneut gegen ihn auf. Zudem bat er seinen Auftraggeber Herzog Christoph immer wieder um zusätzliches Geld für seine Reisen und seinen Unterhalt, was nicht immer in Relation zu seiner tatsächlichen Leistung gestanden haben dürfte.

Orte: Verona, Padua, Venedig, Wien, Modrusch, Vicosoprano, Tübingen.

Zum Weiterlesen: Fulvio Tomizza: Das Böse kommt vom Norden. Die Geschichte des Pier Paolo Vergerio. Bischof, Ketzer, Reformator, Köln 1988.

Matthias Waibel

* um 1500 in Martinszell
† 07. September 1525 bei Leutkirch

Reformatorischer Prediger und Märtyrer

Matthias Waibel wurde um 1500 als Sohn eines einfachen Bauern in Martinszell geboren. Ein Kemptener Bürger entdeckte seine Begabung und finanzierte ihm den Besuch der Lateinschule, Fürstabt Johann Rudolf von Raitenau schickte ihn danach zum Theologiestudium nach Wien. 1519 wurde Waibel zum Priester geweiht und ging als Vikar an die Stiftskirche St. Lorenz in Kempten, außerdem wirkte er als Lehrer an der Schule des Stifts.

Als die Reformation ins Allgäu vordrang, begeisterte sich auch Waibel für → Martin Luthers Lehren und begann, in reformatorischem Sinn zu wirken. Er predigte über die Rechtfertigung allein durch Glauben, gegen den Ablasshandel und forderte deutschsprachige Gottesdienste sowie die Austeilung des Abendmahls in beiderlei Gestalt.

Als er den ausschweifenden Lebensstil des neuen Fürstabts Sebastian Breitenstein in einer Predigt kritisierte, eskalierten die Auseinandersetzungen mit dem Stift. Der Bruder des Abts plante ein Attentat, wurde aber von Ratsmitgliedern daran gehindert, und Waibel konnte sich verstecken. Seine Stelle an St. Lorenz hatte er damit allerdings verloren. Von nun an wirkte er als beliebter Pfarrer an St. Mang.

Während des Bauernkriegs bemühte er sich um eine gewaltfreie Lösung des Konflikts. Doch nachdem die Bauern das Kloster geplündert, die Bibliothek und die Altäre der Kirche zerstört hatten, wurde Waibel als Unruhestifter beschuldigt.

Man lockte ihn in einen Hinterhalt, überfiel ihn und schleppte ihn ins Gefängnis nach Leutkirch. Sogar aus dem Gefängnis heraus soll er noch evangelisch gepredigt haben. Nach 12-tägiger Haft wurde Matthias Waibel am 7. September 1525 ohne Gerichtsverfahren vor die Stadt gebracht und erhängt. Leutkirchener Bürger begruben ihn in der Feldkapelle St. Wolfgang bei Reichenhofen.

Orte: Kempten, Leutkirch.

Zitat über ihn: »Seine gehaltenen kraftvollen Predigten des reinen Evangelii wirkten mächtig auf die Gemüter und Herzen seiner Zuhörer, und der fleißige und öftere Umgang mit diesem Manne erweckte in vielen Bewohnern Kemptens eine brünstige Begierde nach der reinen Lehre des göttlichen Worts.« (Dr. Ph. Jakob Karrer, 1822)

Zum Weiterlesen: Peter Burschel: Sterben und Unsterblichkeit: Zur Kultur des Martyriums in der frühen Neuzeit, München 2004.

Auch das noch: Ein 37-strophiges Gedicht, das kurz nach Waibels Tod erschien, erzählt vom Leben und Sterben des Märtyrers.

Franz von Waldeck

* wahrscheinlich 1491 auf Burg Sparrenberg
† 1553 auf Burg Wolbeck, heute Münster

Bischof von Minden, Münster und Osnabrück

Als jüngster Sohn des Grafen Philipp II. von Waldeck-Eisenberg wurde er für den geistlichen Stand ausersehen. Früh war klar, dass er zum Kölner Domkapitel gehören und den Erzbischof von Köln in der Leitung der Diözese unterstützen sollte. Vorbedingung dafür war ein Rechtsstudium, das Franz von Waldeck in Erfurt und Leipzig absolvierte. 1530 wurde er zum Bischof von Minden gewählt, 1532 auch von Münster und von Osnabrück.

Franz von Waldeck hatte vor den Wahlen geschworen, den alten Glauben zu schützen, doch schon bald zeigte sich seine Sympathie für die Reformation. Gegen das Täuferreich von Münster ging er trotzdem vor, da radikale Kräfte die Macht in der Stadt übernommen und seine Herrschaftsgewalt infrage gestellt hatten.

Später versuchte er in seinen drei Bistümern die reformatorische Lehre durchzusetzten, hatte dabei aber unterschiedlichen Erfolg. Nach dem militärischen Scheitern des Schmalkaldischen Bundes kehrte er zu einer neutralen Position zurück. In Minden und Osnabrück hatte sich die neue Lehre jedoch schon durchgesetzt.

Entmachtet und verschuldet starb Franz von Waldeck 1553 nach kurzer Krankheit.

Familiäres: Franz von Waldeck lebte mit Anna Polmann (1505–1557) in eheähnlicher Beziehung zusammen und hatte mit ihr acht Kinder. Aus einer anderen Verbindung stammte ein weiterer Sohn.

Ort: Münster.

Zum Weiterlesen: Hans-Joachim Behr: Franz von Waldeck 1491–1553. Sein Leben in seiner Zeit, Münster 1996/1998.

Auch das noch: Der deutsch-tschechische Spielfim *König der Täufer* (Deutschland 1993) schildert Gründung und Niedergang des Täuferreichs von Münster. Franz von Waldeck wird von Mario Adorf gespielt.

Petrus Waldes

* um 1140 in Lyon
† unbekannt, vermutlich vor 1218

Gründer der Waldenser und früher Wegbereiter reformatorischer Gedanken

Petrus Waldes (oder Valdes) war ein reicher Kaufmann im französischen Lyon. Sein Vorname ist nicht gesichert und wurde ihm vermutlich erst später zugesprochen. Nach einer intensiven Beschäftigung mit der Bibel und nach dem – wie die Legende berichtet – plötzlichen und erschreckenden Tod eines Freundes änderte Waldes mit etwa 30 Jahren sein Leben. In der Nachfolge Jesu beschloss er, sein Vermögen wegzugeben. Zu einem Teil finanzierte er damit eine Bibelübersetzung aus dem Lateinischen in die Landessprache.

Waldes selbst sprach kein Latein, und er wollte, dass alle Menschen vom Evangelium erfuhren. Ein anderer Teil des Besitzes ging an seine Frau und seine Kinder, die er verließ und nicht unversorgt wissen wollte. Den Rest verteilte er unter den Armen.

Er zog als Laienprediger umher und sammelte Anhänger um sich, die ebenso wie er vom Prunk und der Weltlichkeit der katholischen Kirche enttäuscht waren. Diese Frauen und Männer, die sich bald Waldenser nannten, predigten wie er in der Sprache des Volkes.

Waldes lehnte die Marien- und Heiligenverehrung, das Fegefeuer sowie die Fürbitte für die Verstorbenen, die Todesstrafe und die Kindertaufe ab. Er forderte ein hohes ethisches Verhalten wie freiwillige Armut, tätige Nächstenliebe, radikalen Pazifismus, Ehrlichkeit und eine genaue Kenntnis der

Bibel. Auch vertrat er die Ansicht, dass jeder Einzelne sich mit seinem Gewissen vor Gott verantworten müsse. Die Waldenser gelten als eine der ältesten vorreformatorischen Laienbewegungen. Sie fanden schnell Anhänger in ganz Europa, von der Ostsee bis nach Spanien.

Der Bischof von Lyon verbot ihnen zu predigen, da dieses Recht dem Klerus vorbehalten war. Doch auf dem dritten Laterankonzil wurde Waldes von Papst Alexander III. unterstützt, der ihr Leben in Armut lobte und ihnen das Recht zusprach, auch als Laien Bußpredigten zu halten.

Waldes wurde radikaler und übte zunehmend Kritik an der Kirche. Für ihn waren nun bereits jene, die nur wenig besaßen, nicht länger Teil der rechtmäßigen Kirche. Der Klerus war für ihn daher nicht berechtigt, vom Glauben zu predigen. Mit dem Bischof von Lyon kam es zum Konflikt, er exkommunizierte Waldes und seine Anhänger. Papst Lucius III. bekräftigte dies auf der Synode von Verona (1184) und drohte ihnen hohe Strafen an.

Um sich vor der Inquisition zu verbergen, zogen sich daraufhin viele Waldenser in die schwer zu erreichenden Täler der Alpen zurück. Gottesdienste wurden nur noch heimlich gefeiert. 1218 spalteten sich die französischen von den lombardischen Waldensern ab, da Erstere es grundsätzlich ablehnten, für den Broterwerb zu arbeiten, um sich ganz auf das Predigen konzentrieren zu können. Die lombardischen Waldenser vertraten ein nicht ganz so strenges Armutsideal und entwickelten eine andere Lehre und Ordnung.

Der französische Zweig endete im 14. Jahrhundert, nachdem viele zur französischen Kirche zurückgekehrt waren. Über die letzten Lebensjahre von Petrus Waldes ist nichts bekannte. Er soll jedoch bereits vor 1218 gestorben sein.

Ort: Lyon.

Zitat: »Weil der Glaube nach dem Apostel Jakobus ohne Werke tot ist, haben wir der Welt abgesagt und haben unserem Besitz, wie es der Herr geraten hat, den Armen gegeben und beschlossen, arm zu sein.« *Glaubensbekenntnis,* 1180.

Zum Weiterlesen: Gabriel Audisio: Die Waldenser, München 2000.

Auch das noch: Weltweit zählt die Waldenserkirche heute knapp 100.000 Mitglieder, davon leben knapp die Hälfte der Gläubigen in Italien.

Burkard Waldis

* um 1490 in Allendorf
† 1556 in Abterode

Schriftsteller, Kirchenlieddichter

Burkard Waldis trat 1522 in das Franziskanerkloster in Riga ein. Im Auftrag des Erzbischofs reiste er nach Rom, um Unterstützung gegen die Reformation in seiner Heimat zu erbitten. Von Protestanten festgenommen, konvertierte er während der Haft. 1524 trat er aus dem Orden aus, heiratete und wurde Zinngießer in Riga. Er reiste nach Lissabon und Antwerpen und geriet 1536 wegen Ketzerei wieder in Haft. Durch die Folter geschwächt, zog er nach seiner Freilassung nach Allendorf. 1540 begann er ein Theologiestudium in Wittenberg. Nach Abschluss des Studiums 1544 ging er als Pfarrer und Probst nach Abterode. Seine Fabeln und Dichtungen greifen häufig politische und konfessionelle Themen auf, meist zugunsten der evangelischen Seite. Er dichtete die Psalmen nach und thematisierte die Rechtfertigungslehre in seinem Fastnachtsspiel *Die Parabel vom verlorenen Sohn*. Burkard Waldis starb 1556 in Abterode.

Familiäres: Burkard Waldis war verheiratet.

Orte: Riga, Allendorf, Wittenberg, Abterode.

Wichtiges Werk: *Die Parabel vom verlorenen Sohn*, 1527.

Zum Weiterlesen: Günter R. Th. Bezzenberger: Burkard Waldis. Mönch, Zinngießer, Pfarrer und Dichter, 1984.

Michael Weiße

* um 1488 in Neiße

† 19. März 1534 in Landskron

Mitglied der Unität der Böhmischen Brüder, Liederdichter

Michael Weiße studierte ab 1504 in Krakau, 1510 trat er in das Breslauer Franziskanerkloster ein. Von den reformatorischen Gedanken begeistert, musste er Breslau 1518 verlassen und fand Aufnahme bei den Böhmischen Brüdern. 1522 wurde er Vorsteher der Brüdergemeinde in Landskron. Bischof Lukas von Prag sandte ihn, obwohl Weiße zeitweilig eher den Ideen → Zwinglis zuneigte, mehrmals zu → Martin Luther nach Wittenberg, um die Lehren der Brüder mit ihm abzustimmen. 1531 wurde er zum Priester geweiht und stellte unter dem Titel *Ein New Gesangbuchlein* ein Gesangbuch zusammen, das einige übersetzte Lieder aus dem Tschechischen und Lateinischen enthielt sowie 137 von Weiße selbst gedichtete oder umgeschriebene Lieder. Dies war das erste Gesangbuch in deutscher Sprache – im Evangelischen Gesangbuch sind noch heute neun Lieder von Weiße enthalten. 1532 wurde er Ratsmitglied der Brüdergemeinde und übersetzte die Apologie der Brüder ins Deutsche, die jedoch erst Anerkennung fand, nachdem Luthers Abendmahlslehre aufgenommen wurde. 1534 starb Michael Weiße in Landskron, angeblich nach dem Verzehr von Wolfsfleisch.

Orte: Breslau, Landskron, Fulnek.

Wichtiges Werk: *Ein New Gesengbuchlein*, 1531.

Zitat über ihn: Martin Luther nannte Weiße einen »*trefflichen Poeten*«.

Ursula Weyda

* 1504 in Altenburg
† nach 1565

Evangelische Flugschriftautorin

Als Kind aus der Adelsfamilie von Zschöppernitz war sie des Lesens, Schreibens und der Rhetorik mächtig. Mit ihrem Ehemann Johann Weyda, einem kurfürstlichen Steuereintreiber (»Schösser«), lebte sie in Eisenberg, nannte sich »Schösserin zu Eyssenbergk«. Durch ihn kam sie mit dem neuen Glauben in Berührung: Im Auftrag des sächsischen Kurfürsten führte Johann die Reformation im Lande mit ein. Ursula las → Luthers Schriften und war begeistert: Diese Lehre schien die Bibel ernst zu nehmen und nicht zu verwässern wie die päpstliche Kirche. Als ein Abt eine polemische Flugschrift gegen Luther veröffentlichte, war sie empört und verfasste 1524 eine Gegenschrift: *Wyder das unchristlich schreyben und Lesterbuch des Apts Simon zu Pegaw unnd seyner Brüder*. Resolut beschimpfte sie die altgläubigen Geistlichen als ungebildet, habgierig und ungläubig. Mit biblischen Belegen erklärte sie, dass die Ehe auch für Priester christlich sei und das Klosterleben nicht geboten. Daraufhin erschien eine Replik eines anonymen Autoren, der sich öffentliche Äußerungen einer Frau zu geistlichen Themen verbittet; eine Reihe weiterer Schriften belebten die Diskussion, einige stärkten Ursula auch den Rücken. Sie machte dieselbe Erfahrung wie die zur gleichen Zeit publizierende → Argula von Grumbach: Keiner der kritisierten Theologen ist bereit zum Gespräch, stattdessen polemisieren anonyme Verfasser gegen Frauen, die sich zu Wort melden.

Nachdem ihr Ehemann im April 1541 verstorben war, heiratete Ursula den Amtsschreiber Franz Pehem und kehrte nach Altenburg zurück. Sie versorgte dort seine drei Kinder und blieb auch vor Ort, als sie zum zweiten Mal Witwe wurde.

Familiäres: In erster Ehe mit Johann Weyda verheiratet, nach dessen Tod heiratet sie noch im selben Jahr den Amtsschreiber Pehem.

Orte: Eisenberg, Altenberg.

Zitat: »Alle Lehre soll sich allein am Wort Gottes bemessen.«

Wichtiges Werk: *Wyder das unchristlich schreyben und Lesterbuch des Apts Simon zu Pegaw unnd seyner Brüder*, 1524.

Zum Weiterlesen: Sonja Domröse: Frauen der Reformationszeit. Gelehrt, mutig und glaubensfest, Göttingen 2010.

Johann Weyer

Jean Weyer

* 1515 oder 1516 in Grave an der Maas
† 24. Februar 1588 in Tecklenburg

Arzt, Gegner der Hexenverfolgung

Johann Weyer wurde als Sohn des Kaufmanns Theodor Wier und seiner Frau Agnes in Grave geboren. Nach seinem Medizinstudium in Paris und Orléans arbeitete er zunächst als Arzt in der Gegend um Grave. Später wirkte er im Dienst Kaiser → Karls V. in Arnheim, wo er 1548 ein medizinisches Gutachten über einen Wahrsager erstellte. 1550 trat er auf Vermittlung des Humanisten Konrad Heresbach eine Stelle als Leibarzt des Herzogs Wilhelm von Jülich-Cleve-Berg an, die sein Sohn 1578 übernahm.

Unklar ist, ob Weyer zum Protestantismus übergetreten ist oder nicht. Seine Zeitgenossen beschrieben ihn als in religiösen Dingen »een weynich suspect«. Seine Schrift *De praestigiis daemonum* ließ er zwar im reformierten Basel drucken, bedauerte aber zugleich, dass die Hexenverfolgung auch unter Protestanten nicht gestoppt werde. Die Schrift, in der Weyer sich gegen den *Hexenhammer* aussprach, erlebte zahlreiche Auflagen, obwohl sie auf dem Index verbotener Bücher landete. Sie trieb Theoretiker der Hexenverfolgung zu heftigem

Widerspruch und lieferte Gegnern eine hilfreiche Diskussionsgrundlage. Weyer sah in den als Hexen Diffamierten depressive und behandlungsbedürftige Frauen. Auch wenn durch Weyers Publikation die Hexenverfolgung nicht sofort beendet wurde, so lehnten doch viele Herrscher nach der Lektüre des Buches Folter und Todesstrafe für sogenannte Hexen ab. So trug Weyer wesentlich zu einem langsamen Umdenken bei.

Johann Weyer starb 1588 auf einer Reise zur gräflichen Familie in Tecklenburg und wurde in der dortigen Schlosskirche beerdigt.

Familiäres: Johann Weyer war in erster Ehe verheiratet mit Judith Wintgens, mit der er fünf Kinder bekam. Nach deren Tod heiratete er Henriette Holt, diese Ehe blieb kinderlos.

Orte: Grave, Arnheim.

Zitat: »Denn wie ich sehe, ist der Lohn meines Buches über die Blendwerke der Dämonen solcher, dass gewisse hohe Behörden die so elenden alten Weiber, welche das Urteil des Pöbels mit dem gehässigen Namen Hexen bezeichnet, nicht nur milder behandeln, sondern sogar von der Todesstrafe freisprechen.«

Wichtiges Werk: *De praestigiis daemonum*, 1563.

Zitat über ihn: Er galt seinen Zeitgenossen als »der religion halber ein wenig suspekt«. (Brief von Kanzler und Räten des Gerichtshofes von Gelderland an Statthalterin Margarethe von Parma)

Zum Weiterlesen: Hartmut Lehmann, Otto Ulbricht (Hrsg.): Vom Unfug des Hexen-Prozesses. Gegner der Hexenverfolgung von Johann Weyer bis Friedrich Spee, 1992.

Auch das noch: In seinem Werk *De praestigiis daemonum* berichtete Weyer auch über das Leben des historischen Magiers Johann Faust.

John Wyclif

* vor 1330 in Yorkshire
† 31. Dezember 1384 in Lutterworth (bei Leicester)

Englischer Theologe, Kirchenreformer und Bibelübersetzer, Vordenker der Reformation

Das Wirken von John Wyclif spielte vor dem Hintergrund einer tiefen Krise des Papsttums und der römisch-katholischen Kirche, die 1309 mit der Verlegung des Heiligen Stuhls nach Avignon (»babylonische Gefangenschaft der Kirche«) begonnen hatte und unmittelbar in das abendländische Schisma, die Kirchenspaltung (1378–1417), mündete. Während Wyclif in Oxford ein Theologiestudium absolvierte, war der Papst de facto ein politisches Werkzeug Frankreichs. 1360 legte Wyclif sein Magisterexamen ab, 1368 wurde er Pfarrer in Ludgershall, 1372 Dozent in Oxford, 1374 ging er als Pfarrer nach Lutterworth im Süden von Leicester. Im Unterschied zu großen Teilen des Klerus vertrat er eine Theologie, die auf eine allein an der Bibel orientierte Kirche zielte.

1374 reiste Wyclif, durch Fürsprache des Herzogs von Lancaster auch als Berater des Königshauses tätig, als Gesandter zu einem Friedenskongress nach Brügge, wo er sich vom Prunk und der Habgier am päpstlichen Hof abgestoßen fühlte. Schon 1366 hatte er die Verweigerung des päpstlichen Lehnzinses mit dem Argument verteidigt, dass dem Klerus urchristliche Armut angemessen sei, der Staat also dessen Eigentum an sich nehmen könne. Aus demselben Grund verwarf er die neuen Bettelorden der Franziskaner und Dominikaner, die, statt ihrem ursprünglichen Armutsideal zu folgen, in seinen Augen nur noch auf Macht und Reichtum abzielten. Wyclif kritisierte Zölibat und Ohrenbeichte ebenso wie den Reliquien- und Heiligenkult.

1376 proklamierte er die Lehre von der »Macht durch Gnade«, derzufolge Gott selbst alle Autorität direkt verleihe, womit er den Machtanspruch des Papstes bestritt. 1377 wurde er für seine Thesen von Papst Gregor XI. mit dem Kirchenbann belegt, in England wurden aber keine Maßnahmen gegen ihn eingeleitet. Durch den Ausbruch des Schismas fühlte er sich in seinen Ansichten noch bestärkt; den Papst bezeichnete er von nun an als »Antichrist«. Überdies bestritt er die Lehre von der Transsubstantiation.

Dass Wyclifs Lehren rasch viele Anhänger fanden, hat wesentlich mit dem Vertrauensverlust des Klerus und den großen sozialen Krisen der Epoche zu tun. Ab 1380 sandte er Wanderprediger aus, »Lollarden«, die seine religiösen Auffassungen verbreiteten. Nach dem Aufstand der englischen Bauern von 1381, für den seine Gegner seine aufrührerischen Lehren mitverantwortlich machten, fiel er zunehmend in Ungnade und verlor seine Dozentur. 1382 wurden 24 seiner Lehrsätze von der Synode in Oxford verurteilt, wobei zehn für »ketzerisch« und weitere 14 für »irrig« erklärt wurden. Wyclif musste Oxford verlassen, wurde allerdings aus Angst vor einer Volkserhebung selbst nicht angeklagt. Er zog sich zurück und begann mit der ersten englischen Übersetzung des Neuen Testaments, die er 1383 vollendete.

Wyclif war der bedeutendste Vordenker der Reformation. Die theologischen Anschauungen des tschechischen Reformators → Jan Hus waren wesentlich durch ihn geprägt, auch → Martin Luther berief sich auf ihn. Das Konstanzer Konzil (das Jan Hus zum Tod auf dem Scheiterhaufen verurteilte) erklärte Wyclif 1415 posthum zum Ketzer und ordnete die Verbrennung seiner Gebeine und die Verfolgung der »Lollarden« an.

Orte: Oxford, Lutterworth, Brügge, London.

Zitat: »Es ist den Königen in gewissen, vom Recht begrenzten Fällen erlaubt, den Geistlichen ihre weltlichen Güter wegzunehmen, wenn sie sie gewohnheitsmäßig missbrauchen.«

Wichtiges Werk: Über die weltliche Herrschaft, 1376.

Zum Weiterlesen: Manfred Vasold: Frühling im Mittelalter. John Wyclif und sein Jahrhundert, München 1984.

Auch das noch: Das Leben des englischen Kirchenkritikers lieferte 1984 den Stoff für einen Spielfilm mit dem Titel *John Wyclif – Ein Leben für die Bibel*.

Katharina Zell

* um 1497 in Straßburg

† 1562 in Straßburg

Laientheologin und eine der ersten Pfarrfrauen

Katharina Zell stammte aus einer angesehenen und wohlhabenden Handwerkerfamilie. Sie erhielt eine humanistische Bildung und interessierte sich früh für theologische Fragen. Nach einer schweren Krankheit waren es die Schriften → Martin Luthers, die ihr einen neuen tröstlichen Zugang zur Bibel schenkten. 1523 heiratete sie → Matthäus Zell, den Priester am Münster in Straßburg und ein reformatorischer Prediger, dem sie eine ebenbürtige Partnerin war. Die Eheschließung verursachte einen Skandal, und so veröffentlichte sie die Schrift *Entschuldigung*, in der sie die Priesterehe biblisch begründete und rechtfertigte, warum ihr Mann das Zölibat gebrochen hat. Eine andere im Jahr 1524 verfasste Schrift richtete sich an Frauen in Kenzingen, deren evangelische Männer ins Exil gehen mussten.

In ihrem großen Pfarrhaus und später zudem noch in einem verlassenen Kloster nahm Katharina Zell immer wieder Menschen auf, die aus Glaubensgründen oder vor den Bauernkriegen flüchten mussten. 1529 beherbergte sie auch → Ulrich Zwingli und → Johannes Oekolampad bei sich. Sie war mit und ohne ihren Mann viel auf Reisen, besuchte etwa Wittenberg und kannte → Martin Luther, → Philipp Melanchthon und → Ambrosius Blarer persönlich. Auch zu → Kaspar von Schwenckfeld hielt sie freundschaftlichen Kontakt. Unter den Reformatoren genoss Katharina Zell großes Ansehen, da sie sich auch immer wieder bemühte, bei theologischen Streitigkeiten zu schlichten. Als die zweite Generation der evangelischen Theologen die neue evangelische Freiheit wieder mit Regeln und Gesetzen beschränken wollte, wehrte sie sich dagegen.

Sie engagierte sich für Bildungseinrichtungen, ein Armenhaus und die Gefängnisseelsorge. Zwischen 1536 und 1538 gab sie vier Gesangbücher mit Liedern der Böhmischen Brüder heraus. In späteren Jahren trat sie vor allen Dingen als Autorin von erbaulichen Schriften hervor.

Familiäres: Ihre beiden Kinder starben sehr jung in den 1530er-Jahren.

Ort: Straßburg.

Zitat: »Ich begehre nicht, dass man auf mich höre wie auf Elisabeth oder Johannes den Täufer oder Nathan, den Propheten, der David sein Übel angezeigt, noch als einen anderen Propheten, sondern nur wie auf den Esel, den doch der falsche Prophet Bileam hörte. Denn ich doch nichts anderes begehre, als dass wir möchten selig miteinander werden. Dazu helfe und Gott durch Christus, seinen lieben Sohn.«

Zum Weiterlesen: Haase, Lisbeth: Katharina Zell. Pfarrfrau und Reformatorin, Stuttgart 2002.

Auch das noch: Bei der Beerdigung ihres Mannes hielt Katharina Zell selbst die Traueransprache. Danach hat sie wohl noch zwei weitere Male gepredigt: bei den Begräbnissen von zwei Täuferfrauen, auf denen die evangelischen Pfarrer nicht sprechen wollten.

Matthäus Zell

* 1477 in Kaysersberg
† 1548 in Straßburg

Toleranter Theologe und Reformator

Matthäus Zell studierte in Mainz und Erfurt, war zwischenzeitlich mit dem kaiserlichen Heer in Italien und kämpfte gegen die Schweizer. Sein Studium beendete er 1505 in Freiburg. In seinen frühen Jahren prägte ihn Johann Geiler von Kaysersberg stark. In Freiburg traf er auf → Johannes Eck, der später der entschiedenste Gegner der Reformation wurde. 1517 wurde Zell zum Rektor der Universität Freiburg ernannt, doch schon im Jahr darauf beendete er seine akademische Laufbahn und wurde Leutpriester am Münster in Straßburg.

Nachdem er auf die Schriften von → Martin Luther gestoßen war und sie ausführlich studiert hatte, wurde er zu einem Anhänger seiner Theologie. 1521 zeigte sich in einer Reihe von Predigten über den Römerbrief zum ersten Mal Zells lutherische Gesinnung. Er hielt die ersten Gottesdienste in deutscher Sprache in Straßburg und verteilte das Abendmahl in beiderlei Gestalt. Durch seine Begabung als volkstümlicher Redner gelang es ihm bald, viele Menschen um sich zu sammeln und die Kirchen zu füllen.

Man forderte ihn auf, seine Stelle zu aufzugeben – erfolglos. Stattdessen verfasste er eine Schrift zur Verteidigung der neuen Lehre. Daraufhin wurde über ihn der Bann verhängt und ihm der Tod durch das Feuer angedroht. Doch das Wohlwollen des Rates der Stadt Straßburg schützte ihn. 1523 verheiratete er vor dem Straßburger Münster den Priester Anton Firn mit dessen langjähriger Geliebten. Nachdem er im selben

Jahr von → Martin Bucer mit der 20 Jahre jüngeren → Katharina vermählt worden war, wurde er exkommuniziert.

Doch die reformatorische Lehre erhielt in Straßburg bereits großen Zuspruch, und Zell war in der Bevölkerung angesehen. So blieb er unbehelligt in Amt und Würden und widmete sich der Armenfürsorge, gründete Schulen und baute die neue Kirche organisatorisch auf. In seinem Haus fanden viele Glaubensflüchtlinge Unterkunft. Seine Frau wurde für ihn eine Partnerin, die sich sowohl in die Gemeinde wie in die theologische Arbeit gleichberechtigt einbrachte.

Anfang September 1529 wohnten → Ulrich Zwingli und → Johannes Oekolampad bei ihm und seiner Frau, bevor sie zu den Marburger Religionsgesprächen reisten. In diesen Tagen gingen die reformatorisch Gesinnten der Stadt Straßburg in seinem Haus ein und aus und diskutierten mit den Zells und deren Gästen über das Abendmahlsverständnis. Im April 1538 hielt sich das Ehepaar Zell in Wittenberg auf und besuchte

→Katharina von Bora und Martin Luther. Mit anderen Reformatoren wie →Heinrich Bullinger stand Matthäus Zell in brieflichem Kontakt.

Er war mit Leib und Seele Pfarrer und Seelsorger, aus theologischen Streitigkeiten unter den Evangelischen versuchte er sich meist herauszuhalten. Zell tolerierte auch die Täufer und ließ zeitweise den spiritualistischen →Kaspar von Schwenckfeld bei sich wohnen. Im Abendmahlsstreit zwischen Luther und →Zwingli bekannte sich Zell aber am Ende seines Lebens klar zur Position Zwinglis. Auch für ihn war Christus in den Elementen nicht real präsent, sondern Brot und Wein dienten der Erinnerung. Am 9. Januar 1548 starb er mit 71 Jahren als beliebter und hoch geachteter Bürger seiner Stadt.

Familiäres: Matthäus Zell kam aus einfachen Verhältnissen. Seine Eltern waren Weinbauern.

Ort: Straßburg.

Zitat: »Ich bin durch Luthers Schriften in die heilige Schrift geführt worden, durch welches Lesen und Erwägen mir das Fell auch weggefallen, das mir wahrlich dick vor den Augen hing, und also sind mir meine Augen aufgegangen, die Wahrheit zu sehen.«

Wichtiges Werk: Die Schrift *Christliche Verantwortung* (1523) gilt als Manifest der Straßburger Reformation.

Zum Weiterlesen: Marc Lienhard, Jakob Willer: Straßburg und die Reformation. Die Hohe Zeit der Freien Reichsstadt, Kehl 1987.

Heinrich von Zütphen

Heinrich Gelrie

* um 1488 in Zütphen
† 10. Dezember 1524 in Heide

Evangelischer Märtyrer

Der Augustinermönch studierte ab 1508 in Wittenberg. Anschließend ging er zunächst nach Köln in das dortige Augustinerkloster, wo er 1514 Subprior wurde, und wechselte dann als Prior nach Dordrecht. Von den reformatorischen Gedanken begeistert, bemühte sich von Zütphen in diesem Sinne zu wirken und musste das Kloster daraufhin verlassen. Er ging zurück nach Wittenberg und nahm sein Studium wieder auf. 1521 wurde er Bakkalaureus. In dieser Zeit verfasste von Zütphen Schriften zur Rechtfertigungslehre, gegen die Privatmesse und über Opfer und Priestertum.

Er wurde Prior des Augustinerklosters in Antwerpen, wo er gegen die Verfolgung der Protestanten und gegen einen Ablasshändler vorging. Deswegen wurde er 1522 verhaftet, aber von evangelischen Bürgern schnell wieder befreit. Von Zütphen floh nach Bremen, wo er als Prediger an der Ansgarikirche wirkte und sich um die Einführung der Reformation in der Stadt bemühte.

1524 trat er aus dem Orden aus, ging nach Meldorf und versuchte, die Reformation in Dithmarschen voranzubringen. Der begabte Prediger fand auch hier schnell viele begeisterte Anhänger. Als die dort ansässigen Dominikaner nichts gegen den evangelischen Prediger auszurichten vermochten, wiegelten sie eine Gruppe von Menschen auf, die den Pfarrer überfiel und nach Heide verschleppte. Dort wollte man ihn ohne

Gerichtsverhandlung auf dem Scheiterhaufen verbrennen. Heinrich von Zütphen wurde von der aufgebrachten Menge misshandelt und erschlagen. Da der Leichnam nicht brennen wollte, hackte man Kopf und Gliedmaßen ab und warf sie am nächsten Tag in ein neues Feuer. Der Körper wurde unter Spottgesängen begraben. Als → Martin Luther von diesem Vorgang erfuhr, verfasste er seine Schrift *Historie von Bruder Heinrich von Zütphens Märtyrtode*.

Orte: Köln, Dordrecht, Antwerpen, Bremen, Meldorf, Dithmarschen.

Zitat: »Vom Evangelium werde ich nicht schweigen bis ich den Lauf dieses Lebens vollendet habe.«

Zum Weiterlesen: Johann Friedrich Iken: Heinrich von Zütphen, Halle 1886.

Auch das noch: In der Gedichtsammlung *Quickborn – Volksleben in plattdeutschen Gedichten von Klaus Groth* findet sich ein Gedicht über Heinrich von Zütphen.

Gabriel Zwilling

Gabriel Didymus

* um 1487 in Annaberg
† 1. Mai 1558 in Torgau

Reformator Torgaus

Gabriel Zwilling stammte aus Annaberg, war bereits Mitglied des Augustinerordens und hatte wohl auch schon anderswo studiert, bevor er sich 1512 an der Universität Wittenberg immatrikulierte. 1516 wurde er Baccalaureus und ging anschließend auf → Martin Luthers Wunsch hin nach Erfurt, um Griechisch zu studieren. Zwilling kehrte jedoch bald nach Wittenberg zurück und schloss sein Studium dort 1518 mit dem Magistergrad ab.

Während Luthers Aufenthalt auf der Wartburg begann Zwilling, sich zusammen mit → Andreas Bodenstein immer nachdrücklicher für die Durchsetzung der Reformation einzusetzen. 1521 predigte er gegen die Hostienverehrung und forderte die Einstellung der Privatmessen und die Austeilung des Abendmahls, das nur dem Gedächtnis der Passion Christi diene, in beiderlei Gestalt. Der Augustinerkonvent in Wittenberg stellte daraufhin das Lesen der Messe ein, und zusammen mit Zwilling traten viele der Mönche aus dem Orden aus.

Gemeinsam mit Bodenstein führte Zwilling in Eilenburg eine neue Gottesdienstordnung ein und feierte das Abendmahl auf Deutsch. Anfang 1522 begann er sich wie Bodenstein für die Entfernung von Bildern und Altären aus den Kirchen einzusetzen. Als Luther daraufhin in Wittenberg erschien, ließ er sich in dieser Frage allerdings schnell wieder umstimmen. So ging Zwilling kurz darauf auf Empfehlung Luthers als

Prediger nach Altenburg, im Gepäck Luthers Mahnung, auf die Schwachen Rücksicht zu nehmen und die Reformen bedächtig anzugehen. In Eilenburg wehrte man sich allerdings gegen ihn, und so zog Zwilling 1523 weiter nach Torgau, wo er als Prediger wirkte und 1529 Superintendent wurde. 1537 unterschrieb er die Schmalkaldischen Artikel. Insgesamt wirkte Zwilling eher im Stillen, bis er 1549 von Kurfürst Moritz von Sachsen abgesetzt wurde. Der Grund: Zwilling lehnte das Augsburger Interim strikt ab. Dennoch durfte er in den folgenden Jahren als Privatprediger der Mutter des Kurfürsten arbeiten. 1558 starb Gabriel Zwilling in Torgau.

Orte: Wittenberg, Eilenburg, Altenburg, Torgau.

Zum Weiterlesen: Hermann Barge: Andreas Bodenstein von Karlstadt, 2 Bände, Boston 2005.

Anna Zwingli

* um 1484 in Zürich
† 1538 in Zürich

Ehefrau des Reformators Ulrich Zwingli

Als Anna Reinhart wurde sie in Zürich geboren, wo ihre Eltern ein Wirtshaus führten. Als »überaus schönen Menschen« beschreibt sie eine Familienchronik. Mit 20 Jahren heiratete sie den vornehmen Junker Hans Meyer von Kronau gegen den Willen dessen Vaters, der eine Bürgerliche als nicht standesgemäß für den einzigen Sohn fand. Nach 13 Jahren Ehe starb ihr Mann. Die Familie ihres Mannes sorgte dafür, dass das Vermögen direkt an die Kinder Margaretha, Agathe und Gerold überging, die Witwe war im Haus nur geduldet. 1519 zog → Ulrich Zwingli, der neue Leutprieser am Großmünster, in die Nachbarschaft und wurde vermutlich der Lateinlehrer ihres Sohnes Gerold. Als Zwingli an der Pest erkrankte, pflegte ihn Anna trotz der Ansteckungsgefahr aufopferungsvoll.

Sie beschlossen zu heiraten, doch Zwingli war noch an den Zölibat gebunden, weswegen sie erst heimlich zusammenlebten. Nach mehreren Bittgesuchen an den Bischof von Konstanz machten sie im April 1524 ihre Eheschließung öffentlich, kurz vor der Geburt des ersten gemeinsamen Kindes Regula. Anna Zwingli sorgte sich umsichtig um die vielen Gäste, die ins Haus kamen, und galt als dessen warmherziger Mittelpunkt. In schneller Folge wurden drei weitere Kinder (Wilhelm, Huldrich und Anna) geboren. Die letzte Tochter kam 1530 zur Welt und starb schon nach wenigen Monaten. Im Jahr darauf wurde Ulrich Zwingli bei der zweiten Schlacht von Kappel getötet. Auch ihren ältesten Sohn Gerold, einen Schwiegersohn, einen Bruder und einen Schwager verlor sie in diesem Krieg. Mit 44 Jahren war sie zum zweiten Mal Witwe. → Heinrich Bullinger, der Nachfolger ihres Mannes am Großmünster, ließ sie und ihre Kinder in seinem Haus wohnen. In ihren letzten Lebensjahren soll sie sich kaum in der Öffentlichkeit gezeigt haben und sich vor allem ihren Kindern und Gott gewidmet haben. Im Winter 1538 starb sie.

Familiäres: Nur ihre Kinder Regula und Huldrich überlebten Anna Zwingli. Ihre Tochter Regula trat mit Rudolf Gwalter, Antistes der Zürcher Kirche, 1541 vor den Traualter. Der Sohn Huldrich heiratete 1549 die älteste Tochter von Heinrich Bullinger und wurde Pfarrer.

Ort: Zürich.

Zitat über sie: »Nichts ist köstlicher denn die Liebe«, so äußerte sich Zwingli angeblich über sein Eheglück.

Zum Weiterlesen: Roland H. Bainton: Frauen der Reformation. Von Katharina von Bora bis Anna Zwingli, Gütersloh 1996.

Ulrich (Huldrych) Zwingli

* 1. Januar 1484 in Wildhaus, Toggenburg (Schweiz)
† 11. Oktober 1531 in Kappel am Albis (Schweiz)

Zürcher Reformator, Mitbegründer der reformierten Kirchen

Am 1. Januar 1484 in Wildhaus im Toggenburg (heute Kanton St. Gallen) geboren, erhielt der Sohn einer wohlhabenden Bauernfamilie eine gute Ausbildung. 1506 ließ er sich zum Priester weihen und trat seine erste Pfarrstelle in Glarus

an. Doch die Zeiten waren unruhig. Zwingli begleitete seine Pfarrkinder auf Feldzügen nach Italien, wo sie als Söldner in fremden Heeren Dienst taten. Die traumatischen Kriegserfahrungen veränderten Zwinglis Denken tiefgreifend. Er wendete sich nicht nur dem Pazifismus zu, sondern ging auch theologisch neue Wege, stellte die Predigt in den Mittelpunkt seiner Gottesdienste und entwickelte einen kritischen Blick auf die Kirche seiner Zeit.

1518 wurde man in Zürich auf ihn aufmerksam und berief ihn ans Großmünsterstift. Anfang 1519 trat er sein Amt mit einem Paukenschlag an: In der kommenden Zeit, so erklärte er, werde er nicht nach der vorgeschriebenen Ordnung predigen, sondern ein Evangelium fortlaufend besprechen. Es ging ihm um eine Verankerung des Glaubens in einer genauen zusammenhängenden Kenntnis der Bibel. Die Gemeinde als der Ort, an dem sich Glauben vollzieht, wurde zum Kern seiner Lehre.

In den folgenden zwölf Jahren arbeitete er fieberhaft weiter. Er überlebte die Pest, gründete eine Familie und übersetzte die Bibel. Er sorgte für die Aufhebung der Fastengebote und erarbeitete eine fortschrittliche Almosenordnung. Er führte das reformierte Abendmahl ein, setzte die Auflösung der Klöster ins Werk und ließ die Bilder aus den Kirchen entfernen, ohne dass es zu Ausschreitungen kam. In wenigen Jahren führte er in Zürich und im Umland die Reformation durch, immer im Vertrauen auf die Kraft des Wortes und die Vernunft der Zuhörer. 1525 ist die Reformation in Zürich durchgesetzt, und andere Städte folgten. Eine Rückkehr zu den alten Ordnungen der katholischen Kirche schien nicht mehr vorstellbar. Doch tatsächlich saß Zwingli in dieser Zeit zwischen allen Stühlen. Auf der einen Seite wurde ihm von der radikalen Täuferbewegung vorgeworfen, mit seiner Abkehr von der römischen Lehre nicht weit genug zu gehen. Auf der anderen Seite plagte ihn der Streit mit → Martin Luther um das Abendmahlsverständnis. 1529 scheiterte der Versuch, diesen Streit beizulegen. Bis in die zweite Hälfte des 20. Jahrhunderts werden die Lehrverwerfungen der 1520er-Jahre einer Kanzel- und Abendmahlsgemeinschaft von lutherischen und reformierten Kirchen im Wege stehen.

Umso gefährlicher war die Bedrohung durch die Teile der Eidgenossenschaft, die sich der Reformation verweigerten. Ein Bürgerkrieg drohte. 1529 konnte noch einmal eine Verhandlungslösung erreicht werden, aber im Oktober 1531 kam es in Kappel am Albis zur Katastrophe. 500 Zürcher, darunter 25 Geistliche, fielen in der Schlacht gegen die katholischen Städte. Auch Zwingli war unter den Toten. Dass sein Werk fortgeführt werden konnte, ist nur der Besonnenheit des Zürcher Rats und der Hartnäckigkeit seiner Weggefährten zu verdanken.

Die Emanzipation von kirchlicher Bevormundung und Dogmenherrschaft wurde von niemandem so radikal gedacht wie von Zwingli. Sein freiheitliches Menschenbild prägt evangelisches Denken heute mehr denn je.

Familiäres: Seit Anfang 1522 war Zwingli mit → Anna Reinhart in heimlicher Ehe verbunden, da er noch auf eine Aufhebung des Eheverbots für Priester hoffte. Am 2. April 1524 schlossen die beiden öffentlich die Ehe. Das Paar hatte vier Kinder, von denen drei das Erwachsenenalter erreichten.

Orte: Glarus, Einsiedeln, Zürich.

Zitat: »Tut um Gott's willen etwas Tapferes!«

Zitat über ihn: »Er redete ländlich und war kein Freund von frommem Geplapper, kanzleideutscher Verwirrung oder Pracht unnützer Worte.« (Heinrich Bullinger)

Wichtiges Werk: *Vom Erkiesen und Freiheit der Speisen*, Zürich 1522.

Zum Weiterlesen: Ulrike Strerath-Bolz: Ulrich Zwingli – wie der Schweizer Bauernsohn zum Reformator wurde, Berlin 2013.

Auch das noch: In der Sammlung *Zürcher Novellen* von Gottfried Keller (1877) erschien unter dem Titel »Ursula« eine literarische Verarbeitung von Zwinglis Leben. Die Novelle wurde 1978 in einer Koproduktion von Schweizer Fernsehen und DDR-Fernsehen verfilmt; die Rolle des Ulrich Zwingli spielte Matthias Habich. Der Film löste wegen seiner drastischen Darstellung der Reformation und einiger Sex- und Gewaltszenen einen Skandal aus; in der Schweiz wurden zwei Prozesse wegen Verletzung religiöser Gefühle geführt. Die Exportfassung für die BRD (1982) wurde gekürzt, in der DDR wurde der Film unmittelbar nach der Erstausstrahlung verboten.

Gut zu wissen

Antinomistischer Streit

Streit zwischen → Gnesiolutheranern und → Philippisten um die Bedeutung der alttestamentlichen Gebote. Für → Luther und → Melanchthon dienten die Gebote dazu, den Menschen zu zeigen, dass sie sündig und auf die Gnade Gottes angewiesen sind. In der Folge diskutierte man, ob ihre Einhaltung dennoch heilsnotwendig sei oder nicht.

Augsburger Bekenntnis

Auch *Confessio Augustana*, ist bis heute das wichtigste Bekenntnis der lutherischen Kirchen. Es wurde von → Melanchthon verfasst und beim Augsburger Reichstag 1530 von den evangelischen Fürsten und Reichsstädten als deren Glaubensbekenntnis an Kaiser → Karl V. überreicht.

Augsburger Interim

Übergangsverordnung Kaiser → Karls V. von 1548, mit der er nach dem Sieg über den → Schmalkaldischen Bund die konfessionellen Verhältnisse zu regeln versuchte. Das Interim war katholisch ausgerichtet und sollte eine Wiedereingliederung der Protestanten in die katholische Kirche vorbereiten. Es konnte nur in Süddeutschland durchgesetzt werden und wurde mit dem → Augsburger Religionsfrieden wieder außer Kraft gesetzt.

Augsburger Religionsfriede

Reichsgesetz von 1555, das den Landesfürsten das Recht zugestand, über die Konfession in ihrem Gebiet zu bestimmen.

Es ermöglichte die friedliche Koexistenz von Protestantismus und Katholizismus im Heiligen Römischen Reich Deutscher Nation und war Grundlage für eine lange Friedensperiode, die erst mit Beginn des Dreißigjährigen Krieges 1618 endete.

Badener Disputation

Religionsgespräch zwischen Altgläubigen und Anhängern → Zwinglis, das 1526 im Schweizerischen Baden stattfand. Eine Einigung konnte nicht erzielt werden, die Badener Disputation bekräftigte die konfessionelle Spaltung auf Schweizerischem Gebiet.

Confessio Virtembergica

Von → Johannes Brenz verfasste lutherische Bekenntnisschrift von 1551. 1553 wurde sie das Bekenntnis der lutherischen Kirche Württembergs und bestimmte spätere Kirchenordnungen mit.

Gnesiolutheraner

Seit dem 17. Jahrhundert verwendete Bezeichnung für eine von → Matthias Flacius angeführte theologische Gruppierung innerhalb des frühen Luthertums. Bei innerprotestantischen Streitigkeiten handelten sie aus der Überzeugung, → Luthers wahre theologische Ansichten zu vertreten. Sie standen hauptsächlich mit den → Philippisten im Konflikt.

Heidelberger Disputation

Ein 1518 von → Luther geleitetes Streitgespräch in der Heidelberger Universität. Luther sollte hier seine Ablassthesen erläutern. Er sprach jedoch über die Abhängigkeit des Menschen von der Gnade Gottes. Die Heidelberger Professoren überzeugte er nicht, wohl aber viele Studenten, die seine Lehre später zu verbreiten halfen.

Konkordienformel

Bekenntnisschrift der lutherischen Kirche von 1577. Sie sollte vor allem die Lehrstreitigkeiten zwischen den → Gnesiolutheranern und den → Philippisten beenden, grenzte sich aber unter anderem auch gegen das Abendmahlsverständnis → Zwinglis ab und unterstrich damit den Bruch zwischen Lutheranern und Reformierten.

Konstanzer Konzil

Von 1414 bis1418 stattfindende Zusammenkunft von Vertretern der katholischen Kirche. Ziel war die Beendigung der durch die Wahl eines Gegenpapstes entstandenen Spaltungen. Außerdem sollten Kirchenreformen beschlossen und Häresien eingedämmt werden. Es wurde ein neuer Papst gewählt, mehrere Ketzer wurden zum Tod verurteilt.

Kryptocalvinisten

Abwertende Bezeichnung für Anhänger → Calvins und → Zwinglis auf lutherischem Gebiet. Der Calvinismus war vor Mitte des 17. Jahrhunderts in Deutschland nicht als Konfession anerkannt. Fürsten, die ihm trotzdem zuneigten, versuchten daher, ihn in oberflächlicher Übereinstimmung mit der lutherischen Lehre zu praktizieren. Differenzen gab es vor allem beim Abendmahlsverständnis.

Leipziger Artikel

Als Reaktion auf das → Augsburger Interim erarbeiteter Textentwurf, der evangelische und reformkatholische Standpunkte zu vereinen suchte. Die Artikel setzten sich jedoch nicht durch. Die → Gnesiolutheraner lehnten sie entschieden ab, der Streit zwischen ihnen und den → Philippisten wurde schärfer.

Leipziger Disputation

Theologisches Streitgespräch, das 1519 zwischen dem katholischen →Johannes Eck, →Martin Luther und weiteren Reformatoren stattfand. Themen waren der Ablass, das Papsttum, die kirchliche Lehrautorität und die Gnade Gottes. Am Ende rühmten sich beide Seiten als Sieger, der Bruch zwischen den Reformatoren und Rom wurde offensichtlich.

Marburger Religionsgespräch

1529 zwischen →Luther, →Zwingli und anderen Theologen geführtes Gespräch zur Beilegung von innerprotestantischen Lehrstreitigkeiten. Es endete jedoch erfolglos; vor allem über die Abendmahlsfrage konnte keine Einigung erzielt werden. Der Bruch zwischen Reformierten und Lutheranern war nun endgültig vollzogen.

Philippisten

Theologische Gruppierung, die sich bei innerprotestantischen Lehrstreitigkeiten auf →Philipp Melanchthon berief, der nach →Luthers Tod die Führungsrolle eingenommen hatte. Sie standen hauptsächlich mit den →Gnesiolutheranern im Konflikt. Erst die Einigung auf die →Konkordienformel von 1577 beruhigte den Streit.

Religionsgespräche in Hagenau (1540) und Worms (1540/41)

Verhandlungen über die Bedingungen für ein zukünftiges Religionsgespräch zwischen Protestanten und Katholiken. Während ansonsten über äußere Bedingungen diskutiert wurde, hielten →Martin Bucer und der katholische Reformer Johannes Gropper in 27 Artikeln die Gemeinsamkeiten in wichtigen Lehrfragen fest. Diese wurden zur Diskussionsgrundlage bei den Religionsgesprächen auf dem Regensburger Reichstag.

Schmalkaldische Artikel

Von →Luther verfasste Schrift von 1536 gegen katholische Praktiken wie Messe, Papsttum und Heiligenverehrung. Wurde von den Mitgliedern des →Schmalkaldischen Bundes nur unter Vorbehalt angenommen und für Verhandlungen mit der Gegenseite als ungeeignet empfunden. Erst seit 1544 sind die Artikel als Bekenntnisschrift anerkannt.

Schmalkaldischer Bund

1531 gegründetes Verteidigungsbündnis protestantischer Fürsten und Städte gegen die Politik des katholischen Kaisers →Karl V. Interne Meinungsverschiedenheiten schwächten den ehemals einflussreichen Bund seit 1542 jedoch und bereiteten den Boden für den →Schmalkaldischen Krieg.

Schmalkaldischer Krieg

1546 bis 1547 von Kaiser →Karl V. gegen den →Schmalkaldischen Bund geführter Krieg. Der katholische Kaiser versuchte seine eigene Macht auszuweiten und den Protestantismus zurückzudrängen. Er besiegte den Schmalkaldischen Bund, der sich daraufhin auflöste.

Spiritualisten

In der Tradition der mittelalterlichen Mystik stehende Glaubensrichtung, die Äußerlichkeiten wie Dogmen und Sakramente für weniger wichtig hält als das innerliche Wirken des Heiligen Geistes. Viele vom protestantischen Mainstream abweichende Gruppierungen wurden als Spiritualisten bzw. in →Luthers Worten als »Schwärmer« oder »Schwarmgeister« verschrien.

Täufer/Täuferbewegung

Mitglieder einer radikalreformatorischen Bewegung, die ab

1525 an verschiedenen Orten Europas entstand. Sie lehnten die Kindertaufe ab, jeder sollte sich bewusst für diesen Schritt entscheiden können. Außerdem forderten sie unter anderem Gewaltfreiheit und ein wortgetreues Bibelverständnis. Ihrer Überzeugungen wegen waren sie massiven Verfolgungen ausgesetzt.

Torgauer Bund

Erste Vereinigung protestantischer Fürsten. Sie reagierten damit auf die Vereinigung katholischer Fürsten in Norddeutschland. Aus dem Torgauer Bund entwickelte sich später der → Schmalkaldische Bund.

Transsubstantiationslehre

Katholische Lehre von der Wandlung von Brot und Wein in den Leib und das Blut Christi in der Heiligen Messe. Andere christliche Konfessionen lehren unterschiedliche Grade der Gegenwart Christi beim Abendmahl. Das reicht von der realen Gegenwart bis hin zur symbolischen Vergegenwärtigung durch Erinnerung an die Passion Christi.

Wittenberger Konkordie

Schriftliche Vereinbarung zwischen Vertretern der oberdeutschen und der lutherischen Reformation über das Abendmahlsverständnis. Die Schweizer Reformatoren stimmten dieser recht offen gehaltenen Übereinkunft nicht zu.

Wormser Edikt

1521 von Kaiser → Karl V. erlassene Bestimmung, in der die Reichsacht über → Luther ausgesprochen wurde. Es war verboten, Luther aufzunehmen oder seine Schriften zu lesen. Wer seiner habhaft werden konnte, sollte ihn an Rom ausliefern.

Zürcher Disputationen

In der Ersten Zürcher Disputation von 1523 sollte → Zwingli der Ketzerei überführt werden. Die Katholische Seite hatte seinen Thesen jedoch kaum etwas entgegenzusetzen, und der Zürcher Rat erklärte Zwinglis Ausführungen für stichhaltiger. In der Zweiten Zürcher Disputation im selben Jahr wurde über die Frage der Bilderverehrung diskutiert. Man beschloss, nach und nach alle Bilder aus den Kirchen zu entfernen. Bei der Dritten Zürcher Disputation Anfang 1424 wurde die Abschaffung der Messe beschlossen.

Bildnachweis

Johannes Aepinus: Holzschnitt, um 1550
Johannes Agricola: Kupferstich, von Balthasar Jenichen (gest. vor 1621)
Matthäus Alber: Gemälde, 1550
Hieronymus Aleander: Bildnis als Erzbischof von Brindisi, Kupferstich, 1536, von Agostino dei Musi, gen. Veneziano (tätig 1509–1536)
Nikolaus von Amsdorff: Kupferstich, 1558, von Peter Gottlandt Rodelstedt (nachweisbar 1548–1572)
Wolfgang von Anhalt: Pinselzeichnung, um 1545, von Lucas Cranach d. Ä. (1572–1553), Deckfarben auf braun getöntem Papier
Caspar Aquila: Holzstich, 1854, nach Emil Eugen Sachse (1828–1887), aus: 200 deutsche Männer, herausgegeben von Ludwig Bechstein, 1854, bei Georg Wigand (Leipzig)
Jacobus Arminius: Kupferstich, aus: Theatrum Europaeum (Matthäus Merian/Erben), 1662
Théodore de Bèze: Gemälde, 1605, von Hand eines französischen anonymen Malers
Christian Beyer: Epitaph, Bronze, 1917, Kleinlangheim, evangelische Pfarrkirche St. Georg und Maria
Theodor Bibliander: Kupferstich, aus: Paul Freher, Theatrum Virorum Eruditione Clarorum, Nürnberg 1688
Ambrosius Blarer: Holzstich von Johann Ulrich Stapff (um 1642–1706)
Andreas Bodenstein (Karlstadt): Kupferstich, 16. Jahrhundert
Anna Boleyn: zeitgenössisches Gemälde, Musée Condé, Chantilly
Katharina von Bora: Gemälde, nach 1528, von Lucas Cranach d. Ä. (1472–1553), Werkstatt, auf Lindenholz, Sammlung Würth
Albrecht von Brandenburg: Holzschnitt, um 1525, von Erhard Schön (um 1491–1542)
Johann Brenz: Kupferstich, um 1550
Martin Bucer: zeitgenössischer Holzschnitt
Johannes Bugenhagen: Kupferstich (nach zeitgenössischen Bildnissen), um 1820
Heinrich Bullinger: undatierter Kupferstich
Idelette de Bure, Gemälde, um 1540
Thomas Cajetan: Verhör Luthers durch den päpstlichen Legaten Thomas Cajetan während des Reichstages in Augsburg, Oktober 1518; Holz-

schnitt, aus: Ludwig Rabus, Historien der Heyligen Ausserwählten Gottes Zeugen, Straßburg, 1557

Johannes Calvin: zeitgenössischer Kupferstich

Martin Chemnitz: Kupferstich, undatiert und unbezeichnet, aus: Seidel, Icones, 1698

David Chyträus: Porträtrelief Rostock Uni-Hauptgebäude, fünfmaliger Rektor, Theologe, Historiker. Das Hauptgebäude wurde 1866 bis 1870 vom Schweriner Hofbaurat Hermann Willebrand im Stil der Neorenaissance entworfen

Clemens VII.: zeitgenössischer Kupferstich

Sibylle von Cleve: Gemälde, um 1533, von Lucas Cranach d. Ä. (1472–1553) und Werkstatt

John Colet: Punktierstich, 19. Jh., nach dem Kupferstich von Magdalena oder Willem de Passe, 1620

Anton Corvinus: Gemälde, Peter Paul Rubens (1477–1560), Museum Plantin-Moretus, Antwerpen;

Lucas Cranach d. Ä.: Kupferstich von Pier Antonio Pazzi (1706–1766) nach dem Selbstbildnis Cranachs von 1550 in den Uffizien, aus: Museo Fiorentino, Serie di ritratti degli eccellenti pittori dipinti a propria mano, Florenz (Moücke), 1731–1766

Thomas Cranmer: Kupferstich von Hondius, Ende 16. Jh.

Thomas Cromwell: Kupferstich, 17. Jh., nach einem Gemälde, um 1534/35, von Hans Holbein d. J. (1497–1543)

Caspar Cruciger: Ausschnitt aus einer Kopie nach dem Meienburgischen Epitaph von Lucas Cranach d. J. (ehem. Nordhausen, St. Blasius-Kirche)

Albrecht Dürer: Lithographie, undatiert, nach einer Federlithographie des frühen 19. Jahrhunderts, nach Selbstporträt von Albrecht Dürer, datiert 1500

Johannes Eck: Kupferstich

Paul von Eitzen: Kupferstich aus dem 17. Jh., aus: J. H. Höck: Bilder aus der Geschichte der Hamburgischen Kirche, Hamburg 1900

Gabriel von Eyb, Grabmal, Skulptur von Loy Hering (1484–1554), Eichstätt, Dom

Paul Fagius: Kupferstich von Hendrik Hondius d. Ä. (1573–nach 1648)

Guillaume Farel: zeitgenössischer Kupferstich

Matthias Flacius: Holzschnitt, 1571, von Tobias Stimmer (1539–1584)

Franz I.: Kupferstich von Nicolas III de Larmessin (1640–1725). Nr. 57 der Serie: Les augustes Représentations de tous les Roys de France, depuis Pharamond jusqu'à Louys XIII, Paris, 1679ff.

Friedrich der Weise: Kupferstich, 1524, von Albrecht Dürer (1471–1528)
Christoph Froschauer: Kupferstich, unbezeichnet, zugeschr. Dietrich Meyer (1572–1658)
Jacob Fugger: Holzschnitt, um 1511/12, von Hans Burgkmair d. Ä. (1473–1531)
Wessel Gansfort: Kupferstich, wahrscheinlich 17. Jh.
Argula von Grumbach: Porträtmedaille, Porträt historisch umstritten, um 1520, von Hans Schwarz (um 1492–nach 1521), Nürnberg
Maximilian I.: Kupferstich von Jean-Jacques Flipart (1719–1782) nach einem Gemälde von Lucas van Leyden (1494–1533)
Hadrian VI.: Kupferstich, unbezeichnet
Berchtold Haller: Kupferstich, 1669, von Theodor de Bry (1528–1598) (Werkstatt und Nachfolger)
Kaspar Heidenreich: Holzschnitt, 1543, von Hans Baldung Grien (um 1480–1545)
Heinrich VIII.: Kupferstich, undatiert, von A. Bosselmann (tätig 1825–41) nach einem Gemälde, 1540, von Hans Holbein d. J. (1497–1543)
Philipp von Hessen: Holzschnitt von Lucas Cranach d. Ä.
Hans Holbein d. J.: Selbstbildnis, um 1542/43, schwarze und farbige Kreiden auf rosa Papier
Jan Hus: Holzschnitt, um 1410
Ulrich von Hutten: Holzschnitt, zuerst erschienen in: Ulrich von Hutten, Conquestio (dt. Klagschrift ...), Straßburg (Johann Schott) 1520
Johann der Beständige: Kupferstich von Johann Christan Marchand (1680–1711), Aus einer Serie von Bildnissen des Hauses Wettin
Justus Jonas: Kupferstich, unbez., nach einem zeitgenössischen Bildnis
Leo Jud: Ölgemälde, 1634
Karl V.: Kupferstich, undatiert, von Cornelis Visscher (um 1619–1662) nach Gemälde von Tizian (um 1488/90–1576)
John Knox: Kupferstich von Hondius, Ende 16. Jh.
Nikolaus Kopernikus: Kupferstich von Rene Boyvin (um 1525–um 1630) nach einem zeitgenössischen Bildnis
Anna Laminit: Gemälde, Öl auf Holz, um 1502
Leo X.: Zeichnung, um 1520/21, Giulio Romano (1492–1546) zugeschrieben. Karton für den Kopf Clemens I. an der Ostwand der Sala di Costantino, Bleistift, Umrisse geritzt, The Duke of Devonshire and the Trustees of the Chatsworth Settlement
Jan van Leyden: Stahlstich, undatiert, um 1840, von D. Koch nach Heinrich Aldegrever (1502–nach 1555)

Ignatius von Loyola: zeitgenössischer Kupferstich

Hans Lufft: Holzstichfaksimile, 19. Jh., nach einem Kupferstich von 1726

Martin Luther: Kupferstich von Lucas Cranach d. Ä. (1472–1533), Albertina, Wien

Katharina von Mecklenburg: Gemälde, 1514, von Lucas Cranach d. Ä. (1472–1553), von Lindenholz auf Leinwand übertragen

Philipp Melanchthon: Kupferstich, 1526, von Albrecht Dürer (1471–1528)

Sebastian Münster: Kupferstich, nach 1552, von René Boyvin (um 1525–um 1630) nach zeitgenössischem Bildnis

Thomas Müntzer: Kupferstich, 1608, von Christoffel van Sichem I (1546–1624); aus: Historische beschrijvinge... der voorneemste Hooftketteren, Amsterdam 1608

Friedrich Myconius: Kupferstich, unbez., 18. Jahrundert (?), nach zeitgenössischem Bildnis

Margarete von Navarra: zeitgenössischer Holzschnitt

Johannes Oekolampad: Kupferstich, um 1595, von Robert Boissard (geb. um 1570)

Andreas Osiander: Kupferstich, Nürnberg 17. Jh., nach zeitgenössischem Bildnis

Catherine Parr: Kupferstich, unbezeichnet

Paul III.: Gemälde, nach 1546, von Tizian (um 1487/90–1576) und Werkstatt, Öl auf Leinwand, Wien, Kunsthistorisches Museum

Konrad Peutinger: Schabkunstblatt von Johann Jakob Haid (1704–1767) nach einem zeitgenössischen Bildnis

Johannes Pistorius d. J.: Foto einer Münze von 1584; aus der staatlichen Münzsammlung München, Januar 2012

Hieronymus von Prag: Kupferstich, 16. Jh., nach zeitgenössischem Bildnis

Johannes Reuchlin: Holzschnitt von Hugo Bürkner (1818–97), aus: L. Bechstein, Dreihundert Bildnisse berühmter deutscher Männer, 5. Aufl., Leipzig (Georg Wigand) 1890, S. 5

Tilman Riemenschneider: Selbstbildnis, Ausschnitt aus der Predella, rechtes Bildfeld, des Creglinger Marienaltars, Lindenholz, Creglingen, Herrgottskirche

Josel von Rosheim: Josel von Rosheim betet das Goldene Kalb an, antijüdische Flugschrift, Holzschnitt und Typendruck, Anfang 16. Jh.

Erasmus von Rotterdam: Kupferstich, 1526, von Albrecht Dürer (1471–1528)

Johann Friedrich I.: Kupferstich von Georg Pencz, 1543

Moritz von Sachsen: Kupferstich von Kilian nach einem Gemälde, um 1548, von Lucas Cranach d. J. (1515–1586)
Kaspar Schwenckfeld: Kupferstich, 1556
Michael Servet: zeitgenössischer Kupferstich
Menno Simons: Holzstich nach zeitgenössischem Bildnis
Georg Burkhardt Spalatin: Gemälde, 1537, von Lucas Cranach d. Ä., (1472–1553), Öl auf Rotbuchenholz
Faber Stapulensis: Kupferstich, unbezeichnet u. undatiert, 17. Jahrhundert, nach älterem Bildnis
Süleyman I.: Stahlstich, anonym, aus: Joseph Marie Jouannin u. Jules van Gaver, Turchia, ital. von F. Falconetti, Venedig (G. Antonelli), 1842
Johannes Tetzel: Kupferstich, um 1822, von Moritz Steinla (1791–1858) nach zeitgenössischem Bildnis
William Tyndale: Holzstich eines Bildnisses aus dem 19. Jh.
Zacharias Ursinus: Kupferstich, unbez. (17/18. Jahrhundert)
Pietro Paolo Vergerio: Kupferstich von Hendrik Hondius d. Ä. (1573–nach 1648) (Zuschreibung)
Johann Weyer: Kupferstich, um 1580
John Wyclif: Kupferstich von Adolf van der Laan, aus: Levensbeschryv. van beroemde en geleerde mannen, Amsterdam (Adr. Wor & de Erven) 1730/33
Matthäus Zell: Holzschnitt, vor 1587, von Christoph Murer (?) (1558–1614) oder Tobias Stimmer (?) (1539–1584)
Huldrich Zwingli: Kupferstich (nach zeitgenössischen Bildnissen), um 1560, von Rene Boyvin (geb. 1525)

Inhalt